レクチャー倒産法

谷口安平 監修
山本克己・中西 正 編

法律文化社

　　　　　　は　し　が　き

　本書の前身は四半世紀も前に私の編著として世に出た『現代倒産法入門』(1987年) に遡る。当時は，破産，和議，会社更生，商法による会社整理と特別清算の五倒産処理手続の時代であり，大学における教育も従来の破産法一本やりのカリキュラムから，全ての倒産処理手続を見渡す「倒産法」へ移行しつつある時代であった。そのような新しい時代の倒産法の教科書として編まれた『現代倒産法入門』は，広く受け入れられ刷りを重ねた。その後10年余りを経て，わが国の経済状況は様変わりし，急増した企業倒産に対処するため1999年に和議法の廃止を伴う民事再生法の制定があり，2001年には個人再生立法，さらに国際倒産関連立法が行われたため，2002年には全面的に版を改め，『新現代倒産法入門』として上梓した。その際には，山本克己，中西正両教授にも編者として加わっていただいた。
　その後も倒産立法活動のうねりは収まらず，2003年の会社更生法全面改正，2004年の破産法全面改正があり，同時に各手続に共通する重要な諸制度について要件の統一が図られた。未だ，倒産法としての単一立法には至っていないが，実質的にはそれに近い状態となったといえる。また，私的整理の分野においても諸々の進展がみられた。このようにして，一段落した倒産新立法のもとで，既に数年が経過して新たな判例の蓄積も見られるに至っている。
　この時期に，旧版の共同編著者であり今日の倒産法研究の最前線におられる山本，中西両教授が，従来の方針を受け継ぎつつ内容を全面的に一新した簡便ながら信頼できる教科書として本書を編さんしてくださった。長年この分野における研究と教育に携わった者として，執筆者各位に感謝するとともに感慨ひとしおのものがある。全ての倒産処理制度を俯瞰的に考察することを試みた最初の体系書として『倒産処理法』(筑摩書房) を上梓したのは1976年であった。それから既に35年以上が経過した。その間のわが国経済の変貌は著しく，国民の「倒産感覚」もすっかり様変わりした。当時は，破産申立

てが債権取立てのための威嚇手段としてもっぱら債権者によって利用され、破産免責の制度はほとんど利用されることがなかった。この教科書で勉強する今日の学生にとっては想像もできないことであろう。

　このような大きな変化をもたらした経済と社会の動きは今日も絶え間なく続いており、新たな要求が生まれ、新しい型の紛争を生じさせる。これに対応して新たな立法や判例の形成が今後も続いていくことは間違いない。既に、いろいろな兆しが見られる。たとえば、わが国では事業活動と不可分と考えられてきた約束手形による決済の実務が変化しつつあるといわれている。そうなれば、手形不渡処分をもって支払停止を認定する裁判実務も変化せざるをえない。さらに近時は、ABLと呼ばれる集合債権譲渡担保や集合動産譲渡担保について議論が盛り上がりを見せている。これは数十年前のアメリカ法の状況を彷彿させるところがある。一般に経済活動のアメリカ化が著しいとすれば、倒産法のアメリカ化もまた避けられないのであろう。2004年の新破産法によって解禁された賃料債権譲渡の全面自由化がアメリカ的「証券化」要求の流れの中で行われたことは記憶に新しい。膨大な消費者倒産申立てと免責申立てに裁判所が苦慮してきた。アメリカでは破産申立てに手続開始効があり免責は債権者から異議がないかぎり自動的に与えられる。わが国の実務もこれに近いものになっている。アメリカでは債権者による仮借ない強制取立てが一般化していたことから、その抑止効果を期待して偏頗否認における危機時期が一律に破産申立前90日間と法定され、わが国の新破産法がここに新たに支払不能時を基準時として導入したのに比べても、大きな差となっている。これら諸々の制度的違いが今後の経済・金融の動向のなかでどのような変遷を辿っていくであろうかを予測することは難しいが、ここ10年くらいの間に再びかなり大きな変革が訪れることは恐らく間違いないことのように思われる。

　本書はその前身がそうであったように、その間の中継ぎの役割を果たすに過ぎないのかも知れないが、現時点における諸々の問題点とその解決のあり方を基本に戻って解き明かしえているとすれば、その知識は将来の変化に対応するための生み出す力にもなるはずである。本書がそのような役割を果たすことができれば執筆者一同の喜びである。

最後に，本文執筆のほか判例索引・事項索引を作成してくださった名津井吉裕准教授，参考文献一覧を作成・調整していただいた中西正教授，笠井正俊教授および野村剛司弁護士の労をねぎらうとともに，本書の企画を発案され我々に提示された法律文化社の秋山泰氏，お世話になった同編集部の舟木和久氏に執筆者全員に代わって感謝したい。

　　2013年2月

　　　　　　　　　　　　　　　　　　　　　　　　　　　　谷口安平

目　次

はしがき

第1章　倒産法序説 …………………………………… 1

　Ⅰ　倒産法の性格と理念　(1)　　Ⅱ　各種倒産処理手続の概要と私的整理　(10)

第2章　倒産手続の開始 ……………………………… 22

　Ⅰ　破産手続開始の申立て　(22)　　Ⅱ　申立ての審理　(26)
　Ⅲ　破産手続開始決定　(30)　　Ⅳ　破産手続開始前の保全処分　(33)

第3章　破　産　財　団 ……………………………… 36

　Ⅰ　破産財団の意義とその範囲　(36)　　Ⅱ　取戻権　(39)
　Ⅲ　信託による分別管理と破産財団　(40)　　Ⅳ　破産管財人の地位　(41)

第4章　破産債権と財団債権 ………………………… 46

　Ⅰ　破産債権の意義　(46)　　Ⅱ　破産債権の要件　(46)
　Ⅲ　破産債権の額　(50)　　Ⅳ　複数債務者破産の場合の破産債権　(51)　　Ⅴ　破産債権の順位　(53)　　Ⅵ　財団債権　(59)

第5章　破産者をめぐる法律関係の処理 …………… 62

　Ⅰ　未履行の契約関係の処理　(63)　　Ⅱ　係属中の手続の処理　(81)

第6章　破産手続における担保権 …………… 87

　Ⅰ　総論　(87)　　Ⅱ　各論　(92)

第7章　破産手続における相殺 …………… 97

　Ⅰ　破産手続における相殺の意義と機能　(97)　　Ⅱ　破産手続における相殺の制限　(101)

第8章　破産手続における否認権 …………… 109

　Ⅰ　否認権の意義　(109)　　Ⅱ　否認権の要件　(113)
　Ⅲ　否認権の行使　(130)　　Ⅳ　否認権行使の効果　(133)

第9章　破産財団の管理・換価 …………… 137

　Ⅰ　総説　(137)　　Ⅱ　破産財団の管理　(137)　　Ⅲ　破産財団の換価　(139)　　Ⅳ　担保権消滅請求　(140)

第10章　破産債権の届出・調査・確定と破産配当 …………… 146

　Ⅰ　破産債権の行使　(146)　　Ⅱ　破産債権の届出　(147)
　Ⅲ　破産債権の調査　(148)　　Ⅳ　破産債権の確定　(152)
　Ⅴ　破産配当　(159)

第11章　破産手続の終了 …… 166

　Ⅰ　総説（166）　Ⅱ　配当による破産手続終結（167）
　Ⅲ　破産手続廃止（168）　Ⅳ　その他の事由による破産手続終了（174）

第12章　個人債務者のための倒産処理手続 …… 175

　Ⅰ　4つの倒産処理手続（175）　Ⅱ　任意整理と特定調停（176）　Ⅲ　個人再生（178）　Ⅳ　手続選択（178）
　Ⅴ　破産（179）

第13章　民事再生法（その1）——通常の再生手続 …… 188

　Ⅰ　はじめに（188）　Ⅱ　民事再生手続開始手続（191）
　Ⅲ　民事再生手続開始決定（199）　Ⅳ　民事再生手続の機関（205）　Ⅴ　倒産実体法（209）　Ⅵ　民事再生手続の進行（214）　Ⅶ　再生計画の作成・認可（217）　Ⅷ　再生手続の終結（220）　Ⅸ　簡易再生および同意再生に関する特則（222）

第14章　民事再生法（その2）——個人再生手続 …… 223

　Ⅰ　個人再生手続の概要（223）　Ⅱ　小規模個人再生手続（225）　Ⅲ　給与所得者等再生手続（233）　Ⅳ　住宅資金貸付債権に関する特則（235）

第15章　会社更生法 …… 241

　Ⅰ　会社更生手続の概要（241）　Ⅱ　会社更生手続の開始申立てから開始決定（242）　Ⅲ　会社更生手続の機関等（249）
　Ⅳ　更生債権その他の権利（253）　Ⅴ　更生会社の事業・財

産 (258) Ⅵ 更生計画 (260) Ⅶ 会社更生手続の終了 (269)

第16章　国際倒産処理 ……………………………………………… 271

Ⅰ　国際倒産処理の意義 (271)　Ⅱ　内国倒産処理手続における国際倒産処理 (275)　Ⅲ　外国倒産処理手続への承認援助手続 (281)　Ⅳ　国際倒産処理における倒産実体法 (287)

参考文献ガイド

判例索引

事項索引

第1章

倒産法序説

I 倒産法の性格と理念

倒産法とは何か

(1) **倒産法の守備範囲** 倒産法という学問分野あるいは授業科目が成立したのは比較的新しい。倒産法とは倒産処理のための法の総体を1つの体系として捉えたものである。現在，倒産処理のための裁判上の手続について規定している法律としては，破産法，民事再生法，会社更生法，会社法があり，それぞれ破産手続，再生手続，更生手続，特別清算手続について規定している。倒産処理のためのこれら4つの手続を裁判上の倒産処理手続とよんでいる。そのほかに，金融機関等の倒産処理に関する特別法として，金融機関等の更生手続の特例等に関する法律と，農水産業協同組合の再生手続の特例等に関する法律があり，また，外国で開始された倒産処理手続の効力を承認し，これに協力する手続を定めた単行法として外国倒産処理手続の承認援助に関する法律がある。

古くは，学問分野としては破産法が最大の重要性を占めており，大学における講義も破産法のみが行われている状況であった。しかしながら，戦後のわが国経済の展開に伴い，たび重なる大型倒産が発生して更生手続が社会的関心を集めるとともに，破産だけでなく倒産法制全体を有機的に考察の対象としようとする学問的関心が芽生えた。同時にこのような関心は裁判上の倒産処理手続によらない倒産処理にも向けられることとなった。裁判所手続によらない当事者間の話合いによる処理を私的整理（または内整理，任意整理）とよんでいるが，これについてはとくにまとまった法制は存在せず（ただし，特定債務等の調整の促進のための特別調整に関する法律による特定調停は，裁判所での調停の枠内にお

いて私的整理を援助するという性格を有している），主として民法などの一般私法が適用される。しかし，世に発生する倒産の圧倒的多数が私的整理によって処理されているとすれば，それを無視して倒産法制は語れない。

かくして，倒産処理手続のみならず私的整理をも視野に収めた総合的な学問分野および授業科目としての倒産法の重要性は今や動かし難いものになっている。倒産法学の対象は倒産とその法的処理であり，倒産は生きた経済活動から発生するものであるから，経済活動の実態を度外視しては適切な解釈論や立法論を立てることはできない。また同じ倒産といっても企業の倒産とこの30年ほど注目を浴びている個人のサラ金倒産のようなものとは性格が異なるし，倒産処理といっても清算してしまうか再建の方向にもっていくかの二方向があり，その選択の問題はたんなる法律問題ではない。このように，経済的・社会的現象としての倒産を適切に処理するための倒産法学は，その守備範囲のなかに法社会学的ないし法経済学的な視点を重要な要素として含むものである。

(2) **倒産法の性格**　倒産法は倒産という複雑な社会現象を対象とするため，法としてのいろいろな性格をあわせもっている。

(a) **私法的性格**　倒産法は私的な法律関係を規律する点において広い意味で私法の一分野を構成する。すなわち，債務が支払えない倒産者と債権者およびその他の関係者との間の私法的な財産関係に関する法である。この点で，倒産法は民法，商法，民事訴訟法等と同様の性格を有する。

(b) **社会・経済法的性格**　倒産法は企業であれ個人であれ経済的に破綻した者に対して公的な援助を与え，また倒産に巻き込まれた関係者に平等な満足を保障し，さらに倒産による社会的・経済的影響をより小さく食い止めようとの意図に出ている点において，社会・経済立法としての性格をもつ。従来，このような倒産法の性格はあまり表立って強調されることはなかったが，個人破産，法人または個人の民事再生および会社更生等においてとくに顕著であり，倒産法制全体の性格を捉える観点として重要視されなければならない。

(c) **実体法としての倒産法**　倒産法は倒産処理の過程における関係人間の実体的法律関係の発生・変更・消滅について規定している点において実体法としての性格を強くもっている。そしてその主要な部分は私法実体法であって，民法や商法などの特別法をなす。

(d)　**手続法としての倒産法**　倒産法は私的整理を除けば倒産処理手続という裁判上の手続について規律する手続法としての性格を強く有している。すなわち，民事裁判手続の一種であり，原則的な部分については民事訴訟法が適用される（破13条，民再18条，会更13条）。私的整理は裁判手続ではないが，一定の目的に向けての1つのプロセスである点でやはり手続であることに変わりなく，その手続法が実務慣行や判例を通じて形成されつつある。

　(3)　**倒産法の特徴と学習**　右に述べた倒産法の性格からわかるように倒産法の特徴はその内容が多岐にわたる点にある。民商法，民事訴訟法はもちろん労働法，行政法，税法，国際私法，刑法とあらゆる分野の法律問題が倒産という極限状態の中でその真の意味を問われるのである。それぞれの分野ではそれなりに解決されていた問題が倒産処理の場で他の分野とたがいに衝突しあい新たな次元での解決を求められる。その意味で倒産法は法律問題のるつぼである。

　このような倒産法の特徴はその学習者に対してひときわ困難な問題を提起する。倒産法をよく理解するためには法のあらゆる分野について深い知識をもたなければならないからである。倒産法上あらわれる各分野の法律問題はその分野におけるいわば山頂のみであり，水面下の状況までをもよく理解しないと適切な処理ができない。

　倒産法の学習には倒産法の実体法・手続法の二面性を反映して実体法的なアプローチと手続法的なアプローチがある。たとえばフランス法系や英米法系では倒産法は商事法学の一分野とみなされ実体法的色彩が強い。それに反してドイツ法系では民事訴訟法学の一分野と考えられている。実はそのいずれに偏してもよくはないが，民商法を学んだ者が倒産実体法を学ばないとしたら真に民商法を学んだことにならないという意味では実体面に重点を置いて学習することが有意義である。

　また，倒産処理手続には4種類があり，それぞれが特有の問題点をかかえているわけであるが，その中で破産法の重要性は倒産法学習の面からは無視できない。破産法は倒産法のいわば原型を提供しているからである。民事再生法も会社更生法も法技術的には破産法を下敷きとしてできあがっているといって過言でない。したがって，破産法をよく理解することは倒産法全体を理解するこ

とにもつながるわけであり，本書でも破産法に重点をおいて説明している。

<u>倒産法の理念・現実・限界</u>　（1）**倒産法の理念**　倒産法は倒産という極限状態における利害関係人の利害を調整しつつ清算であれ再建であれ倒産処理を遂げることを目的とする。しかし，一口に利害関係人といっても，当の倒産者はもとより，担保債権者，無担保債権者，下請業者，従業員などいろいろな種類のものがあり，それらのもつ利害関係はたがいに対立する。さらに，倒産による社会不安とか雇傭の減少などを考慮すればそのインパクトを受ける者の数は計り知れない。

倒産法の理念はこれらの利害関係をよりよく調和・調節することにある。これは倒産法の実体的側面に関する。そのためには倒産処理の対象となる利害関係人の諸利益の間の序列（プライオリティ）を確立しなければならない。倒産処理手続について規定する各法律はそれぞれ一定のプライオリティの体系のもとに組み立てられている。たとえば担保権者の利益は破産では絶対的なプライオリティを与えられているが，会社更生ではより低い地位しか与えられていない。これは会社更生では企業の再建により大きなプライオリティが与えられているからである。たとえば，このような既成のプライオリティはその時々の立法者により選択されたもので再考を求められることも多い。たとえば破産における租税債権や賃金債権のプライオリティには，旧破産法と現行破産法の間で大きな相違がある。多くの法解釈問題は関係人間のプライオリティをいかに決するかにかかっており，これはまさに倒産法そのものの理念にかかわる問題なのである。

次に，一定のプライオリティを前提としてこれを手続上どのように処遇するかという問題がある。それは倒産法の手続面に関するが，ここでの理念は手続法一般の理念である手続的正義あるいはデュー・プロセスである。実体的プライオリティに対応した手続保障があることによってこの理念は満足される。これは法律の規定の上だけでなく，実務上の処理において十分留意されねばならない。判例は，決定手続によることになっている破産手続開始決定の手続や，会社更生計画に記載のない権利は消滅するものとする会社更生法の規定も憲法に反するものではないとしているが（最決昭和45・6・24民集24巻6号610頁，最決昭和45・12・16民集24巻13号2099頁），このような観点からなお検討すべきもの

を含んでいる。

　(2) 倒産法の現実　　倒産法は倒産処理手続を通じて現実のものとなる。したがってそこでは裁判手続としての倒産処理手続の諸々の問題もまた現実化することになる。裁判手続は厳格に法に従い慎重に行われる結果として小廻りが利かず，いたずらに時間と費用ばかりかかるという通弊があり倒産処理手続とても例外でない。たとえば破産は債権者の満足のための手続としての面をもっているが，実際問題としては破産配当が長期にわたって少額ずつが支払われることもままあり，債権者が債権回収手段として期待できるものとは言いがたいところがある。今日では破産は債務者が自ら申し立てる自己破産が大部分を占めるようになったが，一部にみられる安易な破産の利用はそれはそれで大きな問題を生んでいる。再建型の手続に目を移すと，これらの手続は原則として倒産者自身から申し立てられることによって開始するが，えてしてその時には事態の悪化が進みすぎていて再建の実があがらないという問題がある。民事再生法も会社更生法も，この点を配慮して手続開始の時期を早めているけれども，現実には破産が開始できるくらいまで事態が悪化しないと申立てをしないことが多い。となると，企業を再建しようとすれば本来法律が予定していた以上の犠牲を関係者に強いなければならないことになる。ある種の問題は制度に内在的であり，ある種の問題は立法的に解決でき，あるいは解釈論のレベルで処理できる性質のものである。これらの現実の問題もまた時代とともに変化する。それぞれの時点において倒産法の理念に照らして反省することが必要である。

　1997（平成9）年に一応始まり2005（平成17）年の会社法制定に伴う特別清算制度の改正によって終結した倒産法制の全面的な見直し作業は，かつてない規模で倒産法制全体を刷新するものであったが，それによってすべての懸案が解決されたわけではなく，今後の解釈論に委ねられた問題も数多い。そのうちのいくつかは，将来の立法によって解決されることもあろう。

　裁判所の手から離れたところで行われる私的整理について最大の問題はいわゆる整理屋の介入であった。整理屋はしばしば暴力団と関係があって危機に瀕した企業を食いものにしているといわれてきた。このような事態を招いた原因の1つには裁判所手続の非能率があり，また適切な弁護士活動がこの分野で手薄であったことにもよる。私的整理は円滑に運べば1つの理想的な倒産処理で

あるだけに是正が望まれ，かなりの成果が挙がってきている。その意味で，ある程度の規模の企業については，「私的整理ガイドライン」に則った私的整理が定着してきたことは，望ましいこととして評価できる。

(3) **倒産法の限界**　倒産法は倒産処理にあたって万能でないのはもちろんである。倒産は経済的現象であるから倒産の処理には必ず経済的側面がつきまとう。かくて，倒産処理は時の経済状勢に大いに左右される。一時期不動産の値上りが著しかったときは破産の配当が100パーセントにもなることがあった。再建型の手続ではこの影響はもっと顕著にあらわれる。いかに完備した再建型の手続を作っても全く将来性のない企業の再建はできないし，かりにしても無駄であるばかりか，利害関係人に大きな負担だけを与えてしまう。倒産処理の実務においてはこの点の見極めが非常に重要であり，実務家の適切な判断が求められる。他方，利害関係人としても倒産法への過度の期待は禁物である。われわれとしても倒産法の解釈論・立法論においてはこの点を十分わきまえる必要がある。

倒産法の歴史とわが国の倒産法制

(1) **倒産法の歴史的発展**　西洋における倒産法の歴史をたどると，ローマ法にもこれに相当する制度は存在したが，今日の倒産法の直接の原型となったのは中世イタリアの商業都市で発達した破産手続であるといわれている。ここにおいて破産制度は倒産した商人に対する制裁制度として成立・発展し，これがイギリスを含む全ヨーロッパに広がることとなった。破産者は市民としての特権を失うなど種々の制裁を受け，このようなやり方を懲戒主義とよんでいる。やがて苛酷な破産を免れるための手段として和議の制度が導入されることとなった。倒産処理を商人社会の制度として捉えるこのような伝統は今日でもフランス法系で顕著である。商人にのみ破産制度の適用があるものとするやり方を商人破産主義という。商人破産主義はドイツ法系では廃止され，商人・非商人の区別なく破産法が適用される一般破産主義がとられることとなった。一般にヨーロッパの諸国では何らかの事業者の破産が中心で非事業者たる個人の破産は少なかった。しかし，最近では，わが国と同じく消費者破産が急増し，各国は対応に腐心している。

破産制度の歴史の中で見落せないのはイギリスにおける免責制度の発生である。倒産は必ずしも倒産者の落度によって起こるものではないとの認識のもと

に，誠実な破産者にはありたけの財産を投げ出して債権者に分配すれば残債務については免除されることとして，経済的な新規巻直し再出発を促そうとするものである。免責制度はその後アメリカにおいて消費者金融の発達とともに大きな発展をみせ今日に至っている。ここでは倒産処理制度はもともとの性格を一変し，むしろ倒産者の保護のための制度となり，アメリカ連邦破産法は個人倒産者のための社会保障法的性格を強く帯びるに至った。

　他方，破産回避のための制度として発生した和議は企業活動の大規模化とともに企業再建のための手続へと整備されていくこととなる。会社更生法上の手続はその典型で，1930年代のアメリカの不況下で成立したものであるが，この方向での立法活動は今日のヨーロッパ各国でも顕著なものとなっている。このような企業再建制度の1つの特色は企業と経営者および株主との分離である。社会的・経済的影響を最小限にとどめるため事業そのものの再建を図る一方で経営者や株主の責任は厳しく追及するという方向がみられる。いずれにせよ1960年代から世界各国で倒産法改正のラッシュともいうべき現象がみられなお予断を許さない状況にある。しかし，その中で再建型手続の充実の動向は確実にみてとることができる。

　(2)　わが国の倒産法の発展　　わが国にも江戸時代から「分散（ぶんさん）」の名のもとに破産に相当する制度が行われ，懲戒主義的色彩が濃厚であった。明治期にフランス法にならった商法典が起草され，この旧商法自体はいわゆる法典論争のあおりで施行されなかったが，その第4編をなしていた破産法だけは分離して1890（明治23）年から施行された。これを旧々破産法とよぶ。これは商人破産主義をとり非商人にも適用あるものとして別に簡単な家資分散法が作られた。その後ドイツ法系の民・商法典が施行されたため旧々破産法の改正が必要となり，1922（大正11）年に旧破産法の制定をみた。旧破産法はドイツ法を範として一般破産主義をとる。また同時にオーストリア法を範として旧和議法が制定された。

　その後1938（昭和13）年に至り，株式会社の再建のための手続として会社整理および株式会社の清算の特殊形態として特別清算が商法典中にとり入れられることとなった。第二次大戦後のアメリカ法の影響は倒産法にも及んだ。まず1952（昭和27）年の旧破産法の改正により大陸法系の破産法として初めて英米法系の特色であった破産免責の制度がとり入れられ，同じ年に，アメリカで発

展していた corporate reorganization を範として旧会社更生法が制定された。

　この免責制度の導入と旧会社更生法の制定はわが国の倒産法制に大きな転機をもたらすものであった。両制度とも当初はあまり注目をひくこともなく，会社更生は和議との区別が明確に意識せられないまま運用され，免責はほとんど活用されることがなかった。しかし，昭和30年代後半の経済成長期に入って大型倒産が続発して旧会社更生法の矛盾が顕在化するとともに政治問題化し，1967（昭和42）年の大改正に至った。この際の論議を通じて今日の倒産法概念の基礎が築かれたことは冒頭に述べたとおりである。一方，免責の方はその後も長らく注目を浴びることがなかったが，昭和50年代から急速に発達したいわゆるサラ金をはじめとする消費者金融による経済的破綻が多発し社会問題化した。そのさしあたりの対応が一部の弁護士会などの主導による自己破産と免責の利用であった。1980（昭和55）年以降の破産申立件数の急増には目を見張るものがあり，事務処理上はもちろん，処理理念のうえでもまだ十分な整理がついていない状況の中でいわゆるバブルの崩壊が起こり，サラ金規制法などにより一時沈静を見せていた消費者倒産も不況の進行とともに深刻さを増し，また，金融関連企業の倒産の多発という昭和初期の大不況以来長らく見られなかった現象を惹起した。1996（平成8）年には特別法（現在の名称は「金融機関等の会社更生手続の特例等に関する法律」）が急遽制定されたが，倒産法制全体の根本的な見直しが緊急の政治課題となり，同年以降，改正の準備が進められ，その後の一連の倒産立法の成立を見た。

　すなわち，旧和議法が個人についても企業についても中途半端な再建型手続であって十分効果を挙げることができず，かといって会社更生は適用対象が大型の株式会社に限られるという問題点が長らく指摘されていたが，1999（平成11）年に民事再生法が制定されるとともに（翌年4月から施行），旧和議法は廃止され，この問題への対処が図られた。消費者倒産により適切に対処するために住宅ローン債務者の再生に関する特則と小規模個人再生手続および給与所得者等再生手続を民事再生法に新設追加する法改正が2000（平成12）年暮れに成立し翌年4月から施行されている。民事再生手続の利用状況には目を見張るものがあり，今や再建型手続の中核を占めるに至っている。

　さらに，近時の経済の国際化に伴い，国際倒産処理の問題が世界的に重要な

テーマとなり，この点でもわが国の立ち遅れが指摘されていた。国連国際商取引法委員会（UNCITRAL）が数年の検討を経て国際倒産モデル法（1997（平成9）年）を採択したのを受け，世界に先駆けてこれに準拠した法改正が各倒産立法についてなされるとともに，新たに外国倒産処理手続の承認援助に関する法律が前記民事再生法の改正と同時に成立し，同じく2001（平成13）年4月から施行されている。

そして，2002（平成14）年には，更生手続が重厚長大で使いにくくなっているとの批判に応えるため，新しい会社更生法が制定され，再生手続で採用された新たな考え方の多くが，更生手続にも取り入れられた。次いで，2004（平成16）年に，新しい破産法が制定され，旧破産法下での懸案の多くが解決された。この破産法は，破産実体法にも相当に踏み込んだ改正を行うものであったため，破産法の制定に合わせて，民事再生法と会社更生法についても，破産法と平仄をあわせるために，倒産実体法に関する部分の改正が加えられた。最後に，会社法の制定（2005（平成17）年）に伴って，会社整理の制度が廃止されるとともに，特別清算制度に修正が加えられた。

これら最近の倒産関係立法は，アメリカやドイツのように包括的な「倒産法典」の形を採らず，各倒産処理手続ごとの個別立法となっている。これは，近時の経済的状況における立法の緊急性からやむをえないところであった。しかし，民事再生法は最近の改正で再建型手続のためのかなり包括的な立法になったといえる。すべてが一段落したところで倒産処理手続すべてを包括的に規定する単一立法への道も開けるであろう。また，これら最近の立法について特記すべきは，法律に付随する最高裁判所規則の制定である。従来の倒産立法（旧破産法や旧会社更生法）では法律のみがあって，手続の細目を定める最高裁判所規則は存在しなかった。民事再生法の制定にあたって，最高裁判所はこの分野では初めてとなる民事再生規則を制定し，その後の立法でもこの方式が採られている。手続法に特有の立法のあり方として注目すべきであるが，同時に倒産法の分野における法と規則の役割分担のあり方という新しい問題も提起された。

Ⅱ 各種倒産処理手続の概要と私的整理

<各倒産処理手続の特徴>　　(1) **破　　産**　破産法による手続である。破産は財産関係の清算を目的とする手続である。かつてはこれを債権者の権利実現のための一種の強制執行として捉え強制執行が個別財産に対する「個別執行」であるに対し，破産宣告当時の総財産を総債権者に分配する点から「包括執行」とする考え方が一般であったが，債権者の満足面を強調することは実情にも合わないので，今日では清算と捉える説が有力である。清算とは財産関係を徐々に整理してなくする過程をいう。法人のほとんどは破産によって解散し破産手続による清算の終了とともに法人格自体も消滅に至る。これに対し個人の破産では若干の例外を除き破産手続開始当時の財産関係を清算することであって，破産者は別に新たな財産関係を築くことができる点で本質的な違いがある。個人の破産のこの特長が，免責とあいまって，清算でありながら債務者個人の更生に寄与することになるのである。

破産手続は倒産者自身または債権者の申立てによって始まる。倒産者自身が申し立てる場合を自己破産とよび，近時著しく増加している。裁判所は破産手続開始の原因ありと認めると破産手続開始決定を行い，同時に破産管財人を選任して倒産者の全財産関係の管理処分のための専権を与える。破産手続開始の原因となるのは一般的には支払不能であり，支払停止があると支払不能が推定される。かつては，支払停止の代表例は，振出手形の不渡処分であったが，手形取引の減少に伴い，倒産処理手続の開始における不渡処分の持つ重要性は失われつつある。

破産手続開始の効果として，その当時の全財産について倒産者は管理処分権を失い，破産管財人がこれを掌握するに至る。破産管財人としては弁護士が選ばれるのが常である。この時以後破産者（会社の場合はその代表取締役）がした財産の処分行為はかぎられた例外の場合を除き無効である。破産管財人は財産関係を調査し，手続開始の直前に処分された財産は否認権を行使して回復する。このようにして破産管財人の管理支配に服している財産の総体を破産財団という。破産管財人はこれを順次換価して債権者への配当に充てることにな

る。また破産管財人は破産手続開始時においてなお継続中の法律関係には何らかの結着をつけなければならない。これには双方未履行の双務契約の処理や従業員の解雇，係属中の訴訟の受継などが含まれる。

　他方，破産配当を受けるべき債権者を確定させるために裁判所は債権者に債権届け出を催告し，届出られた債権については債権調査期日を開いて破産管財人または債権者から異議がなければそのまま確定させ，異議があれば債権確定手続によって確定される仕組みになっている。破産手続開始前に生じた債権，すなわち破産債権はこのような方法によらなければ破産財団からの配当を受けることができない。破産債権は手続開始当時まだ期限が到来していなくても到来したものとみなされ（現在化），また非金銭債権も評価額により金銭債権とみなされる（金銭化）。

　破産財団所属財産の上に担保権をもつ債権者は破産手続と無関係に担保権を実行して満足を得ることができる。この権利を別除権とよぶ。また，倒産状態になる以前から債権者と債務者の間で債権・債務が対立して相殺しうる状態にあった場合にはいわゆる相殺の担保的効力への信頼を保護するため破産手続開始の前後を問わず債権者から相殺することができる。それを相殺権とよぶ。それに対して手続開始前であっても倒産状態となってから債権・債務を取得した場合には債権者平等を確保するために相殺は許されない（相殺禁止）。

　別除権や相殺権の行使によって大半の財産が失われてしまうのが破産事件の常態である。そして残った財産からはまず財団債権が支払われねばならない。財団債権には雑多なものがあるが，破産手続遂行のための費用と目すべきもの，たとえば破産管財人の報酬などがそれにあたるのは当然としても，実質は破産債権である租税債権や労働債権も一部が租税債権優先原則や労働者保護のもと財団債権に格上げされている。かくして，財団債権を払った残余から破産債権者は配当を受けることになるから，何がしかの財産が残されている場合でも配当ができるとはかぎらないし，実際配当があるのは一部の事件にかぎられ，配当率も微々たるものである。さらに破産債権の中でも従業員の賃金債権などは優先的破産債権としてまず支払われるので一般の破産債権者への配当の可能性はますます少なくなる。

　多くのサラ金倒産・カード倒産のように，財産が全くなく手続の費用さえも

出せないことがわかったときは、破産手続開始と同時に破産手続が廃止され、上に述べた一連の手続は全く行われない。これを同時廃止という。手続の途中でそのことがわかったらその段階でやはり廃止する（異時廃止）。

さて、個人の破産では手続開始当時全く財産がなくてもサラリーマンであればその後に得た賃金は完全に自分のものである。また、強制執行で差押えが禁止されている財産は最初から破産財団に入らない。このような破産者の自由な管理処分に委ねられる財産を自由財産という。個人破産者は、同時廃止の場合であっても、免責を申し立てることができる。ここ30年ばかり個人の自己破産の増加とともに免責申立てが増大し裁判所はその処理に難渋してきた。これに対して、労働組合など一部のものを除いて法人は破産手続開始決定とともに解散し、かつ個人の場合のように独立した生活や財産活動を予定する必要がないので自由財産を認める必要なく、また破産による清算の終了とともに法人格そのものが消滅するので免責制度の適用もないと解せられる。

(2) **民事再生**　民事再生法上の再生手続が従来の和議に代わって1999（平成11）年の立法によって導入された手続であることは前述した。この手続の特徴を一口で表せば、旧和議法上の和議を充実させ、企業倒産に関しては会社更生を簡素化したものといえるであろう。もともとは、多発しつつあった企業倒産に迅速・柔軟に対応する必要から簡易会社更生として構想されたが、和議と同様個人にも適用があり、大規模な非株式会社（病院・学校）なども対象となる。したがって、破産法や会社更生法と同様に倒産債権の確定手続、否認権や相殺禁止規定をはじめとする詳細な規定を備え、取締役責任追及のための損害賠償の査定の制度をも採用している。しかし、他方で破産・更生手続と異なり、管財人は当然には選任されないという大きな特徴をもつ。これは、アメリカが1978（昭和53）年改正で採用した占有継続債務者＝DIP（debtor in possession）という方式を導入したもので、手続が開始されても、倒産者は自分の財産について当然に管理・処分権を失うのではなく、裁判所の監督を受けながら自ら管理し、あるいは事業を継続しつつ再建策を練ることができるようになった。

会社更生では従前の株主や経営者が一掃されるのが原則であるため、これを嫌って和議を申し立てるという傾向がみられたが、和議手続では再建の実を挙

げるのが困難であるという問題があった。民事再生はこのような手続需要に応じるとともに、必要があれば裁判所は管理命令を発して管財人を選任し、会社更生の場合と同様にすべての管理処分権を掌握させることもできるし、監督委員を選任して倒産者を監督させるに止めることもできる。管財人が否認権を行使できるのは当然であるが、監督委員の選任に止めた場合にも裁判所は監督委員に否認の権限を付与することができる。このように極めて柔軟な手続を用意して、個々の事件の性格に応じた対応がとれるようになっているのが特徴である。したがって、会社更生法の適用のない大規模な組織（たとえば大きな医療法人）については会社更生に似た対応もできる一方で、小規模な企業倒産においては、かつての和議のように処理することも可能である。もっとも、しばしば再建成否の鍵を握る担保権者の処遇については、会社整理で採用されていた担保権実行の一時停止の制度を採り入れているほかは、原則として、破産と同様の別除権を認めているので、担保権の制限という点では会社更生におけるよりは緩和されているということができる。しかし、事業の継続に必要な財産については裁判所が定める評価額を支払って強制的に担保権を消滅させる新たな制度を採用したので、担保権に対して無策であった和議に較べれば格段の違いがある。

　以上のとおり、再生手続は企業の再建を眼中において構想されたので、個人にも適用があるというものの、従来、免責を目指した破産や和議で扱うほかなかった大量の個人消費者倒産を適切に処理するには手続として重すぎるきらいがある。そこで、「住宅資金貸付債権に関する特則」および「小規模個人再生及び給与所得者等再生に関する特則」が2000（平成12）年に追加された。これらの手続は、住宅ローンが支払えなくなった債務者が住宅を失うことなく倒産を処理できるようにし、また将来の収入を原資とする弁済計画によって個人の経済生活の再生を図ろうとするもので、企業を対象とする再生手続に較べると手続的にも簡略化されたものとなっている。

　このように、再生手続はその守備範囲において極めて広く、またその手続も柔軟である。それだけに、運用のあり方が問われることになる。施行後すでに10余年を経て、今やわが国の倒産処理手続の中心的存在となりつつある。

　(3)　**特別清算**　　1983（昭和58）年商法に導入され、会社法においても維持

された株式会社の清算のための手続であるが（これに以外に，保険業法により相互会社，投資信託及び投資法人に関する法律により投資法人に，資産の流動化に関する法律により特定目的会社に拡張されている），倒産処理手続の実質をもつ。株式会社は原則として株主総会の解散決議によって清算会社となり清算の結了によって法人格も消滅する。清算は従前の取締役が清算人となって行うがこれについては裁判所の監督があるわけではない。しかし，清算会社の資産状態が悪くて倒産状態にある場合には関係人間の利害の対立も厳しいので裁判所の強力な監督のもとで清算を遂行させようというのが特別清算である。このように特別清算はすでに任意に解散した会社のための清算型の倒産処理手続であるが，特別清算による倒産処理を行うために倒産会社が任意に解散を行うケースもある。特別清算については本書の他の場所では重ねて説明しないのでその手続を少し詳しく説明すると次のとおりである（会510条以下，879条以下参照）。

　清算中の株式会社につき清算に支障ある事情や債務超過の疑いがあるときに債権者，清算人，監査役，まれに株主の申立てにより裁判所が特別清算開始決定をする。それに先立ち他の倒産処理手続と同様に保全処分ができる。開始決定があると清算人はそのまま特別清算人となって破産管財人と似た地位に立つ。しかし，否認権はない。債権者は破産と同様個別の取立てができず相殺も禁止される。しかし，担保権者が影響を受けないのは破産と同じである。特別清算人はかつての和議条件に似た「協定案」を作って債権者集会にはかる。協定案が多数決によって可決されるとその内容に従って債権者の権利が変更され，特別清算人がそれに従って債権者に弁済して手続が終了する。つまり，本来の清算はすべての債務を支払って残余を株主に分配して終了するわけであるが，財産が不足して全額の弁済ができないときには，それでも清算を行うには破産手続しかない。そこで，協定によって全額弁済ができるところまで債権者の権利を変更したうえで弁済しようというわけである。したがって，協定ができなかったり，できても実行困難となったときは破産手続開始決定がなされ破産に移行することになる。

　(4) **会社更生**　1952（昭和27）年にアメリカ法を参考として作られ，2002（平成14）年に新会社更生法によって面目を一新した，大規模株式会社のために特化した（ただし，金融機関等の更生手続の特例等に関する法律により，協同組織金

融機関と相互会社に拡張されている）再建型手続である。手続の詳細については後に説明するが，この手続の特徴は大型企業の再建を実現するためいろいろと民事再生手続にない施策が講じられていることである。手続が開始されると更生管財人という全面的で強力な管理機構のもとで手続が進められる。更生管財人は破産と同じく否認権を行使して倒産前の逸失財産を回復する。更生管財人は事業を営みながら再建を図るので実業界から選ばれるのが普通である。破産と同様の制度が多く採用されているが，他の手続と決定的に違うのは担保権者の処遇と経営者・株主など会社内部者の処遇である。

　他の手続では何らの影響も受けない担保を有する債権者（更生担保権者）も会社更生手続が開始されると自由な担保権の行使ができなくなり，一般の債権者（更生債権者）と同じように裁判所に権利を届出，長い経過を経て作られる更生計画に従ってのみ権利の実現ができる。更生担保権者は更生計画上有利に扱ってもらえるとはいうものの，これはある意味では担保制度を骨抜きにする画期的な意義を有する。大型倒産における再建を果たすための特別の措置である。また，租税の徴収に対しても一定の制限ができ，再建に役立っている。いま1つの特徴は，会社更生が会社の再建でなく企業の再建を目指すところに由来する。倒産会社が債務超過であれば株式の価値はゼロであるから100パーセント減資を行って従前の株主の権利はすべて失わせ，新たに株式を発行して資金を導入し，あるいは債権者に引き受けさせて自己資本化をはかる。これに伴って取締役も交替する。場合によっては新会社を設立して事業を引き継がせるといったことが行われる。かくして再建が成ったときには会社の実質は全く違ったものとなるわけである。

　会社更生における再建策である再生計画は更生管財人が作成し，更生担保権者，更生債権者等の関係人集会にかけられ多数決によって可決されることはまさに和議の手法であるが，更生管財人は更生計画の実行をも担当し，それが実行し終わるか，実行が確実となった段階ではじめて事業経営が取締役の手に戻される。このようにして会社更生は長年月を要する大がかりな手続で担保権者等関係者に与える影響も大きいため，それに相応しい規模の株式会社についてのみ適用があり，中規模以下の会社や，大規模であっても株式会社でないもの（たとえば病院）には適用がない。再生手続はこの空隙を埋めるための「新型再

建手続」として考案された。

国際倒産処理　前述したように，急激に進展する経済活動の国際化によっていわゆる国際倒産の適切な処理が緊急の課題となってきている。この点に関してのわが国の立法は，戦後に制定された旧会社更生法を含めて極端な「属地主義」の立場に立っていた。これは，わが国の倒産処理手続の効力は外国に及ばず，外国の倒産処理手続の効力はわが国に及ばない，とする孤立主義の考え方である。国際的な経済活動が極めて限られ，国際交通も不便であった1922（大正11）年の旧破産法制定当時においては，わが国のような島国としてこれも1つの選択であったであろう。しかし，多くの日本企業が海外で経済活動を行い大量の在外財産を有する今日では，在外財産を外して適切な倒産処理は不可能である。しかし，外国における経済活動は，これに対する外国の倒産処理手続を惹起する可能性もある。とすると，同じ債務者に対して日本と外国の双方に倒産処理手続が進行することもありえ，それぞれの手続に日本の債権者も外国の債権者も権利を行使するということが起こる。倒産法制は各国で著しく異なっているので，このような事態をいかに調整すべきか，ということも問題となる。

先に触れたように，2000（平成12）年の立法は，国連国際商取引法委員会（UNCITRAL）の国際倒産モデル法に基づき，わが国としては画期的な改革を行った。その詳細は第16章で述べるが，その要点は次のとおりである。まず，長年批判されてきた属地主義を撤廃した。したがって，わが国の倒産処理手続は外国にある財産に対しても効力が及ぶ。これに対し，外国の倒産処理手続はそれが当該倒産者の本拠地で開始されたものである場合には，外国管財人等の申立てによりこれを承認する手続を経てわが国でも効力が認められ，わが国の裁判所が必要に応じて承認管財人を選任するなどしてこれに援助協力を行うことができる。このような外国倒産処理手続の取扱いについて「外国倒産処理手続の承認援助に関する法律」および同規則が制定された。また，破産法，民事再生法と会社更生法において，わが国の手続の効力が外国にある財産にも及ぶことが明文をもって定められ，外国の手続から弁済を受けた債権者が二重弁済を受けることができないこと，外国の倒産処理手続が並行して行われているときは，管財人間で協力を行うべきこと，外国管財人のわが国における権限等に

ついて詳細に規定した。

　このような立法は，わが国の国際倒産処理法制を画期的に改善するものといえるが，なお，未解決の問題は多く残されており，今後の判例の展開や立法活動に期待する部分が大きい。

　|各種倒産処理手続の相互関係と利用状況|　現行法のもとでは，各倒産処理手続はそれぞれについて申立権をもつ者からの申立てにより開始される。したがって，どの手続によって倒産処理をするかをあらかじめ見極めて申し立てる必要がある。とくに再建型の手続では倒産者自身が申し立てるのがつねであるが，民事再生か会社更生かの選択に迷っている間に申立ての時機を失するということも起こる。このような縦割りをやめ，「倒産処理手続の申立て」とともに保全処分によって現状を凍結したうえで倒産処理の方向を探る「入口一本化方式」の採用することも立法論としては議論されている。

　現行制度では入口は別であるが，いったんある手続が申し立てられあるいは開始されてからでも他の手続への移行ができないわけではない。一般に，破産以外のすべての手続は成功しない場合には破産に移行して結着がつくことになっている。これを牽連破産という。もちろん，いったん破産手続が開始されても他の手続へ移行することもできる。

　|私的整理|　**(1) 私的整理の必要性と問題点**　すでに述べたように私的整理は倒産処理の中では相当の比重を有している。何らの倒産処理も行われないケースがかなりあるとしても，企業倒産は，かなりの割合で，裁判所の手にかからないとみてよい。実際，私的整理は本来私的自治の範囲内の出来事であるべき倒産処理において理論的にも原則的なやり方であるといえる。実際上も，うまく行われるかぎり，手続自体が安価で迅速でありかつ債権者もより多くの配当を期待できるはずである。しかし，条件が整わないときにはかえって混乱をもたらす。私的整理のための条件としては，債権者数が多くないこと，倒産者と債権者の間の信頼関係が失われていないこと，債権者の中から，あるいはその他の者の中から手続の中心となるべき信頼できる人が見出せること，などが必要であり，一般的にいえば比較的規模の大きくない企業の倒産処理に適しており，このような条件があるかぎり裁判上の倒産処理手続に依存する必要は全くない。

私的整理の限界ないし問題点もまさにこのような利点の反面としてあらわれる。すなわち，手続について何ら定まったものがないためいくらでも簡易にすることができ，かつ公の監督がないため，倒産者または一部債権者などの詐害的行動を許しやすく，そこまでいかなくとも，えてして無責任態勢が支配しやすくなる。また，倒産前に他人の手に渡った財産を回復しようとしても否認権のようなものがないため説得によるしかない。一部で勝手な行動をする債権者がいても強制的に私的整理に従わせる手立てがない。そして，何よりも悪徳整理屋の介入を招きやすいという弱点がある。

　従来，私的整理における弁護士の役割は倒産者や債権者の代理人としてのものが多かったが，いわば裁判所に代わって，第三者的な立場で私的整理を引き受ける専門的な弁護士も出てきている。この方面の弁護士業務の展開は私的整理の適正化のために期待されるところである。さらに，注目すべきは，判例を通じて少しずつながら私的整理法ともいうべき分野が形成されてきていることは次にみるとおりである。弁護士がより多く関与することによって手続面の標準化が行われ，判例を通じて実体面が整備されることにより私的整理も徐々に見透しのきく客観的な存在となりつつある。

　さらに，2001（平成13）年9月には，政府の「緊急経済対策」（同年4月）を受けて，銀行業界のイニシアティヴにより，主要債権者か金融機関である場合の私的整理手続の標準化・透明化を目的とする詳細な9項目からなる「私的整理に関するガイドライン」が発表され，よく利用されるようになったし（裁判例に現れた例として，東京地判平成22・9・30金商1357号42頁，東京地判平成21・4・28訟務月報56巻6号1848頁），2004（平成16）年のいわゆるADR基本法を企業再建にも利用すべく，産業活力の再生及び産業活動の革新に関する特別措置法がいわゆる「事業再生ADR」を制度化し，そのもとで認証を受けた事業再生実務家協会という専門弁護士を中心とする民間団体が2009（平成21）年から活動を始めている（裁判例に現れた例として大阪高決平成23・12・27金法1942号97頁）。これらの私的整理と一部債権者による法的倒産手続との対立・調整や，法的倒産手続に移行した後に私的整理中に行われた行為の効力が問題になることもある（上記引用の各判例のほか，大阪地判平成22・3・15判タ1327号266頁参照）。

(2)　**私的整理の手続**　　従来行われてきた私的整理の標準的な手続は次のよ

うなものである。まず，倒産者（会社ならば代表者）が債権者を招集して謝罪とともに事情を説明し希望を述べる。債権者側は協議して複数の債権者委員を選び，そのなかからさらに債権者委員長（法人でもよい）が選ばれる。この債権者委員長がその後の倒産処理において中心的役割を果たす。債権者委員長は倒産者から帳簿，印鑑，重要書類等を預かって財産状態を調査するとともに財産の勝手な処分ができないようにする。場合によっては，重要な不動産について一部の債権者からの差押えを防ぐため名義を債権者委員長個人に信託的に移転することもある。このような移転は総債権者の利益のためになされているので詐害行為となることがないのは当然である（東京地判平成10・10・29判時1686号59頁）。債権者委員長および委員は調査のうえ倒産処理の基本方針を決め債権者集会にはかる。清算か再建かが大きい点であるが，再建となれば新たに出資をしてくれるいわゆるスポンサーがつくことが通常は必要である。債権者委員長自身が再建のためのスポンサーとなることもありうる。整理案はいずれにせよ債務の一部免除と延払いを定める。清算となれば債権者委員長が財産を処分し換価金を配当することになる（なお，特定の債権者にのみ完全な弁済をするには全債権者の同意が必要である。最判昭和47・5・1金法651号24頁参照）。賛成しなかった債権者は，整理案に拘束されないのが原則である（表決に加わらなかった債権者につき，最判昭和51・11・1金法813号39頁）。しかし，積極的に整理案に反対せず配当を受け取った債権者は残額を免除したものとする判例がある（東京地判昭和49・5・31判タ312号233頁，配当約束に拘束力を認めなかったものとして広島高判平成23・10・26金商1382号20頁）。各種倒産処理手続における場合と異なり（破253条2項，民再177条2項，会更203条2項参照），私的整理では合意された債権放棄等の効果は連帯保証人にも及ぶ（東京地判平成8・6・21判タ955号177頁）。

　このように債権者委員長の権限は大きく，責任も大きい。債権者委員長は信託法上の受託者の忠実義務（信託29条2項），善管義務（同30条）を負い，私利をはかる行為は債務者に対する不法行為となる（東京地判昭和56・4・27金商639号26頁）。判例は，債権者委員長が倒産処理の過程で自分だけが倒産者の親族から連帯保証を得たのはこれによって他の債権者への配当が減少していなくても忠実義務違反であるとして，その保証債務の請求を許さない（広島高判昭和49・11・28判時777号54頁）。また債権者委員長が倒産者の在庫商品を適正価格で

買入れても詐害行為となるとされている（最判昭和46・6・18金法620号55頁）。

　私的整理には裁判上の倒産処理手続のように個別執行を排除する力は当然にはないわけであるが（なお，特定債務等の調整の促進のための特定調停に関する法律による特定調停を利用すると，強制執行の停止が可能である），私的整理を望ましい倒産処理の1つの型とすれば，これが外部からいたずらに干渉を受けないようにすることが望ましい。そのためには前述のように主要財産を債権者委員長に信託的に譲渡して倒産者の責任財産からはずすことができる（前掲東京地判平成10・10・29）。また，適正に行われている私的整理を妨害する目的でなされた破産申立ては申立権の濫用として却下できると解される。債務者から私的整理の委任を受けた弁護士が銀行に受任通知をした後に，銀行口座に自動振込みがあった場合，銀行がこれと債務者への貸金債権と相殺することは権利の濫用として許されないとした裁判例がある（札幌地判平成6・7・18判時1532号100頁）。倒産処理手続における相殺禁止を私的整理に類推したものである（同旨，東京地判平成11・3・25判時1706号56頁）。なお，最高裁は，債務者が給与所得者であり広く事業を営む者ではない場合について，債務者から私的整理を受任した弁護士の受任通知が「支払停止」（破162条1項1号イ・同条3項）に当たるとして，受任通知後の弁済を対象とする破産管財人の否認請求を認めているが（最判平成24・10・19金商1406号26頁），相殺禁止との関係でも注目に値する（相殺禁止の一般原則については，101頁以下参照）。

　　倒産犯罪　　倒産はしばしば犯罪を伴うことがある。倒産間際に代金支払いの意思も能力もないのに商品を大量に買入れる取込み詐欺や会社の取締役が会社の金を横領して会社を倒産させた場合の特別背任（会960条・962条）などは典型である。これらの犯罪は倒産に特有のものでなく，ただ倒産を契機として表面化することが多いということである。これに対し，倒産処理手続に固有の犯罪類型があり破産法その他の法律に規定されている。これらを倒産犯罪と総称する。

　主要な倒産犯罪には2種を区別することができる。1つは財産罪型倒産犯罪ともよぶべきもので，関係人とくに債権者の財産上の利益を保護法益とする。たとえば，自己または他人の利益をはかり，または債権者を害する目的をもって財産を隠匿，毀損することなどがこれにあたる。このような行為は破産手続

開始決定があると詐欺倒産罪（詐欺破産罪，詐欺再生罪，詐欺更生罪）として10年以下の懲役等に処せられる（破265条，民再255条，会更266条）。また，特定の債権者に対する債務について，他の債権者を害する目的で，担保の供与又は債務の消滅に関する行為（弁済など）であって債務者の義務に属せずまたはその方法もしくは時期が債務者の義務に属しないものをすることも犯罪とされている（破266条，民再256条，会更267条）。これらの倒産犯罪は倒産手続の開始が処罰条件である。したがって，いかにこれらの行為によって倒産をもたらし債権者に損害を与えても破産等の倒産手続が開始とならなければ有罪とならないわけで立法論としては批判のあるところである。

　これらの倒産債権者の財産上の利益を保護法益とする犯罪類型は，債権者のための倒産手続という伝統的な理念を反映するものであるが，近時は倒産者のための倒産手続という新しい理念を体現する犯罪類型が破産法および民事再生法に規定されるに至っている。すなわち，個人破産者や個人再生債務者またはその親族にたいして債権の返済や保証を要求して面会を強要することを罰する面会強請罪（破275条，民再263条）がそれである。悪質な貸金業者やこれと結託した反社会的勢力の策謀を禁圧するためであり，個人倒産手続において保護される倒産者の財産的利益と私生活の平穏に対する利益を保護法益とするものである。

　第2の類型は公務執行妨害罪型とよぶべきもので，公的な制度として国家の責任において裁判所が行う倒産処理手続の適正な執行を妨害する行為である。たとえば，管財人やこれに類する者の特別背任罪（破267条，民再257条，会更268条），管財人等についての贈収賄罪（破273条・274条，民再261条・262条，会更272条・273条，会967条），説明，報告，調査，検査拒絶等の罪（破268条，民再258条，会更269条），業務及び財産の状況に関する物件の隠滅等の罪（破270条，民再259条，会更270条），重要財産開示拒絶等の罪（破269条），管財人等に対する職務妨害の罪（破272条，民再260条，会更271条）などがこれにあたる。

　なお，刑罰ではないが，過料に処せられる場合もある（民再266条，会更276条，会972条）。

第 2 章
破産手続の開始

I 破産手続開始の申立て

申立権者　破産手続は，原則として，債務者または債権者などの申立てを受けた裁判所が，破産手続開始決定をなすことにより開始される（破15条，16条，18条，30条）。破産手続開始の申立権者は，債務者および債権者（破18条1項）のほか，法人の場合には，理事・取締役・清算人等も申立権を有する（破19条1項・2項）。

(1) **債務者**　債務者が自ら破産手続の申立てをする場合を自己破産と呼ぶ。個人債務者の場合には，後述の免責手続を経て，免責許可決定を受けることを目的として，自己破産の申立てをする場合がほとんどである。

(2) **準債務者**　債務者が法人の場合には，理事・取締役・清算人等も申立権を有している。これらの理事・取締役等を準債務者といい，準債務者が破産手続を申し立てる場合を準自己破産という。しかし，たとえば，取締役会で，破産手続開始の申立てについて議決して，代表取締役が申し立てる場合は，自己破産である。なお，たとえば，清算法人の清算人（一般法人215条1項，会484条1項，656条1項2項）のような一定の申立権者には，破産手続開始申立義務が課されている。

(3) **債権者**　債権者に申立権が認められているのは，破産手続を通じて権利の実現を図るためである。原則として，後に開始される破産手続において破産債権者の地位を認められる債権者であれば，申立権が認められる。債権者による申立てに際しては，自らの債権の存在と後述の破産手続開始原因にあたる事実の疎明が必要とされている（破18条2項）。これは，破産手続が開始される

と他の債権者や債務者に与える影響が大きいことを考慮して、濫用的な申立てを排除するためである。

> 申立ての手続

破産手続開始の申立ては、書面により、管轄を有する地方裁判所に対して行う（破5条、20条）。

(1) **破産裁判所と管轄**　破産事件をどの裁判所が担当するかは、職分管轄の問題であり、つねに地方裁判所が担当する（破5条）。破産手続が係属している裁判所を（広義の）破産裁判所と呼ぶ（破2条3項）。他方、破産事件を担当する裁判官によって構成される裁判体を、狭義の破産裁判所という。どの地方裁判所が破産事件を扱うかは、土地管轄の問題であり、債務者との関連性等で定められる。債務者が営業者の場合にはその主たる営業所、債務者が非営業者の場合にはその住所等の普通裁判籍（民訴4条）が基準となる（破5条1項）。しかし、そのような地がない場合には、債務者の財産が所在する地の裁判所にも管轄が認められる（破5条2項）。また、旧法に比べて、現行破産法は利用者の便宜のため、また、破産手続を合理的かつ効率的に進行するために、関連事件管轄を拡大している。すなわち、親子会社の場合（破5条3項・4項、連結親子会社の場合について、5項）、法人と代表者の場合（同条6項）、連帯債務者の場合、主債務者・保証人の場合、夫婦の場合（同条7項）には、いずれかの者の破産事件が係属している裁判所に他の者の破産事件を申し立てることができる。すでに破産手続が行われている主体と経済的に密接な関係がある者の事件を同一の裁判所で扱うことにより、効率的に手続を進行し、かつ、合理的な手続コストで処理することができる。さらに、大規模な事件については、複雑な事件処理が予想されるため、専門部や集中部を有する大規模な裁判所の管轄が付加的に認められている。すなわち、債権者が500人以上の事件では、本来の管轄裁判所を管轄する高等裁判所所在地の地方裁判所に申し立てることができ（同条8項）、債権者が1000人以上の事件では、東京地方裁判所または大阪地方裁判所に申し立てることができる（同条9項）。

(2) **申立書記載事項**　破産手続開始の申立ては、破産規則で定める必要的記載事項を記載した書面でしなければならない（破20条1項、破規1条）。申立書には、必要的記載事項として、申立人の氏名等、債務者の氏名等、申立ての趣旨、破産手続開始原因となる事実が記載されていなければならない（破20条

1項，破規13条1項）。さらに，破産規則によって，債務者の収入・支出の状況ならびに資産・負債の状況，破産手続開始原因となる事実が生ずるに至った事情，債務者の財産に関してされている他の手続または処分で申立人に知れているものなどの記載も求められている（破規13条2項）。これらは必要的記載事項ではないので，記載がないからといって，裁判所書記官による補正処分の対象となったり，申立ての却下等がされるわけではない。

また，債権者以外の者の申立て，すなわち自己破産または準自己破産の場合には，原則として，申立てと同時に債権者一覧表を提出しなければならない（破20条2項，破規14条1項）。さらに，債務者の資産・負債の状況を早期に把握するために，申立書の添付書面として，直近の貸借対照表および損益計算書，確定申告書・源泉徴収票の写しといった債務者の収入を明らかにする書面，財産目録等の提出が求められる（破規14条3項）。

　(3)　**申立手数料と予納金**　破産手続開始の申立てをする際に，申立人は，申立手数料を納付しなければならない（民訴費3条1項）。手数料は，自己破産申立ての場合は1000円（民訴費別表第一16項），免責許可の申立てをする場合にはさらに500円（同17項ホ），債権者申立ての場合には2万円（同12項）である。納付方法は，現金払いではなく，申立書に収入印紙を貼付することになっている（民訴費8条）。

また，申立人は，手続費用として，裁判所が相当と認める金額を予納しなければならない（破22条1項）。申立人に手続費用を予納するだけの資力がなく，他方，破産財団から手続費用を償還できる見込みがあり，かつ，破産手続を開始する必要性が特に高い場合に限り，国庫仮支弁の制度を利用することができる（破23条1項前段）。手続費用は，官報公告費用のほか，破産管財人が選任される事件では主として管財人の報酬に充てられる。予納金の具体的な金額は，各破産事件の規模，難易などを考慮して，管財人報酬の水準に合わせて定められている。裁判所ごとに，負債総額を算定基準にして，一定の予納金基準が設定されているようである。

　(4)　**疎明事項**　自己破産申立ての場合，申立行為それ自体が破産手続開始原因の存在を推測させるので，破産手続開始原因の疎明は不要と解されている。また，準自己破産の場合には，理事等の全員一致による申立てをする場

❖コラム1-1　債権者申立ての時効中断の効果

　債権者の破産手続への参加，すなわち，破産債権の届出は，時効中断効を生じることが，明文で定められている（民152条）。しかし，債権者が破産手続開始の申立てをした場合の時効中断効については，明文の規定がなく，かねてより争いがある。通説・判例（最判昭和35・12・27民集14巻14号3253頁）は，債権者による破産手続開始の申立ては「裁判上の請求」（民149条）にあたると解して，破産手続開始申立書に記載された債権について時効中断効を認めている。さらに，判例（最判昭和45・9・10民集24巻10号1389頁）は，破産手続開始申立書に記載された債権だけでなく，支払不能の事実を明らかにするために裁判所に提出した資料や計算書に記載された債権についても，一種の裁判上の請求として時効中断効を認めた。また，のちに破産手続開始申立てが取り下げられると，時効中断の効力は生じないが（民149条，152条），取下げの後には，「催告」としての効力（民153条）があり，破産手続開始申立ての取下げ後6ヶ月以内に他の強力な時効中断の手段を講じれば，時効が確定的に中断するとしている。

を除き，破産原因事実の疎明が必要である（破19条3項）。債権者申立ての場合にも，自己の債権の存在と破産手続開始原因事実の疎明が必要とされている（破18条2項）。債権者申立てや準自己破産の場合，自己の債権を優先的に取り立てることを目的としていたり，会社の内紛を自らの有利に運ぶことを目的とした濫用的な申立てがなされるおそれがあるためである。

(5) **文書閲覧請求権**　破産手続において，債権者および利害関係人の手続関与を保障し，その利益を適切に保護するためには，裁判所が保管している文書等を閲覧・謄写する機会が保障されている必要がある。しかし，旧法では，記録の閲覧・謄写等に関する総則規定はなく，一定の文書について個別に閲覧に供するための備置きが定められているだけであったため（旧破230条等），個別の規定がない文書の閲覧等が認められるのか解釈が分かれていた。そこで，現行法では，新たに文書等の閲覧等について総則規定が設けられ（破11条），個別の文書の備置きの規定は設けないこととされた。もっとも，例外的に閲覧等を請求できる時期が制限され（破11条4項），また，請求された文書に，破産財団の管理または換価に著しい支障を生ずるおそれがある部分が含まれる場合，その部分の閲覧等を請求できる者が制限されている（破12条）。

II　申立ての審理

審理の手続　破産手続開始の申立てがなされると，破産裁判所は，決定手続により審理を行い，破産手続開始の申立てに関する裁判を行う。破産手続を開始するか否かは債務者・債権者の権利義務関係に大きな影響を与えるが，この裁判は，迅速性・秘密性を必要とする。それゆえ，時間がかかり公開の口頭弁論を必要とする判決手続にはよらず，決定手続によることとされている（決定手続でも憲法上の裁判を受ける権利や公開主義には反しないとするのが判例である。最大判昭和45・6・24民集24巻6号610頁）。裁判所は，審理に際し，職権で必要な調査を行うことができる（破8条2項）。また，裁判所は，裁判所書記官に命じて必要な調査を行わせることもできる（破規17条）。もっとも，実務では，申立人および債務者に対して審尋を行うのが一般的といわれている（破13条，民訴規87条2項）。

審理の対象は，債務者の破産能力（後述）の有無，申立ての適法性，破産手続開始原因事実の有無，破産手続障害事実の有無である。破産能力がなければ，申立ては却下され，破産原因が存在しない場合，破産障害事由が存在する場合には，申立ては棄却される。

破産能力　破産能力とは，破産手続開始決定を受けうる債務者の資格，すなわち破産者となりうる資格のことをいう。破産能力は，個別の事件に関するものではなく，一般的な資格として認められるものであり，民事訴訟における当事者能力に相当する概念である。明文の規定はないが，一般に，民事訴訟法の当事者能力に関する規定にしたがって，権利能力を有する者，法人格のない社団・財団（破13条，民訴28条，29条）に破産能力が認められると解されている。

(1) **自然人**　すべての自然人に破産能力が認められる。外国人も例外ではない。旧法では，相互主義がとられ，外国手続で日本人に破産能力が認められていない場合，その外国の個人・法人には日本の破産手続において破産能力を認めないこととされていた。しかし，国際協調の観点から，現行法では内外人平等の原則が採用され，外国人・外国法人にも破産能力が認められている（破

3条)。

(2) **法　　人**　　法人のうち，いわゆる私法人について破産能力が認められる点では争いがない。他方，公法人については，本源的統治団体と呼ばれる国家や地方自治体は，法秩序上，破産による財産管理処分権の剥奪や法人格の消滅が認められないので，破産能力は否定される。その他の公法人については，破産能力を否定する特別の規定がない限り，一般に破産能力を認める見解が有力である。かつては，その事業の公益性が低ければ破産能力を認め，高ければ認めないという見解や，各種の公団・公庫のように国庫からの融資の可能性がある場合には，破産能力を認めないという見解もあった。しかし，公益性の高い公法人でも支払不能・債務超過に陥ることはあり得るので，破産能力を否定することは適切ではない。国庫からの融資の見込みや，その他の事情については，破産手続開始原因の有無を判断する際に考慮すれば足りる。

(3) **法人でない社団・財団**　　民事訴訟法29条の要件を満たす法人格なき社団・財団には破産能力が認められる（破13条）。したがって，代表者または管理人の定めがなければならないが，財産管理処分権は破産管財人に委ねられる。いかなるものが「社団」にあたるかは，民事訴訟法29条の問題である。

(4) **相続財産・信託財産**　　破産法上，とくに相続財産にも破産能力が認められている（破222条以下）。また，2006年に新信託法が制定されたことに伴い，破産法上，新たに信託財産にも破産能力が認められるようになった（破244条の2以下）。

破産手続開始原因　　破産手続が開始されると，債務者は破産者となり，財産管理処分権を奪われ（破78条1項），自由に自らの財産を処理することはできなくなる。他方，債権者も，その債務者に対する個別の権利行使は制限され（破42条1項・2項），破産手続の中でしか権利を行使することができない（破100条1項）。このように，破産手続が開始されると，債務者および債権者に大きな影響が及ぶ。それゆえ，破産手続を開始するには，これらの制限が正当化されるほど悪化した財産状態，すなわち破産手続開始原因がなければならない。

(1) **支払不能**　　法人，自然人を問わずいかなる債務者にも適用される破産手続開始原因が，支払不能である（破15条1項）。支払不能とは，「債務者が，

支払能力を欠くために，その債務のうち弁済期にあるものにつき，一般的かつ継続的に弁済することができない」客観的状態のことをいう（破2条11項）。支払能力を欠く状態は，容易に換価できる財産があるか（財産），借入れ・弁済猶予が得られるか（信用），収入・収益を得るだけの労力や技能があるかを総合的に考慮して，債務が弁済できないことをいう。また，一般的かつ継続的でなければならず，債務の一部が返済できない，一時的に資金繰りに窮しているという状態は，支払不能とはいえない。

　支払不能は，債務者の客観的状態であるが，具体的な事例に応じて債務者の事情を総合的に考慮して判断されるため，債権者が外部からこれを認識することは困難である。そこで，破産法は，その判断を容易にするために，債務者の支払停止から支払不能を推定する規定を置いている（破15条2項）。支払停止とは，弁済能力の欠乏のために弁済期が到来した債務を一般的かつ継続的に弁済することができない旨を外部に表示する債務者の行為をいう。表示の方法は明示でも黙示でも構わない。たとえば，夜逃げ，債権者集会を開いて債権者に弁済できない旨を伝える，多数の債権者に弁済猶予を乞う通知を出すなどといった行為のほか，典型的な例として，1回目の手形不渡り（支払期日に手形の決算ができず，債務者（振出人）から債権者（所持人）に額面額の支払がなされないこと）から6ヶ月以内に2回目の手形不渡りとなり，銀行取引停止処分になること（1回目の手形不渡りで支払停止と判断されるか否かは，手形不渡りに至るまでの事情による）がある。

(2) **債務超過**　　法人が債務者である場合，債務超過も付加的な破産手続開始原因である（破16条1項）。債務超過とは，「債務者が，その債務につき，その財産をもって完済することができない状態」をいう（同項括弧書参照）。すなわち，貸借対照表上の負債総額が資産総額を上回っていることである。有限責任の会社の場合，現在の会社資産が債権者の引当財産として期待されるので，債務超過が破産手続開始原因となっているが，存立中の合名会社および合資会社の場合，社員が無限責任を負うため，除外されている（破16条2項）。支払不能とは異なり，債務超過の判断には，信用や労力・技能は考慮されない。実際には，外部の債権者が債務超過を認識することも困難なため，実務では，債権者が申し立てる場合に，債務超過のみを理由として破産手続開始決定をするこ

とは稀であり，支払不能を破産手続開始原因とするといわれている。

破産障害事由　破産能力と破産手続開始原因があれば，裁判所は破産手続開始決定をするのが原則である。しかし，例外的に，一定の事由があると，破産手続開始決定がなされない場合がある。破産法上定められているのは，①破産手続費用の予納がない場合（破30条1項1号）と，②不当な目的で破産手続開始申立てがされたとき，その他申立てが誠実にされたものではない場合（同条同項2号）である。後者は，たとえば，一時的に債権者からの取立てから逃れることを目的とした債務者の申立て，破産手続開始申立ての取下げを交換条件として，自らの債権の優先的な回収を目的とした債権者の申立てなどがある。さらに，破産法以外に定められている事由として，③他の法的倒産処理手続が開始されている場合がある。倒産処理制度全体において，清算型手続は再建型手続に劣後するので，民事再生・会社更生手続の開始決定がある場合（民再39条1項，会更50条1項），破産手続開始の申立てはできない。また，清算型手続のなかでも，特別清算は，株式会社の簡易な清算手続であるので，破産手続よりも優先される。したがって，特別清算手続の開始決定（会515条1項）がある場合も破産手続開始の申立てはできない。すでに破産手続が進行している間に他の倒産手続の開始申立てがあった場合には，裁判所は破産手続の中止を命ずることができる（民再26条1項1号，会更24条1項1号，会512条1項1号）。（第13章Ⅰ他の倒産処理との関係，第15章Ⅱ更生手続開始決定を参照）。

　①から③の事由を，一般に破産障害事由という。しかし，①②の事由の手続的な性質を重視して，③の事由とは区別し，①②を適法要件，③を破産障害事由と解する見解もある。破産障害事由が認められる場合，申立ては却下されるのか棄却されるのか，破産法上明らかではないが（破30条1項参照），この見解によれば，①②の事由の存在が認められる場合には申立ては却下され，③の事由の存在が認められる場合には申立ては棄却されることになる。また，民事再生法25条を類推して，いずれの事由が認められる場合にも，申立ては棄却されると解する見解，いずれの事由も適法要件であり，その存在が認められる場合には申立ては却下されるとする見解がある。

III 破産手続開始決定

開始決定 (1) **開始決定** 裁判所は，破産手続開始原因の存在と破産障害事由の不存在を認定すると，破産手続開始決定をする（破30条1項）。破産手続が開始されると，債務者（破産者）だけでなく，債権者をはじめとした第三者にも重大な法的効果をもたらすため，破産手続開始の申立てについての裁判は，必ず書面（裁判書）を作成してしなければならない（破規19条1項）。また，裁判書には年月日のみならず時間まで記載しなければならない（破規19条2項）。これは，破産手続開始決定の効力は，決定の時から生ずることとされているからである（破30条2項）。決定の年月日および時間のほかには，裁判書の記載事項は定められておらず，民事訴訟法の規定が準用されている（破規12条，民訴規50条3項，民訴253条）。一般的には，事件番号，事件名，債務者を特定する事項，破産手続開始原因の認定判断のほか，後述の同時処分として定められた事項などが記載されるようである。開始決定がなされると，一定の事項を官報によって公告しなければならない（破32条1項，10条1項）。この破産手続開始の公告は，破産者，破産債権者などの関係人に対して送達に替わる効力を有し（破10条3項），一切の関係人に対して告知があったものと擬制される（破10条4項）。さらに，破産管財人，破産者，知れている破産債権者などの利害関係人に対して，公告事項を個別に通知しなければならないが（破32条3項），これは，利害関係人に対して情報を提供し，注意を喚起するためになされるものであり，破産法上，何らかの法的効果が発生するわけではない。

(2) **即時抗告** 破産手続開始の申立てについての裁判に対しては，利害関係人は即時抗告により不服申立てをすることができる（破9条前段，33条1項）。即時抗告をすることができるのは，申立てを棄却する決定に対しては申立人，開始決定に対しては，債権者申立ての場合は債務者および申立人以外の債権者，自己破産申立ての場合は債権者，法人の準自己破産の場合は，債権者および申立人以外の取締役・理事等である。

同時処分 裁判所は，破産手続開始の決定と同時に，以下の事項を定めなければならず（破31条1項），これを同時処分という。同時処

分事項は，①破産管財人の選任，②破産債権の届出期間（破31条1項1号），③財産状況報告集会の期日（同条同項2号），④債権調査期間または期日（同条同項3号）である。しかし，破産債権の届出および調査は，配当を実施するためのものであり，配当が見込めない場合には債権の届出および調査を行う必要がない。このような場合には，裁判所は，②④の事項を定めないこともできる。また，現行破産法において，かつては必要的であった債権者集会の招集が任意化されたことに伴い，③財産状況報告集会も，債権者数が多い，債権者の出席が見込めない，破産財団に属する財産が少ないといった事情により招集が相当でない場合には，期日を定めないことができる。知れている破産債権者の数が1000人以上であり，かつ，相当と認めるときは，裁判所は，破産債権者への各種通知や債権者集会への呼出しをしない旨の決定をすることができる（破31条5項）。

付随処分　裁判所は，破産手続開始の決定をしたときは，直ちに，同時処分で定められた事項を公告・通知するとともに，破産手続開始の登記・登録の嘱託をしなければならない（破32条）。これらを付随処分という。

(1) **公告・通知すべき事項**　裁判所は，開始決定の主文，管財人の氏名等，同時処分によって指定された期間・期日等を公告しなければならない（破32条1項1号～5号）。通知等をしない旨の決定をした場合であっても，公告はしなければならない。

以上の公告事項は，破産管財人，破産者，知れている債権者，知れている財団所属財産所持者・破産者に対する債務者，保全管理人，労働組合等に対しては，個別に通知される（破32条3項）。保全管理人および労働組合等は，現行法で新たに対象に加えられた。また，破産債権者1000人以上の場合の通知の省略の決定があった場合でも，破産手続開始決定に関する通知（破32条3項）は，利害関係人への情報提供および注意喚起のためになされるため，付随処分としての通知を省略することはできない。

(2) **手続開始の登記・登録**　破産手続開始決定がなされると，債務者（破産者）の財産管理処分権は奪われ，債権者の個別的な権利行使は制限されるため，公告・通知だけではなく，登記簿上もその債務者について破産手続が開始

されたことを公示することにより，取引の安全を図る必要がある。法人の破産の場合には，裁判所書記官は，職権で，遅滞なく，法人登記簿に対する破産手続開始の登記の嘱託をしなければならない（破257条1項）。また，個人の破産の場合，後見人の営業登記（商6条）や支配人の登記（商22条，会918条）のように破産者の地位等に関する登記，および破産財団に属する権利で登記・登録されているものがあることを知ったときには，職権で，遅滞なく，破産手続開始の登記を嘱託しなければならない（破258条1項）。

<u>開始決定の人的効果</u>　破産手続開始決定がなされると，債務者は，破産手続において「破産者」と呼ばれる（破2条4項）。破産法は，破産手続を円滑に進行し，裁判所・破産管財人・債権者が情報を収集するため，破産者に説明義務および重要財産開示義務を課している。破産者自身はもちろんのこと，破産者の法定代理人や支配人，破産者である法人の理事・取締役や従業員のように破産者と一定の関係を有する者も，請求があれば破産に関する必要な説明をしなければならない（破40条）。また，破産者は，破産手続開始の決定後遅滞なく，その有する不動産，現金，有価証券，預貯金，その他裁判所が指定する財産の内容を記載した書面を裁判所に提出しなければならない（破41条）。説明義務および重要財産開示義務に違反すると，破産犯罪となり（破268条1項・2項，269条），個人の破産の場合には，免責不許可事由にあたる（破252条1項11号）。

(1)　**自然人（個人）に対する効果**　自然人（個人）について破産手続が開始されても，その権利能力・行為能力には影響はない。しかし，破産手続を円滑に進行するため，自然人である破産者に一定の義務や行為制限が課されている。なお，破産手続開始決定により「破産者」と呼ばれることについては，とくに債務者が自然人（個人）である場合，懲罰的な色彩が強いとして批判があるところである。

(a)　居住制限　破産者は，裁判所の許可を得なければ，その居住地（破産手続開始決定の時点で破産者が現に居住する場所）を離れることはできない（破37条1項）。破産者の法定代理人や支配人，破産者である法人の理事・取締役，執行役およびこれに準ずる者も居住制限を受ける（破39条）。これは，破産者の逃亡や財産隠匿を防止するためである。

(b) 引　　致　　裁判所は，破産者が出頭しない，説明義務を尽くさない場合など，必要があると認めるときは，破産者の引致を命ずることができる（破38条1項）。すなわち，裁判所が引致状を発して刑事訴訟法・刑事訴訟規則中の勾引の規定を準用して（破38条3項・5項，破規22条），強制的に出頭させることができる（破38条1項）。居住制限と同様に，破産者と一定の関係を有する者にも適用される（破39条）。

(2) **法人に対する効果**　　法人について破産手続開始決定がなされると，法人は，設立根拠法に基づき，原則として解散する（一般法人148条6号，202条5号，会社471条5号，641条6号，中間法人81条1項5号，108条5号など）。しかし，解散に続く通常の清算手続が行われるのではなく，破産手続が清算手続に代わる（一般法人206条1号括弧書，会475条1号括弧書参照）。しかし，法人は，破産手続開始決定がなされても，清算の目的の範囲内で存続するものとみなされる（破35条）。前述の自然人に対する効果は，法人の役員等に準用される。

| 同時破産手続廃止 |　債務者の財産が少なく，破産手続の費用をまかなうことも十分にできない場合には，裁判所は，破産手続開始の決定と同時に，破産手続廃止（終了）の決定をしなければならない（破216条1項）。これを同時破産手続廃止または同時廃止という。同時破産手続廃止になると，破産管財人の選任などの同時処分および付随処分はなされない。とくに，個人の自己破産申立ての場合には，破産財団に属する財産が乏しく，破産手続を進めることがかえって破産者および利害関係人の負担になるため，同時破産手続廃止の事件が多い（詳細は，第11章Ⅲ参照）。

Ⅳ　破産手続開始前の保全処分

| 意　義 |　破産手続開始の申立てから開始決定まで一定の時間を要する場合，債務者が財産を隠匿したり，特定の債権者へ弁済したり，また，債権者が早い者勝ちをねらって強制執行により債権回収を図ることが考えられる。そこで，裁判所は，債務者財産の散逸防止による財産の保全と債権者平等の確保のために，各種の保全処分をすることができる（保全処分については，第13章Ⅱ再生手続開始前の保全処分，第15章Ⅱ保全処分も参照）。

強制執行手続等の中止命令　破産手続開始の申立てがあった場合に，裁判所が必要があると認めるときは，強制執行，仮差押え，仮処分等の手続，財産関係の訴訟手続などに対して中止命令を発令することができる（破24条1項）。これは，破産手続開始決定による債権者の個別的な権利行使の禁止・中止の効果を前倒しすることによって，債権者平等を確保するものである。財団債権となるべき債権に基づく強制執行等も中止の対象とされている。

包括的禁止命令　強制執行等の中止命令を個別に発令していたのでは，混乱を防止できない場合に備えて，債権者全員の権利行使を禁止するのが包括的禁止命令である（破25条）。たとえば，各地に多数の資産を有する債務者について，申立後に多数の債権者から強制執行がされた場合，債務者が個別に強制執行等の中止命令の申立てをしようとしても，十分に状況を把握できなかったり，対応するには事務量が膨大になることが考えられる。

債権者の権利行使を包括的に禁止する一方で，債務者による財産の処分を無制限に認めては，債権者の利益を害する可能性がある。そこで，包括的禁止命令の発令は，主要な財産に対する保全処分または保全管理人による保全管理命令（後述）が，事前にまたは同時に発令された場合に限られている（破25条1項但書）。

なお，破産法では，担保権は別除権として扱われ，手続の外での権利行使が認められているため（破2条9項，65条），担保権実行の手続は，包括的禁止命令の対象に含まれていない。

処分禁止の仮処分その他の必要な保全処分　破産法28条が定める保全処分は，債務者の財産処分行為に向けられている。すなわち，裁判所は，利害関係人の申立てによりまたは職権で，債務者の財産に関し，その財産の処分禁止の仮処分その他の必要な保全処分を命ずることができる。利害関係人は，破産手続開始の申立人に限られず，債権者申立ての場合には債務者，債務者申立ての場合には債権者も含まれる。具体的な保全処分は，動産・不動産・債権の仮差押え，不動産の処分禁止の仮処分，動産の占有移転禁止の仮処分などがある。

代表的な保全処分の1つに，弁済禁止の保全処分がある。これは特定の債権者への弁済を禁ずる保全処分であり，その名宛人は債務者である。旧法下で，

弁済禁止の保全処分に違反してされた弁済の効力について解釈上の争いがあった。そこで、弁済禁止の保全処分に反して債務者が弁済をした場合、受領した債権者が保全処分について知っていたときに限り、その債権者は弁済の効力を主張することはできず、破産財団に利得を返還しなければならないこととされ（破28条6項）、立法的に解決された。

保全管理命令　裁判所は、法人の債務者について破産手続開始の申立てがあった場合に、債務者による財産の管理処分が失当であるなど、債務者の財産散逸を防止する必要があるときには、債務者から財産管理処分権を剥奪して、裁判所が選任する保全管理人に専属させることができる（破91条）。立法過程では、債務者が個人の場合も対象とすることが検討されたが、破産手続開始前の段階で、管理の対象となる財産と自由財産を峻別することは困難であることから、債務者が法人である場合に限られた。

否認権のための保全処分　破産手続においては、破産管財人が否認権を行使することにより、詐害行為・偏頗行為の効力を否定して、破産財団から逸出した財産を回復することができる。破産手続開始後に否認権を実効的に行使するために、手続開始決定前に、第三者が所有・占有する財産に対し、仮差押え、仮処分その他必要な保全処分を発令することが認められている（破171条1項。詳細は、第8章Ⅲ参照）。

役員の責任追及のための保全処分　取締役等の役員が、破産に至った法人の利益に反する行為を行っている場合がある。このような場合に、法人はその役員に対して、民法上・会社法上の損害賠償請求権を有することになるが、破産手続において、その権利行使は、損害賠償請求権の査定の制度（破178条以下）により、簡易化されている。そして、このような権利追及を保全するために、裁判所は、必要があると認めるときは、破産管財人の申立てまたは職権で、法人役員の財産に対する保全処分を発令することができる（破177条）。役員の責任追及の制度については、第13章・Ⅴ・損害賠償の査定、コラム15も参照。

第3章

破 産 財 団

I　破産財団の意義とその範囲

　　破産財団の意義　　破産財団とは，破産者の財産又は相続財産若しくは信託財産であって，破産手続において破産管財人にその管理及び処分をする権利が専属するものをいう（破2条14項）。破産財団は，法定財団，現有財団，配当財団の3つに区別される。法定財団とは，法の予定する破産財団をいう。現有財団とは，現に破産管財人が管理する破産財団をいう。配当財団とは，配当原資となる破産財団をいう。

　破産手続開始前に債務者が第三者に譲渡した財産は，現有財団に含まれない。しかし，第三者への譲渡が詐害行為であり，破産管財人が否認権を行使すれば（否認権については，第8章参照），その財産が破産財団に復帰することになる場合（破167条1項），その財産は，法定財団に含まれる。

　反対に，破産者が現実に管理していた財産は現有財団となるが，現有財団には第三者が所有権をもつ財産が含まれている場合がある。第三者がその所有財産について破産管財人に対して返還請求をすることができる場合（取戻権という。破62条。取戻権については，本章II参照），取戻権者に返還すべき財産は，法定財団に含まれない。

　破産手続開始時に，現有財団と法定財団との間には，多少のズレがある。破産手続において，破産管財人が否認権を行使して破産財団を増殖させたり，取戻権の対象となる財産を取戻権者に返還したりすることによって，現有財団を，変動させつつ，法定財団へと接近させていき，最終的に換価して，破産債権者に配当するための配当原資（配当財団）を形成する。

　　　　　　　　　　(1)　**破産者の一切の財産**　　破産者が破産手続開始時に
　破産財団の範囲
　　　　　　　　　　有する一切の財産（日本国内にあるかどうかを問わない。）
は，破産財団として扱われる（破34条1項）。破産財団は，財産であるから，名誉などの人格権や親子などの身分上の権利は破産財団に含まれない。破産財団を破産者の一切の財産とするのは，債権者が，債務者（破産者）の総財産を債権の満足に充てるべき財産（責任財産）として期待しているからである。

　破産者の有する財産であって破産財団に含まれない財産を自由財産という（自由財産の詳細については，第12章参照）。破産者の有する一身専属的権利，差押禁止動産，差押禁止債権（破34条3項参照）は，自由財産である。差し押さえることができない財産は，破産者の責任財産に含まれないためである。

　一身専属的権利か否かについて問題となるのは，名誉侵害を理由とする被害者（破産者）の加害者に対する慰謝料請求権である。判例は，慰謝料請求権を行使する意思表示をしただけでいまだ具体的な金額が客観的に確定しない間は，一身専属性を有するが，一定額の慰謝料支払いの合意又は債務名義の成立など具体的な金額が客観的に確定した場合や，相続による慰謝料請求権の承継取得者の場合は，行使上の一身専属性が認められないとする（最判昭和58・10・6民集37巻8号1041頁）。

　なお，属地主義（旧破産法3条）を廃止して日本国外の財産を破産財団に含めるようになったことについては，第16章Ⅱ参照。

　(2)　**固定主義**　　破産財団となる財産は，破産手続開始時の財産である（破34条1項）。このように，わが国の破産法は破産財団の範囲を一定の時点の財産に固定する立法主義（固定主義）を採用する。これに対して，破産手続開始後に破産者が取得した財産（新得財産）を破産財団に全部取り込む立法主義があり，これを膨張主義という。

　固定主義の長所としては，債務者が早期に経済的再生の意欲をもつ，手続開始後に信用供与を受けて新たな事業を開始しやすい，破産手続の増殖を目指して破産管財人が手続の終了を遅らせることがないという点が挙げられる。

　固定主義の短所としては，相続財産など債務者の再生意欲と無関係な財産を破産財団に取り込むことができないといった問題点が指摘されている。そこで，固定主義を一部修正して，手続開始後の相続財産を破産財団に取り込む規

> **❖コラム3-1　法人の自由財産**
>
> 　個人の破産者の財産は，破産手続の開始によって破産財団と自由財産とに分けられることになる。これに対して，法人破産の場合，自由財産を認める必要があるか否かが問題となる。判例は，簡易生命保険の還付金請求権が差押禁止とされている趣旨が受取人の最低生活保障にあり，法人にはその必要性がないことを理由として，還付金請求権が差押禁止債権であっても法人については破産財団に含まれると判断した（最判昭和60・11・15民集39巻7号1487頁）。
> 　法人の破産財団に，国外にある財産や担保割れ不動産（オーバーローン不動産）など破産管財人による管理処分や換価が困難な財産が含まれている場合，実際上，破産管財人による破産財団からの放棄を認める必要があるといわれる。この場合の放棄の意思表示の相手方が破産法人であるため，法人の自由財産を認めざるをえないとするのが実務の扱いである。

定をおく国がある。

　わが国では，破産者が破産手続開始前に生じた原因に基づいて行うことがある将来の請求権は，破産財団に属するとされている（破34条2項）。これは，固定主義を一部修正しているといえよう。

　たとえば，保険契約者が破産した場合の手続開始後に解約されるときに生じる解約返戻金請求権，賃借人が破産した場合の賃貸借関係に基づいて手続開始後の明渡しのときに生じる敷金返還請求権，労働者が破産した場合の手続開始前の労働の対価とされる将来の退職金請求権（差押可能な部分に限る）などは，破産財団に含まれると解されている。

　ただし，将来の退職金請求権については，破産財団に含まれないとする反対説も有力である。労働契約は，保険契約や賃貸借契約と異なり，破産法53条に基づいて破産管財人が終了させることができない契約であるため，破産財団に取り込むために退職金請求権を換価することが困難であるといった根拠が挙げられる。

　破産法34条2項による固定主義の修正は，手続開始前の原因の存在という画一的な基準による破産財団の範囲拡張であるが，これらの将来の請求権の中には，生命保険，住居，雇用など破産者およびその家族の経済生活の再生の機会を奪う要因となるものが少なくない。画一的な破産財団の範囲を破産者の個別事情によって変更させるために，自由財産の範囲拡張の制度がある（破34条4項）。

II 取戻権

　取戻権とは，破産者に属しない財産を破産財団から取り戻す権利をいう（破62条）。取戻権は，民法など実体法が定めた権利に基づく一般の取戻権と破産法が規定する特別の取戻権（破63条，64条）とに分けられる。

　一般の取戻権　破産管財人が破産手続開始後に管理処分する破産財団（現有財団）には，第三者の所有する財産が含まれていることがある。その場合，第三者が破産管財人に対して，現有財団に含まれる財産について所有権に基づいて破産管財人の占有を排除することが認められる。破産手続の開始が取戻権に影響を及ぼさないことを明確にしておくために，破産法62条の規定がある。

　たとえば，破産者が，賃貸借契約終了後も引き続き不動産を占有している間に破産した場合，破産管財人は，破産手続開始後，当該不動産をひとまず占有することになる。当該不動産の所有者は，取戻権の行使として破産管財人に対して当該不動産の引渡しを請求することができる。

　一般の取戻権は，民法などの実体法が定めた権利に基づくことになる。取戻権の基礎となる権利としては，所有権が典型であるが，そのほか，地上権のように占有を内容とする用益物権なども取戻権の基礎となる。なお，所有権留保・譲渡担保など非典型担保については，別除権として扱われるため，別除権のところで説明するが，手続開始時に担保権実行がすでに完了していれば，取戻権の問題になる（非典型担保については，第6章参照）。財産分与請求権が取戻権であるか否かについては，議論がある。

　また，債権であっても取戻権とされる場合があり，具体例として，転貸人が転貸借終了を理由に転借人の破産管財人に目的物を返還請求する権利が挙げられる。なお，詐害行為取消権も取戻権の基礎となると解されている。

　特別の取戻権　特別の取戻権（破産法が定める取戻権）としては，売主の取戻権（破63条1項），問屋の取戻権（破63条3項），代償的取戻権（破64条）がある。

　(1) **売主・問屋の取戻権（破63条）**　売買契約において，目的物の引渡後，

代金支払前に買主が破産した場合，売主は，破産債権者となるが，売主が売買の目的である物品を買主に発送した場合において，買主がまだ代金の全額を弁済せず，かつ，到達地でその物品を受け取らない間に買主について破産手続開始の決定があったときは，売主は，その物品を取り戻すことができる（破63条）。隔地者間取引において，買主破産の場合に特別に売主を保護する趣旨である。委託者破産における問屋の取戻権も同様である。

目的物を買主が受け取った場合でも，売主は，動産売買の先取特権（民311条5号，321条）を別除権として行使することができるため，売主の取戻権の意義は少ない。

(2) **代償的取戻権（破64条）** 破産者（保全管理人が選任されている場合にあっては，保全管理人）が破産手続開始前に取戻権の目的である財産を譲渡した場合には，当該財産について取戻権を有する者は，反対給付の請求権の移転を請求することができる（破64条1項）。破産管財人が取戻権の目的である財産を譲渡した場合も，同様とする（同条同項）。

取戻権の対象となるはずの財産を，破産前に，債務者が譲渡し，反対給付が破産前に履行済みの場合は，損害賠償請求権・不当利得返還請求権を破産債権として行使するほかない。

> 取戻権の行使方法

取戻権は，破産管財人に対して，訴訟上，又は訴訟外で行使することができる。破産管財人は，裁判所の許可を得て，100万円を超える価額の取戻権を承認することができる（破78条2項13号，3項1号）。

破産管財人は，差押債権者と同視され，対抗問題や第三者保護規定における第三者として扱われる。そのため，対抗要件（登記・登録など。民177条，178条参照）が必要とされる権利をもつ取戻権者は，破産管財人に対して一般の取戻権を主張するためには，対抗要件を具備しておく必要がある。なお，破産管財人の第三者性については，本章Ⅳ参照。

Ⅲ 信託による分別管理と破産財団

受託者が破産した場合，信託財産に属する財産は破産財団に属しない財産で

ある（信託25条1項）。また，受益債権および信託財産のみをもって履行責任を負う信託債権は，破産債権とならない（信託25条2項）。破産者の財産が信託財産であるか否かは，明確な信託契約が存在するか否かで決まるわけではない。判例には，保証事業法に基づく前払金を信託財産と解して，破産財団に含まれないとしたものがある（最判平成14・1・17民集56巻1号20頁）。

損害保険代理店の保険料専用口座の預金債権の帰属　保険代理店が，損害保険会社と代理店契約を締結し，保険料の入金を目的として金融機関に代理店名義の普通預金口座を開設し，通帳・届出印を保管し，入金・払出しの事務を行っていたところ，保険代理店が破産したため，損害保険会社が金融機関に預金の払戻請求をしたのに対して，金融機関は，保険代理店に対する貸金債権（破産債権）と上記預金債権とを相殺した事案について，判例は，上記預金債権は，損害保険会社ではなく保険代理店に帰属すると判断した（最判平成15・2・21民集57巻2号95頁）。

証券会社の破産と投資家保護　従来，取戻権に関して，証券会社が破産した事案において，問屋が委託者のために物品を買い入れた後に破産した場合，買入委託の実行として株式取得後に証券会社が破産した場合に委託者は株式につき取戻権を行使しうるとする判例が紹介されてきた（最判昭和43・7・11民集22巻7号1462頁）。しかし，現在では，証券会社が破産した場合の投資家保護は，証券会社による分別管理義務（金融商品取引法43条の2）や投資者保護基金による補償（同法79条の56）など立法による解決が図られている。

IV　破産管財人の地位

　破産管財人とは，破産手続において破産財団に属する財産の管理及び処分をする権利を有する者をいう（破2条12項）。破産財団の管理処分が重要な職務であるが，それのみならず，破産債権の調査・確定の手続に関与し，配当を行い，個人破産では免責不許可事由の調査も担当する。このように，破産手続において中心的役割を果たす機関が破産管財人である。

　伝統的に，破産者，破産管財人，債権者の間の法律関係を矛盾なく説明することを目的として，破産管財人の法的地位が議論され，職務上の当事者である

ことに着目する見解（職務説）や破産財団の管理機構としての破産管財人に法人格を認める見解（管理機構人格説）などが主張されてきた。近時は、破産管財人の法的地位の議論によって具体的な問題の結論を左右しないと考えられているが、現在も新たな視点から議論が続けられている。

> 破産管財人の職務

(1) **破産管財人の選任・監督**　破産管財人は、破産開始決定と同時に裁判所によって選任され、裁判所によって監督される（破31条1項柱書、4条1項、5条1項）。破産管財人が複数選任される場合、裁判所の許可を得て、それぞれ単独にその職務を行うことができる（破76条1項）。また、破産管財人は、必要があるときは、その職務を行わせるため、裁判所の許可を得て、自己の責任で一人又は数人の破産管財人代理（常置代理人と呼ばれる）を選任することができる（破77条1項2項）。破産管財人となるための特別の資格はなく、法人も破産管財人になることができる（破74条2項）。

実務では、破産管財人として弁護士一名が選任される。裁判所は、法曹経験年数・能力や、事件の規模・難易などを考慮して破産管財人を選任しているようである。大型事件・複雑事件の場合、常置代理人を選任することが多い。

破産管財人は、正当な理由があれば、裁判所の許可を得て辞任することができる（破規23条5項）。裁判所は、破産管財人が破産財団に属する財産の管理及び処分を適切に行っていないとき、その他重要な事由があるときは、利害関係人の申立てにより又は職権で、破産管財人を解任することができる（破75条2項）。この場合、破産管財人を審尋しなければならない（同項）。

(2) **破産管財人の権限と義務**　破産管財人の主要な職務は、破産財団の管理処分、破産債権の調査・確定の手続への関与、配当、免責調査である。以下では、破産管財人の権限と義務について概観する。

破産管財人の権限は、破産財団の管理処分権限（78条1項）のほか、破産財団について調査するために、郵便物等の受領・開披（破81条、82条）、帳簿、書類等の検査（破83条）の権限をもつ。また、破産管財人の職務を妨害する場合に、警察上の援助を請求することができ（破84条）、財産の隠匿・散逸等を防止するために、封印執行・帳簿の閉鎖をすることができる（破155条）。破産者が財産を任意に引き渡さない場合、財産引渡命令の申立てをすることができる

（破156条1項）。破産管財人は，これらの強力な権限を背景に，破産財団の管理処分を円滑に進めることができる。このほか，双方未履行の双務契約の履行解除の選択（破53条），否認権行使（破173条1項），役員の責任追及（破178条），別除権目的物の提示・評価・換価（破154条，184条2項），担保権消滅許可申立て（破186条），自由財産の範囲拡張決定の際の意見（破34条5項）といったものが挙げられる。

破産管財人の義務としては，裁判所の監督を受けるほか（破75条），財産処分等を行うにあたり，裁判所の許可を得なければならない場合が多い（破78条2項各号）。また，破産管財人は職務を遂行するにあたり，利害関係人に対して善管注意義務を負う（破85条）。以上の手続全般にわたる義務のほか，破産財団の管理処分に関する義務として，就職直後の財団管理の着手（破79条），破産手続開始に至った事情，破産者・財団に関する概況報告書の提出（破157条1項），破産手続開始後遅滞ない財団の価額評定（破153条1項），財産目録・貸借対照表の作成（破153条2項3項），情報提供努力義務（破86条）がある。

破産債権の調査・確定に関する義務としては，届出破産債権の認否義務（破121条1項），破産債権査定申立ての相手方，査定異議の訴えの当事者，係属中の訴訟の当事者となる義務がある（破125条，126条，127条）。また，破産管財人は，配当実施の義務を負う（破195条以下）。

免責については，免責に関する意見申述権限をもち（破251条1項），免責の調査・報告義務を負う（破250条1項）。

以上のように破産管財人は，強力な権限を適切に行使し，善管注意義務など様々な義務を果たしつつ，破産財団の管理・換価，債権の調査・確定，配当を行うことによって，破産債権者等の利害関係人の利益を実現するとともに，破産者の免責手続に関与して債務者の経済生活の再生の機会を確保するという職務を果たす。

さらに，近年，破産管財人の公益的地位の問題が議論されている。破産財団に土壌汚染不動産が含まれる場合など公益的利益の保護と債権者の利益とが対立するような状況において，破産管財人は破産財団の負担において土壌汚染除去工事を行う義務を負うのか，破産財団の負担増大を避けるために汚染不動産を破産財団から放棄することが許されるかが問題になる。

❖コラム3−2　破産管財人の善管注意義務

　不動産の賃借人が有する敷金返還請求権に質権が設定されている場合，正当な理由なく未払賃料を生じさせることは，質権者に対する担保価値維持義務に違反すると解される。未払賃料が敷金充当されると敷金（質権の目的財産）の額が減少するからである。では，賃借人が破産した場合，破産管財人が破産手続開始後に生じた賃料を支払わずに，賃貸借契約を合意解除して，敷金を未払賃料に充当する旨の合意をすることは，破産管財人の善管注意義務違反になるか。この問題について，判例は，担保価値維持義務違反を肯定しつつ，破産管財人の善管注意義務違反については，学説や判例が乏しかったことなどを理由として，善管注意義務違反にならないと判断した。（最判平成18・12・21民集60巻10号3964頁）。

破産管財人の実体法上の地位　破産管財人の実体法上の地位の問題とは，破産管財人が，民法177条などの対抗問題や民法94条2項，民法96条3項などの第三者保護規定との関係で第三者に該当するか否かという問題である。破産管財人が破産手続開始時に破産者の財産について管理処分権をもつことや，破産債権者が個別執行を禁止されることから，破産管財人は差押債権者と同視されている（破産手続開始後の法律行為の破産管財人に対する効力についての問題は，第2章Ⅲ参照）。

　たとえば，不動産物権変動の対抗要件（民法177条）について，破産手続開始前に不動産を譲り受けた譲受人は，手続開始時までに移転登記をしなければ，破産管財人に対抗することができない。差押債権者は，民法177条の第三者に含まれると解されており，これと同視される破産管財人は第三者に含まれると解されるからである。同様に，動産の引渡し（民178条，動産債権譲渡特3条1項），債権譲渡の確定日付のある証書による第三債務者への通知もしくは承諾（民467条2項，動産債権譲渡特4条1項）についても，破産管財人は，第三者として扱われる。

　また，虚偽表示の善意の第三者（民94条2項）に，破産管財人が含まれるとするのが判例・通説である。この場合，誰を基準として善意・悪意を判断するかが問題となる。破産債権者を基準としつつ，債権者の中に一人でも善意がいれば善意と考えるのが通説である。これに対して，破産債権者の善意・悪意を問題とせず，破産管財人を常に善意の第三者と解する説もある。

　詐欺取消し（民96条3項）については見解が分かれており，破産管財人を善

意の第三者に含めるのが多数説であるが，被害者保護の観点から破産管財人を善意の第三者に含めない見解が有力である。

　破産手続開始前に生じた解除事由に基づく破産手続開始後の契約解除による原状回復義務との関係では，破産管財人は第三者に含まれると解されている（民545条1項但書）。（第13章Ⅳ再生債務者を参照）。

第4章
破産債権と財団債権

I　破産債権の意義

　破産手続は，破産手続開始の時点を基準に，破産者の有する財産を基礎とする破産財団を原資として破産者の負う債務を清算しようとする手続である。したがって，破産手続で問題となる債権者は，原則として，破産手続開始の時点で破産者に対して債権を有する者である。

　債権発生の時期との関係でいえば，「破産者に対し破産手続開始前の原因に基づいて生じた財産上の請求権」が原則として「破産債権」となる（破2条5項）。破産債権を有する債権者は（破2条6項），その権利を破産手続（届出，調査，確定，配当の各手続）によってのみ行使できる（破100条1項）。

　ただし，様々な考慮から，破産手続開始前の原因に基づいて生じた債権でも，「財団債権」として破産手続外で随時に弁済を受けられるものがあり（破2条7項），また，破産手続開始後の原因に基づいて生じた債権でも破産債権とされるものがある（破2条5項括弧書，97条）。

II　破産債権の要件

財産上の請求権
であること

　破産手続では，破産債権者は配当という金銭の支払によって満足を受けることが予定されていることから，破産債権は金銭配当によって満足を与えることができる「財産上の請求権」でなければならない。したがって，親族法上の権利や株主の自益権や共益権など財産上の請求権でないものは含まれない。ただし，これらの権利が破産手続開始

❖コラム4-1　債権者集会・債権者委員会

　破産法はその目的として，債権者その他の利害関係人の利害および債務者と債権者との間の権利関係を適切に調整することを挙げている。債権者集会および債権者委員会は，破産法の目的に従って，債権者の利害を手続に反映するための機関である。もっとも，多くの債権者が関心をもつのは，どの程度の配当を受けることができるかであり，これらの機関を利用して積極的に手続に関与しようとする者はほとんどいないのが実情である。そこで，法律はこれらを，必要に応じて設置される任意の機関としている。この点で，破産裁判所（破2条2項）や破産管財人（破2条12項）が必置であるのとは異なる。

　債権者集会には，債権者に情報を提供し，同時に破産手続への関与の機会を保障するという機能がある。破産法は，破産者の財産状況に関する報告（破31条1項2号，158条），破産管財人の任務終了時の計算報告（破88条3項），いわゆる財団不足（破産財団から破産手続の費用を支弁できない状態）による異時廃止（破産手続開始後の廃止）に関する債権者の意見聴取（破217条1項）の各目的による債権者集会を定めている。しかし，実際に出席する債権者は少数で，出席する債権者のほとんどが，破産者や破産管財人から破産に至った経緯，破産財団の状況及び配当に関する方針等に関する説明を聴くこと（破40条，158条，159条）だけを目的としていることから，裁判所が相当と認める場合には債権者集会を開催せず，書面による手続等に代えることができるとされている（破31条4項，89条1項，217条2項）。

　債権者委員会は，債権者集会よりも簡易かつ迅速に債権者の意見を手続に反映することを目的とする制度である。委員は3人以上10人以内で，破産債権者の過半数が当該委員会の破産手続への関与に同意した場合において，裁判所が，当該委員会が破産債権者全体の利益を適切に代表すると認めたときには，その関与を承認する（破144条1項）。債権者委員会が有益な活動に要した費用は，財団債権として償還を受けることができるほか（破144条4項），裁判所・破産管財人に対する意見の陳述（破144条3項），破産管財人に対する報告命令の申立て（破147条），債権者集会の招集の申立て（破135条2項2号）などの権限をもっている。ただ，これまではあまり活用されていないようである。

前に，扶養料請求権，財産分与請求権や株主の配当金支払請求権のような財産上の請求権として具体化している場合は破産債権となる。

　もっとも，破産債権は，金銭の支払いを目的とする債権（金銭債権）である必要はなく，金銭によって満足を与えることができる債権であればよい。したがって，いわゆる非金銭債権でも，動産などの物の引渡しを目的とする債権などは，物の金銭的価値を基準として破産債権となる。また，作為・不作為を目的とする債権のうち，建物の取壊しなど代替的作為を目的とする債権は，代替執行によることができ（民414条2項，民執171条），執行に要する費用を基準として金銭による満足を与えることができるから，財産上の請求権といえる。名

誉毀損の救済方法として謝罪広告を請求する場合も，債務者から広告費用を取り立てる方法によって執行する限りでは，同様の意味で破産債権となる。

これに対して，不代替的作為（証券に署名すべきことなど）や不作為（競業避止，騒音を出さないことなど）を目的とする債権は，代替執行によることはできず，間接強制の対象となるが（民執172条1項），間接強制金は「債務の履行を確保するために」のものであり，その支払によって債権の満足が得られるわけではないから，財産上の請求権とはいえない。ただし，これらの債権が，破産手続開始前の不履行によって損害賠償請求権に転化している場合は，損害賠償請求権として破産債権となる。

> 破産者に対する請求権
> （人的請求権）であること

破産債権は，破産者の一般財産を責任財産とする債権である。これに対して，特定の財産が破産財団（法定破産財団）に属さないとして，破産管財人の支配の排除を求める第三者の権利（対抗力を有する所有権や債権的請求権など）は，取戻権と呼ばれる（破62条）。

破産債権者が，破産者の有する特定の財産上に担保権を有する場合は，同時に別除権者（破2条10項）となるが，別除権によって弁済を受けることができない債権額（不足額）については，破産債権者としての権利を行使できる（破108条1項）。

海難救助をうけた積荷の所有者は，救助された積荷の限度でのみ救助料債権者に対して責任を負う（商812条）。このような物的有限責任（その他に商607条，信託21条）も人的請求権であるから，当該目的財産の価額の限度で破産債権となる。したがって，積荷所有者が破産した場合は，救助料債権は，救助料債権の額と積荷の価額のうちの低い額で破産債権になる。

これに対して，破産者の一般財産上に優先権を有する一般先取特権は，一般財産を責任財産とする点で破産債権であるが，実体的な優先権を反映して，優先的破産債権とされる（破98条1項）。

> 執行可能性が
> 肯定されること

破産手続は，債務者の財産の適正かつ公平な清算を図る手続であり（破1条），他方で，債権の強制的な満足を図る手続でもある（この点で強制執行と共通性を有することから，個々の債権に関する個別執行に対し，包括執行と呼ばれることがある）。したがって，破産手続で行使さ

れる破産債権についても，強制的実現の可能性（執行可能性）が必要となる。強制執行とは異なり，破産債権は債務名義や執行文を備えている必要はないが，裁判上で訴求できない自然債務（不法原因給付返還請求権（民708条），利息制限法違反の超過利息（貸金業規制法43条）等）や責任なき債務（不執行の合意のある請求権等）は破産債権にはならない。

なお，判決に付された仮執行宣言に基づいて執行が終了した請求権については，上級審で仮執行宣言が取り消されて，債権者が仮執行で得たものを返還しなければならなくなる可能性があり（民訴260条1項），当該請求権が弁済によって消滅するのは判決確定時であることから，それまでは破産債権として債権届出によって破産手続に参加することができる。

> 破産手続開始前の原因に基づいて生じた請求権であること

破産法は，破産手続開始時に破産者が有する財産をもって債務を清算するという固定主義を採用している（破34条1項）。これによって，破産手続は簡便になり，手続を迅速に終結できるとともに，自然人の破産者は破産手続開始後に得た財産によって経済的な再生を果たすことができる。

もっとも，破産債権となる請求権は，破産手続開始時点で発生している必要はなく，その発生原因が破産手続開始前にあれば足りる。債権者は，債権の発生原因が生じた時点で，債務者の財産を自己の債権の引当てにできるとの期待をもち，その期待が保護に値するからである。したがって，履行期未到来の債権（破103条3項），停止条件や解除条件付の債権，あるいは，保証債務履行前の保証人の求償権のような将来の請求権（法定の停止条件付債権）（破103条4項）も破産債権となる。

不法行為では，加害行為が破産手続開始前にあれば，それに基づく損害が破産手続開始後に顕在化した場合にも，損害賠償請求権は破産債権となる。破産手続開始時をまたぐ継続的不法行為については，破産手続開始前の行為に基づく損害賠償請求権のみが破産債権となる。したがって，破産財団に属する建物による土地の不法占拠を理由とする損害賠償請求権については，破産手続開始時までの占有に関する損害賠償請求権は破産債権となるが，破産手続開始後の占有によるものは財団債権となる（最判昭和43・6・13民集22巻6号1149頁）。これに対し，遺贈者が生存中の受贈者の権利は，単なる期待権にすぎず，破産債

権にはならない。

　もっとも，破産手続開始前の原因に基づいて生じた請求権であっても，様々な配慮から，破産債権ではなく財団債権とされるものがあり（例として租税請求権：破148条1項3号，給料請求権：破149条1項等）（破2条5項），逆に，破産手続開始後の原因に基づいて生じた請求権であっても破産債権とされる場合がある（破産手続参加費用の請求権：破97条7号，破産管財人が双方未履行の双務契約を解除した場合の相手方の損害賠償請求権：破54条1項）。

III　破産債権の額

破産債権の等質化　上記IIの要件を充たす破産債権は，破産手続において配当を受けることができる。配当は金銭の交付によってなされるため，配当時における破産債権の額を確定することが必要となる。この点，①配当時に弁済期が到来し，②金額の確定している，③金銭債権，については問題がないが，金銭債権であっても弁済期が到来していない債権ないしは金額の確定しない債権，または，非金銭債権については，配当時における金銭債権としての金額を評価することが必要となる。これを「破産債権の等質化」と呼ぶ。

現在化　弁済期未到来の債権は，破産手続開始時に弁済期が到来したものとみなされる（破103条3項）。これを破産債権の「現在化」と呼ぶ。具体的には，元本・利息・遅延損害金のすべてが破産債権となるが（破97条1号2号），破産手続開始後の利息・遅延損害金，無利息の債権の場合は期限到来時までの中間利息相当額は劣後的破産債権とされる（破99条1項1号～3号）。

金銭化　破産手続開始時に額が確定していない金銭債権のうち，将来の一定時期に収益の分配を受けることができる権利等の不確定金銭債権，外国の通貨による債権，定期金債権で金額または存続期間が不確定のもの（金額・存続期間が確定したものは弁済期未到来の債権），さらには，金銭の支払を目的としない債権（非金銭債権）のうち，財産上の請求権といえるものは，破産手続開始時における評価額をもって破産債権となる（破103条2項）。

これは破産債権の「金銭化」と呼ばれる。ただし，現代化が破産手続の円滑な進行のために破産手続開始時に生ずるとされるのに対し，金銭化は破産債権が破産債権者表に記載されて確定する（破124条）までは生じない。

<u>条件付債権・将来の請求権</u>　条件付債権（保険事故発生前の保険金請求権など），将来の請求権（保証人の求償権など法定の停止条件付債権）は，上記金銭化の各場合に対応して全額または評価額をもって破産債権となる（破103条4項）。ただし，中間配当や相殺については，寄託や担保の提供の方法で対処し（破212条，214条1項4号5号，69条，70条），最終の配当の除斥期間内に条件が成就しないときには，停止条件付債権と将来の請求権は不存在（破198条2項），解除条件付債権は無条件の債権と扱われる（破212条2項）。

Ⅳ　複数債務者破産の場合の破産債権

　実体法上，複数の債務者が同一の給付義務を負う場合のうち，独立に分割債務（民427条）を負う債務者が破産したときは，債権者は各分割債務を破産債権とすれば足りる。これに対し，不可分債務（民430条）・連帯債務（民432条）・連帯保証債務（民458条）・合同債務（手47条）など複数の債務者各人が全部の給付義務を負う場合に，その債務者（全部義務者）のうちの一人または全部が破産したときは，債権者の権利行使の方法が問題になる。

<u>全部義務者の破産</u>　債権者は破産手続開始時に有する債権全額について破産手続に参加できる（破104条1項）。民法441条は連帯債務者が破産した場合に「債権の全額」について配当に参加できるとしているが，破産法はその趣旨を明確化し，配当に参加できる債権額を破産手続開始時における現存額としている（現存額主義）。したがって，破産手続開始前に債権者が債務の一部の弁済を受けているときには，破産債権として権利を行使できるのは残存額に限られるが，破産手続開始後に他の債権者から一部の弁済を受けても，すでに届け出た債権額には影響がない（破104条2項）。

<u>保証人の破産</u>　債権者は破産手続開始時に有する債権の全額について破産手続に参加できる（破105条）。保証人も全部義務者であるが，別の規定を置いているのは，保証人が催告・検索の抗弁権（民452条，453

条）を行使できないとして，保証人に対する権利行使の機会を保障するためである。

求償義務者の破産　複数の全部義務者の全部または一部に破産手続が開始された場合には，本来の債権者だけではなく，全部義務者相互間でも求償権を破産債権として，または，代位によって取得した原債権（民500条）を求償権の範囲内で破産債権として行使することができる。求償権は将来の債権として破産債権となり（破103条4項），その全額について破産手続に参加できる（破104条3項）。これは，委託を受けた保証人（民460条1号）以外にも事前求償権を認めて，事後求償では満足を受けることが困難な者に求償による満足を受ける機会を保障するためである。

　しかし，本来の債権者が債権全額について破産債権として届け出るときには，将来の求償権者は破産手続に参加できないとして，二重の権利行使を防いでいる（破104条3項但書）。これに対し，求償権者が債権の全額を弁済したときには，求償権者は求償権の範囲内で債権者の権利を破産債権者として行使することができる（破104条4項）。物上保証人の求償権についても同様である（破104条5項）。

法人の破産・社員の破産　株式会社では，社員の財産と会社の財産とが分離されているので，社員または会社に破産手続が開始された場合に，いずれかの債権者が他方の破産手続で権利を行使することはない。

　持分会社のうち合名会社・合資会社の無限責任社員は会社の債務について無限責任を負うので（会576条2項3項，580条1項），無限責任社員に破産手続が開始された場合には，会社の債権者は債権の全額について権利を行使できる（破106条）。これに対して，合資会社の有限責任社員や合同会社の社員は会社の債務について有限責任を負うにすぎないので（会576条2項3項），これらの社員に破産手続が開始された場合にも，会社の債権者は，これらの社員の破産手続で未払いの出資額を超えて破産債権を行使することはできない（破107条1項）。

V　破産債権の順位

破産債権の種類と順序　破産法は、破産債権をその実体法上の優先順位などに基づいて、優越的破産債権（破98条）、一般の破産債権、劣後的破産債権（破99条1項）、約定劣後破産債権（破99条2項）の4つに分類して、この順序に従って配当を行うものとしている（破194条1項）。この順位は、先順位の破産債権がすべて満足を受けたときでなければ、次順位には配当がされないことを意味する。同一の順序にある破産債権については、債権額の割合に応じた配当がされる（破194条2項）。

優先的破産債権　破産財団に属する財産について一般の先取特権など一般の優先権がある破産財産は、優先的破産債権とされる（破98条1項）。

(1) **一般の先取特権その他一般の優先権**　民法では、一般の先取特権として、債権者の共同の利益のために債務者が費やした財産の保存・清算・配当に関する費用（民307条）、債務者と使用者との間の雇用関係に基づいて生ずる給与（民308条）、債務者のためにした葬儀費用のうちの相当額（民309条）、債務者とその扶養すべき同居の親族、その家事使用人の生活に必要な最後の6ヶ月間の飲食料品・燃料・電気の供給（民310条。債務者の生活保護の趣旨から設けられた規定であるから、債務者が法人の場合は適用がない）に関する各債権があり（民306条）、この順序で優先権を認められる（民329条1項）。なお、「最後の6箇月間」等の期間は、破産手続開始時から遡って計算される（破98条3項）。

その他に、企業担保法による企業担保権（破2条1項、7条）などがある。

これらは、実体法上で優先権が認められていることを反映して、優先債権とされている。

(2) **労働債権の優先的処遇**　従来、債務者と使用者との間の雇用関係に基づいて生ずる給料等の労働債権について、2003（平成15）年改正前の民法308条では、最後の6ヶ月に限定して一般の先取特権が認められていたため、株式会社の使用人の給料等について、そのような限定を付さずに優先権を認める旧商法295条との均衡を失するとの批判があった。そこで、2003（平成15）年の民法

改正では，雇用主の種類を問わず，一律に一般の先取特権を認めることとし，さらに，2004（平成16）年の破産法改正では，労働者の生活保護の必要性および後述の租税債権に関する処遇との均衡の観点から，雇用主に関する破産手続開始前3ヶ月間の給料の請求権，および，退職前3ヶ月間の給料総額または破産手続開始前の3ヶ月間の給料総額のいずれか少ない金額に相当する額の退職手当についての請求権を財団債権とする優遇策を採用した（破149条）。したがって，労働債権のうち優先的破産債権となるのは，これら財団債権とされる部分を除く，使用人の給料債権および退職手当である。なお，優先的破産債権は，破産手続に従った配当で満足を受けるのが原則であるが，配当手続を待っていたのでは破産債権者の生活の維持に困難が生ずるおそれがあるときには，裁判所は，破産管財人の申立てまたは職権で，財団債権や同順位以上の優先的破産債権を害するおそれがないと認める限りで，給料や退職手当の請求権の一部または全部の支払を許可することができる（破101条1項）。

　ここでいう給料債権とは，賃金・給料・手当・賞与など名称の如何を問わず「労働の対償として使用者が労働者に支払う」賃金一般（労基11条）を指すと解されている。したがって，会社との委任契約に基づいて業務執行にあたる取締役・監査役の役員報酬は含まれない。いわゆる従業員兼務取締役の給料については，使用人としての部分に限って，優先的破産債権または財団債権として扱うことになる。また，請負人の報酬は，一般には請負は使用従属関係に当たらないとして，給料債権とは異なるものとして処理すべきである。いずれも破産者との関係の実態に即して，雇用に当たるか否かを判断することになる。

　退職手当は，その支給が就業規則・労働契約等によって使用者に義務づけられている限りで，労働条件決定の基準としての意味をもち，雇用関係に基づいて生ずる債権となる（民308条）。したがって，就業規則・労働契約等に支給の定めがなく，退職時に使用者の裁量で恩恵的に支払われるものは，これに含まれない（勤続年数に応じた金額を支給する労使慣行が存在する場合を除く）。雇用関係を基礎としない取締役・監査役の退職金債権もこれに含まれない。

　なお，社内預金は，労務の提供との関係がなく，賃金の支払い確保等に関する法律（3条）や労働基準法施行規則（5条の2第5号）などが，会社に保全措置をとることを義務づけているが，会社が破産したときには，任意の預入れに

> ❖**コラム 4 - 2　破産手続における労働組合の関与**
> 　企業の再建に労働者の協力を求めることが不可欠となる再建型手続に比べると、破産手続では労働組合が関与する機会は多くない。ただし、破産手続の開始決定をした場合は、裁判所は、公告事項を労働組合等（労働組合、労働組合がないときには、従業員の過半数代表者をいう。過半数代表者は、事業場に労働者の過半数で組織する労働組合がない場合に労使協定を締結する当事者とされる、労基則6条の2参照。）に通知すべきものとされるほか（破32条3項4号）、営業・事業の譲渡を許可する際には労働組合等の意見を聴かなければならない（破78条4項）。なお、労働債権を有する債権者が望む場合は、裁判所の許可を得て、労働組合を代理委員に選任して、破産手続に関する一切の行為を労働組合に委ねることができる（破110条1項・2項）。

よる社内預金の返還請求権は一般の破産債権になる。しかし、労働契約に付随して給料の一部を強制的に会社に預けさせるような場合は（労基18条1項）、預金返還請求権は民法308条の雇用関係の債権として保護される。

　賃金の支払いの確保等に関する法律等によれば、破産手続開始の申立日から6ヶ月前から2年間に破産企業を退職した労働者は、未払い賃金（退職手当を含む）について労働者健康福祉機構に立替払いを求めることができる（同法7条、同施行令3条、4条2項）。

　(3)　租税債権の処遇　　破産手続開始前の原因に基づいて生じた租税債権のうち、破産手続開始の時点で納期限から1年を経過しているものは、優先的破産債権とされる（破2条5項、148条1項3号）。旧破産法では、租税債権の実体法上の優先的地位および公益的性格から、破産手続開始前の原因に基づいて生じた租税債権の全額を財団債権としていた（旧破47条2号）。しかし、破産管財人が努力して確保した財産の大半が租税債権の弁済に充てられ、財団不足で破産手続が廃止される事例が多く、財団債権は共益費用など破産債権者が共同して負担すべきものに限定すべきとの批判があった（最判昭和62・4・21民集41巻3号329頁）。

　そこで、2004（平成16）年の破産法改正では、国税徴収法等による自力執行権をもつ租税債権者が合理的期間内に執行権を行使しないうちに破産手続が開始された場合は、財団債権の地位を引き下げることが合理的であるとの考え方に基づいて、破産手続開始時に納期限が未到来または納期限から1年未満の租税債権だけを財団債権とし（破148条1項3号）、それ以上の期間を経過したもの

は優先的破産債権としている（破98条1項）。

(4) 優先的破産債権相互間の順位　優先的破産債権者間の優先順位は，民法，商法その他の法律の定めるところによる（破98条2項）。労働債権と租税債権との間では，租税債権が優先する（税徴8条，地税14条）。

> 劣後的破産債権

一般の破産債権がすべて満足されて後に，はじめて弁済を受けることができる債権を劣後的破産債権と呼ぶ（破99条1項）。このような債権が破産手続上の配当を受けることはほとんど期待できない。それにもかかわらず破産債権とされる主たる理由は免責の対象とするためである（破253条1項）。もっとも，各債権が劣後的破産債権とされる理由は様々である。劣後的破産債権者には債権者集会での議決権もない（破142条1項）。

(1) 破産手続開始後の利息の請求権（破99条1項1号，97条1号）　劣後的破産債権とされる理由については，利息は元本使用の対価であるから，本来は破産手続開始前の原因に基づいて生じた請求権として破産債権となるが，一般の破産債権とすると破産債権の総額が増加し，無利息債権者への配当が圧迫されることを考慮したとの解釈と，本来は破産債権になりえないものを立法政策上あえて破産債権としたが、一般の破産債権への圧迫を避けるべきと考えたとの解釈とがある。

(2) 破産手続開始後の不履行による損害賠償および違約金の請求権（破99条1項1号，97条2号）　破産手続開始前の破産者の不履行によって生じた遅延損害金や約定に基づいて定期的に支払うべき違約金が，破産手続開始後も継続的に生ずる場合を指し，(1)と同じ理由で劣後的破産債権とされる。

(3) 破産手続開始後の延滞税・利子税・延滞金の請求権（破99条1項1号，97条3号）　租税債権の本体は，納期限に応じて財団債権または優先的破産債権とされる。これに基づいて生ずる延滞税・利子税・延滞金は，利息と同様の性質をもつことから，破産手続開始前に生じたもののうち，財団債権となる租税債権についてのものは財団債権（破148条1項3号），優先的破産債権となる租税債権についてのものは優先的破産債権となるが（破98条1項），手続開始後に生ずるものは，(1)の手続開始後の利息請求権と同じ理由で劣後的破産債権とする。ただし，財団債権たる租税債権の納付を破産管財人が怠ったことによって

生ずる延滞税・利子税・延滞金は，破産財団に関して破産管財人がした行為によって生じた請求権として財団債権となる（破148条1項4号）。

(4) **国税徴収法等によって徴収できる請求権で，破産財団に関して破産手続開始後の原因に基づいて生ずるもの**（破99条1項2号，97条4号）　破産手続開始後の原因に基づいて生ずる租税債権は，旧破産法では財団債権とされていたが，破産財団を圧迫するとの批判を受けて，劣後的破産債権とされた。ただし，破産財団の管理・換価・配当の費用の請求権とみるべきものは財団債権となる（破148条1項2号）。なお，租税の請求権はすべて免責の対象外である（破253条1項1号）。

(5) **加算税または加算金の請求権**（破99条1項1号，97条5号）　租税の付帯税という点からは破産債権とすべきであるが，破産者が納税義務を適正に果さなかったことに対する制裁であり，一般の破産債権として破産債権者に負わせるのは妥当でないことから劣後的破産債権とされる。

(6) **罰金，科料，刑事訴訟費用，追徴金および過料の請求権**（破99条1項1号，97条6号）　破産手続開始前の原因に基づいて生じた請求権であるから破産債権であるが，一般の破産債権とすると，破産者に対する制裁としての意味が失われることから劣後的破産債権とされる。罰金等の請求権は免責の対象外である（破253条1項7号）。

(7) **破産手続参加の費用の請求権**（破99条1項1号，97条7号）　個別の破産債権の行使に付随して生ずることから破産債権とされるが（破97条7号），破産手続開始後の原因から生ずる請求権が一般の破産債権者を圧迫することは避けるべきであるとして，劣後的破産債権とされる。なお，破産手続開始申立ての費用は，債権者全体の共同の利益のためのものであるから，財団債権とされる（破148条1項1号）。

(8) **確定期限付の無利息債権の手続開始時から期限までの中間利息**（破99条1項2号）　期限未到来の債権は，破産手続開始時に期限が到来したものとみなされ（破103条3項），券面額で破産債権となる。しかし，利息付債権については，手続開始後の利息が劣後的破産債権とされていることとの均衡から，無利息債権については，手続開始時から確定期限まで（1年未満の端数の期間は切捨て）の法定利息による元利合計が券面額になるものとして，手続開始後の中

間利息相当分を劣後的破産債権，その余の部分を一般の破産債権として届け出ることになる。

(9) **不確定期限付無利息債権の債権額と評価額との差額**（破99条1項3号）　破産手続開始後に期限が到来する不確定期限付債権は，破産手続開始時に期限が到来したものとみなして，券面額による破産債権として処理される（破103条3項）。もっとも，確定期限の場合とは異なり，控除すべき中間利息分を計算することはできないので，破産手続開始時の評価額と券面額との差額を中間利息分とみて，劣後的破産債権としている。

(10) **金額および存続期間が確定した定期金債権の中間利息相当額**（破99条1項4号）　割賦販売代金債権のような定期金債権については，各支分債権について利息を考えることができる。破産手続開始時に期限未到来の支分債権については，その時点で期限が到来したものとみなして処理することになり（破103条3項），各支分債権の中間利息分の合計が劣後的破産債権となる。ただし，各支分債権額から中間利息分を控除した額の総計が一般の破産債権となると，法定利率によって各支分債権額と同額を利息として得られる元本額を超える場合にはその超過分を劣後的破産債権としている。

(11) **約定劣後破産債権**　破産債権者（主に金融機関）と破産者の間で，破産手続開始前に劣後的破産債権に後れる配当の順序を合意した債権を約定劣後破産債権と呼ぶ（破99条2項）。銀行経営の健全性確保のために国際的な自己資本比率基準を設けるＢＩＳ規制をクリアするために発行される劣後債がその例である。劣後債は負債性の資本調達手段として自己資本への算入が認められるため，銀行がこれを積極的に発行しているほか，最近では事業会社の資金調達にも利用されている。

親会社・内部者の有する債権の劣後化　破産法に規定はないが，親会社または内部者（債務者の取締役その他債務者と密接な関係を有する者）の債権を劣後的破産債権とするという考え方がある。破産した会社に，破産会社の親会社あるいは破産会社の取締役が融資をしていた場合，また，メインバンクが経営陣を送り込んだ上で融資をしていたような場合は，融資をしていた親会社・取締役・メインバンクは会社の破綻について一定の責任があり，それらの有する貸付債権は他の債権者の債権よりも優先順位を下げるべきではないかと

いう問題意識である。破産法の改正に際し，衡平を害しない限りで劣後的扱いができる旨の明文規定（民再155条1項但書，会更168条1項但書参照）を置くことが検討されたが，消極的な見解もあり，現行法下でも解釈に委ねられている。

Ⅵ　財団債権

財団債権の意義と種類　破産財団から弁済を受けるべき債権の中には，様々な理由から，弁済の時期または順位の点で破産債権よりも優先的な満足を与えるべきものがある。破産法は，一定の債権を「財団債権」として，破産財団から破産手続によらず随時弁済受けることができるものとしている（破2条7項）。

　財団債権は，破産法148条1項に基づく一般の財団債権と，それ以外の特別の財団債権とに分類される。一般の財団債権は，①破産手続の遂行に必要な費用に関する債権（破148条1項1号・2号），②破産手続の過程で破産管財人の法律行為等に基づいて生じた債権（同条1項4号〜8号，特に7号・8号は双務契約の当事者間の公平に配慮），③その他の政策的考慮（租税の確保や労働者の保護）に基づいて優先的地位を与えられる債権（同条1項3号等）に分けることができる。①は破産債権者の共同の利益，②は破産債権者全体または破産財団の利益実現に伴って生じた債権であることから，破産財団からの優先的弁済を認めるものである。

一般の財団債権　1号：破産債権者の共同の利益のためにする裁判上の費用の請求権。【例】破産手続の開始申立てのための費用，開始決定の公告費用，債権者集会の開催費用，保全処分のための費用などの請求権。2号：破産財団の管理・換価・配当に関する費用の請求権。【例】破産管財人・保全管理人の費用前払いまたは報酬の請求権。3号：破産手続開始前の原因に基づいて生じた租税等の請求権で破産手続開始時に納期限の到来していないもの，または，納期限から1年を経過していないもの。【例】所得税・法人税などの国税，地方税，社会保険料。旧法は，破産財団の管理・換価に伴う費用として全額を財団債権としていたが，納期限が到来した債権は徴税権者が1年以内には自力執行できること，また，破産手続開始時の直近に発生

した租税請求権は破産財団に属する財産形成との牽連性が高いことから，制限を加えた。4号：破産財団に関し破産管財人がした行為によって生じた請求権。【例】破産管財人が結んだ契約によって相手方が取得した請求権，破産管財人の不法行為によって被害者が取得した損害賠償請求権。5号：事務管理・不当利得によって破産手続開始後に破産財団に対して生じた請求権。【例】破産管財人が別除権・取戻権の目的物を換価して，その代金を破産財団に組み入れた場合に，別除権者・取戻権者が取得する不当利得返還請求権。6号：委任の終了・代理権の消滅後に，急迫の事情のためにした行為によって破産手続開始後に破産財団に対して生じた請求権。7号：双方未履行の双務契約について，破産管財人が履行を選択した場合に相手方が取得する請求権。8号：破産手続開始に伴って双務契約の解約申入れがあった場合に，破産手続開始後その契約の終了に至るまでの間に生じた請求権。【例】破産管財人が賃貸借契約の解約申入れをした後，契約終了までの間に（民617条1項）相手方が取得する反対給付に関する請求権。

> **特別の財団債権**

①に類する場合：社債管理者等の費用・報酬請求権（破150条，破産手続の進行に必要な場合に裁判所が許可）。②に類する場合（破148条4号に類似）：破産管財人が破産財団に属する財産に関する訴訟・行政手続を受継して破産管財人側が敗訴した場合に相手方が取得する訴訟・行政手続に関する費用償還請求権（破44条3項，46条），（双務契約の当事者間の公平に配慮）：破産管財人が負担付遺贈の履行を受けた場合の負担受益者の請求権（破148条2項：遺贈の目的物の価額を超えない範囲），双方未履行の双務契約を破産管財人が解除した場合における相手方の反対給付価額償還請求権（破54条2項後段）。③に類する場合：使用人の破産手続開始前3月間の給料請求権または退職前3月間の給料総額に相当する額の退職手当請求権（破149条）。

> **財団債権の弁済**

破産管財人は，まず破産財団から財団債権への弁済分を確保し，残りを破産債権の満足に当てる。ただし，取戻権・別除権・相殺権は財団債権に先立って行使できる。破産財団から財団債権の全額を弁済できないことが明らかになった場合は，財団債権の額の割合に応じた弁済がされる（破152条1項）。ただし，破産手続の遂行に必要な費用に関する債権（破148条1項1号・2号）は，その共益的性格から，他の財団債権に

先立って弁済される（破152条2項）。

　財団債権は，裁判所への債権届出をしなくても，破産債権に先立って（破151条）破産管財人から弁済を受けることができる（破2条7項）。ただし，100万円を超える財団債権は（破規25条），破産管財人が個別に裁判所の許可を得て弁済することになる（破78条2項13号，同条3項）。もっとも，財団債権の存在が破産管財人に知られていない場合もあるので，財団債権者は速やかに破産管財人に届け出るべきものとされる（破規50条）。それでも最終配当における配当額の通知発送時に破産管財人が知らない財団債権については，最終配当で弁済を受けることができず（破203条），追加配当ができる財産が確認できる場合（破215条）を除いて，弁済を受けることができない。

　財団債権の存否や額が争いになったときには，債権確認訴訟などによって解決される。しかし，財団債権者に対する弁済に関する法定の順序を遵守すべきことから，財団債権に基づく強制執行・保全処分ができないとされる（破42条1項）。

第5章
破産者をめぐる法律関係の処理

　本章では、破産した債務者が、契約関係にある当事者の一方である場合、その契約関係がどうなるかを考える。双務契約において、契約当事者は互いに契約上の権利を有するが、一方の当事者が破産した場合、破産者に対する権利（破産者の義務）は破産債権（2条5号）となり、破産者の権利は破産財団に属する財産になる（34条1項）。このとき、破産債権を有する相手方当事者は、破産手続によらずに破産者に対して契約上の義務の履行を請求できず（100条1項）、また破産した当事者（破産者）も、相手方当事者に対する契約上の権利を自ら行使することは許されない（47条1項。ただし、50条1項）。というのも、破産した当事者（破産者）は、破産手続上、自己の財産（権利・義務）に対する管理処分権を剥奪され、これは破産管財人に専属するからである（78条1項）。

　このように、契約関係にある一方の当事者が破産した場合、当該契約は、破産管財人（ないし破産手続）の存在を無視して処理することは許されない（たとえ破産者が処分してもその効果を破産管財人に主張できない）。つまり、破産者の契約関係は破産管財人によって処理されるが、その際には破産者が当事者となった当該契約の履行状況がどうであったか（すべて履行済みか、双務契約の一方の債務のみが履行済みか、それとも双方の債務とも未履行か）によって、破産管財人の対処の仕方は異なる。以下では、まず契約関係にある一方の当事者が破産した場合に適用される一般原則（53条、54条）を考察する（I 破産法の一般原則）。その上で、個々の契約に関して一般原則がそのまま妥当するか、あるいはその契約に即した特則があるかについて検討する（II 各種の双務契約における特則）。

I 未履行の契約関係の処理

破産法の一般原則——売買契約を例として

(1) **当事者の一方が履行済みの場合** AB間で片務契約または双務契約が締結されていた場合，Aに対して破産手続開始決定があると，AB間の契約はどうなるか。AB間の契約が片務契約であってAが破産した時に債務者Aが履行済みである場合，またはAB間の契約が双務契約であってAが破産した時にAB双方が履行済みである場合には，破産管財人は，否認権の行使を別とすれば，AB間の契約をすでに確定したものとして処理するので，契約の効力は維持される。

(2) **当事者の双方が未履行の場合** では，①AB間にAを債務者とする片務契約があり，かつ，Aが未履行の場合はどうか。Bの権利がAの破産前の原因に基づく限り，Bは破産債権者として権利行使できる。また，②AB間に双務契約があり，Aのみが未履行，Bは履行済みの場合はどうか。Bが先履行した結果，①と同じ状況であるから，Bは破産債権者として権利行使できる。それでは，③AB間に双務契約があり，ABともに未履行の場合はどうか。Aは未履行だから，Bは破産債権者として権利行使でき，他方，Bも未履行だから，AはBに対して契約上の義務の履行を請求できる，と考えてよいか。

双務契約では本来，契約当事者が相互に負担する義務の間に対価的均衡が成立している。それに加えて，同時履行の抗弁権（民533条）があるので，一方当事者の履行請求に対して，他方当事者は反対給付がない限り自らの履行を拒絶することができるが，これは2つの債務が担保視し合う関係にあることを意味する。ところが，上記③の場合，Bの権利は，破産債権として他の破産債権者と並んで比例的満足を得るにとどまるのに対し，Aの権利はBが無資力でない限り完全回収も可能である。しかしこの帰結では，2つの債務の対価的均衡が破れてしまう（もしBが履行すれば，Bに酷な結果となり，AB間の公平は害される）。そこで法は，AB間に双務契約があり，A（またはB）が破産した時に双方の債務が未履行である場合（上記③）には，当該契約を維持（履行）するか，または解除するかの選択権をA（またはB）の破産管財人に与えて（53条1

項），相手方に債務不履行がなくても契約を解除できる途を開く一方，双務契約の対価的均衡に配慮した規律を用意する（53条2項，54条2項）。

　以上の一般論を，売買契約の買主Ａが破産した場合を例に考察してみよう。まず，破産管財人が契約を維持する場合，買主Ａの目的物引渡請求権は，破産財団に属する財産に該当するので，破産管財人は売主Ｂに対し完全な履行を求めることになる。他方，売主Ｂの代金支払請求権は，②と同様，Ａの破産手続開始前に締結された売買契約を原因とするから破産債権にすぎない。しかし法は，双務契約の対価的均衡を破産時にも貫くためにＢの代金支払請求権を財団債権として保護することにした（148条1項7号。いわば破産債権を財団債権へと格上げする）。これは，契約の履行によってＢが被る酷な結果を回避・緩和するための扱いである（ただし，財団債権は常に全額回収できるわけではない。152条参照）。

　次に，破産管財人が解除を選択し，契約を清算する場合，Ａの目的物引渡請求権とＢの代金支払請求権はともに遡及的に消滅する。この結果Ｂに損害が生じたとき，Ｂはその損害賠償請求権を破産債権として行使できる（54条1項）。法が，これを財団債権としなかったのは，破産管財人が解除選択を躊躇するのを避けるためである。また，売主Ｂが目的物引渡義務の一部を履行していた場合，それがＡの手元に（破産財団中に）現存するときは，Ｂはその返還を請求することができ，また現存しないときはその価額賠償請求権を財団債権として行使できる（54条2項）。法がＢの原状回復請求権を財団債権としたのは，この権利が手続開始後の破産管財人の行為（解除権の行使）を原因として発生したものだからである（なお，148条1項4号参照）。

　以上のように，破産管財人が履行または解除のどちらを選択するかによって，契約関係の結末は異なったものになる。しかし，この制度が双務契約の対価的均衡を図るものである限り，破産管財人がどちらを選択しても契約当事者間に不公平が生じないようにすべきである。ところが実際には，破産管財人の選択如何によって損得が生ずる。したがって破産管財人は，契約当事者間の公平を害しない範囲で，破産財団を増殖し破産債権者への利益配当を最大化することを意識しつつどちらか一方を選択する，という難しい立場に立たされるのである（なお，契約関係の放棄〔後述の賃貸借契約(2)(a)参照〕も選択肢の1つとして機能する）。

(3) 相手方の地位，解除権　ところで，双方未履行双務契約の一方当事者が破産した場合，その相手方は破産管財人の選択を待つしかないだろうか。双務契約における対価的均衡の保護や公平の見地からは，相手方にも何らかの対抗手段を用意する必要がある。そこで，破産管財人が適時に選択権を行使しない場合，相手方は，相当な期間を定めて破産管財人が履行又は解除のどちらを選択するかを確答するよう催告でき（53条2項前段），当該期間中に確答がなければ，契約を解除したものとみなすことができる（同項後段）。この対抗手段によって，契約の相手方の地位の安定が図られる（なお，清算を目的する破産では不確答の場合に解除が擬制されるが，再建型手続では解除権の放棄〔つまり契約の維持〕が擬制される〔民再49条2項，会更61条2項〕）。

一方，破産管財人が契約を維持する場合でも，その現実の履行に相手方が疑問を抱くことがある。これを法的な対抗手段に高めたものとして，不安の抗弁権がある。これは，双務契約上先履行義務を負う一方当事者が，他方当事者から履行請求された際，その者の財務状況等に鑑み，他方当事者に対する債権の実現に不安があるときは，自己の債務の先履行を拒絶し，あるいは契約条件の変更等を求めることができる，という契約法上の一般法理である。しかし，破産管財人に対して常に不安の抗弁権を行使できると解すべきではない。さもないと，破産管財人に契約の維持（履行選択）を許した法の趣旨が没却されてしまう。したがって，相手方に不安の抗弁権を認める場合でも，それを行使できる場面は相当に限定されたものとならざるをえない（コラム5-1参照）。

|各種の双務契約における特則|　以下では，双務契約を中心として民法・破産法に規定のある場合につき，一方当事者が破産した場合の処理を概観する。

(1) 継続的供給契約（55条）　継続的給付を目的とする双務契約とは，契約当事者の一方が可分的給付を反復的・継続的になす義務を負い（期限の有無は問わない），他方が給付の対価を各給付のたびに又は一定期間毎に一括して支払う義務を負う契約をさす。供給者の義務は，法律に基づく場合（電気事業18条，ガス事業16条，水道15条）に限られない。給付内容は，原材料・電気・ガス・水道等の有体物のほか，運送・清掃・保守管理等の役務の提供でもよいが，それは可分的給付が可能でなければならない（たとえば，賃貸借やリース

❖コラム5-1　倒産解除特約の効力

　破産した契約当事者の相手方が自己防衛する手段のうち，実務上も頻繁に利用されかつ重要なものとして倒産解除特約がある。破産管財人の選択権（53条1項），特に解除権は，債務者（破産者）が破産したことに基づき，相手方に債務不履行がなくても行使できる点で特異性がある。その反面，相手方は契約の存続につき予測可能性を失い，不安定な状態に置かれる。これに対する相手方の自己防衛の手段として，契約においてあらかじめ一方当事者に破産・民事再生・会社更生等の申立があった場合には当然に契約を解除できる旨を特約として定めておき，倒産リスクを回避する工夫が一般化している。契約の効力はその当事者の一方の破産にかかわりなく維持されるのが原則だが，この原則を変更する解除権を創設するための倒産解除特約も，契約自由の原則によれば本来は有効となるはずである。とはいえ，これを無制約に認めると，破産した一方当事者の破産管財人に選択権（とりわけ契約を維持・履行できる権限）を与えた意義が失われる。しかも，倒産解除特約の効果は，担保権の実行と同等の機能をもつので，破産者の一般債権者の利益を損なうおそれがある。この点につき判例は，所有権留保売買の買主につき更生手続の申立てがあり，売主が特約上の解除権を行使した事案で，倒産解除特約の効力を否定している（最判昭和57・3・30民集36巻3号484頁）。民事再生の事案でも，リース契約の倒産解除特約が無効とされている（最判平成20・12・16民集62巻10号2561頁）。無効説の背景にあるのは，もし解除を有効と認めれば，更生会社・再生会社の再建に不可欠な契約が失われ，再建自体が頓挫しかねないという懸念である。他方，清算・解体を目的とする破産手続との関係で，倒産解除特約の効力をどうみるかという問題もある。破産手続でも，清算方法として事業譲渡をするときは，契約を維持・継続する必要がある（ただし裁判所の許可を要する。36条）。ここで特約により契約が解除されると，事業譲渡をともなう清算に支障をきたすが，この点は再建型手続と共通する。しかも2008（平成20）年最判の無効説は（再生手続上の）別除権に関するものなので，その射程は破産手続にも及ぶと指摘される。これに対して，倒産解除特約の実質は担保権であってそれ故に別除権とされる以上，契約自由の原則からして倒産解除特約を有効とみるべきとの見解（この見解に従えば，少なくとも再生手続における担保権の制約は，担保権実行中止命令〔民再31条1項〕，別除権協定，担保権消滅許可制度〔民再148条〕にゆだねられる）も根強い。

は，反覆継続する可分的給付に該当せず，法55条は適用されない）。また，労働契約は対象外である（55条3項）。これは，特に使用者破産の場合，給料の未払いを理由として労務提供を拒めないとすれば（55条1項参照），同盟罷業（ストライキ，労組8条）すらできないとの誤解を避けた注意規定である。

　債務者が破産すると，その事業活動は停止し，いずれは清算解体される。継続的供給契約の買主が破産した場合，法53条を適用して破産管財人が契約を維持しても，買主の手続開始前の代金等の不払いを理由として，売主が履行を拒絶することがある（同時履行の抗弁権に類似した履行拒絶権による。前期の未払いを

理由に当期の支払いの拒絶を認めたものとして，大判明治41・4・23民録14輯477頁がある）。手続開始前の未払代金請求権は破産債権であり，全額回収の見込みはなく，売主のかかる対応は当然ともいえる。しかしこれを許すと，買主は，継続的供給の維持のため，未払代金の全額を直ちに支払わざるをえなくなる。これは，開始前の未払代金請求権を破産債権とした趣旨に反する。

　ところで，再生手続・更生手続においては，継続的供給契約の供給者は，債務者が再生債権・更生債権を弁済しないのを理由に手続開始後の供給を拒絶してはならず，手続開始申立てから手続開始前までにした給付に係る請求権を共益債権とする旨の規定がある（民再50条，会更62条）。これは，再建型倒産手続において，継続的供給契約の供給者側の信用リスクを最小化して不安を緩和し，契約の維持を容易にするための規律である（また，継続的給付の維持は，一般に債権者全体の利益にもなる）。しかしこの規律の必要性は，清算型倒産手続にもある。つまり，破産においても，破産者の事業を継続した上で事業譲渡をする場合（コラム5-1参照）があり，また，破産管財人が管財業務をする際，継続的供給の停止は一般に不都合なことが多い（ただし，電気・ガス等の供給停止には上記事業法上の要件を具備する必要がある）。そこで，現行破産法は，継続的供給契約の買主が破産した場合，破産者の相手方が，手続開始前の破産債権に対する弁済がないことを理由として，手続開始後の給付を拒むことを禁止し（55条1項），かつ，手続開始申立てから手続開始前までの給付に係る請求権を財団債権に格上げして保護することにした（同条2項）。なお，手続開始後の給付にかかる請求権も財団債権である（148条1項7号）。

　(2)　賃貸借契約　　賃貸借契約は，存続期間中，賃貸人が目的物を使用・収益させる義務を負うのに対して，賃借人がこれに対する賃料を支払う義務を負い（民601条，616条，597条等），これらは対価関係にある。したがって双務契約であり，存続期間中に契約当事者の一方が破産すると，賃貸借契約は双方未履行双務契約とみなされる。

　(a)　賃借人の破産

　賃借人が破産した場合，賃貸借契約には法53条以下が適用される。破産管財人は，賃貸借契約について履行又は解除を選択できる。解除が選択された場合，賃貸人はその損害賠償請求権（民620条後段，621条，600条）を破産債権とし

て行使できる (54条1項)。また，手続開始前の未払賃料も破産債権である。なお，敷金契約がある場合，賃借人の敷金返還請求権は破産財団に属する財産として破産管財人の管理処分に服する。他方，履行が選択された場合，賃料債権は，手続開始前の未払賃料（破産債権〔通説〕。なお，55条は賃貸借に適用されない。2(1)参照）を除き，（手続開始後の賃料債権は）財団債権になる（148条1項7号）。なお，現行破産法の制定にともない，賃借人が破産した場合の賃貸人の解約権を定めた旧621条が削除された（同時に，破産管財人が解除した場合の賃貸人の損害賠償請求権を否定した同条後段も削除された結果，法54条1項が適用される）ので，履行選択後に破産管財人において債務不履行がない限り，賃貸人からは解約できない（なお，賃貸借契約に倒産解除特約がある場合でもその効力を否定する見解が有力である〔コラム5－1参照〕。借家法1条2項の見地から無効説によったものとして，最判昭和43・11・21民集22巻12号2726頁）。

　破産管財人は，以上を踏まえて賃貸借関係を換価することになる。方法として，①賃貸借契約を解除して敷金返還請求権を破産財団に取り込む，②賃借権が譲渡可能な場合は，履行を選択した上で第三者に譲渡し，その対価を破産財団に組み込む，のどちらかを選択する。しかし賃貸借の目的が居住用建物などの場合，どちらの方法によっても破産者が被る不利益は大きい。そこで，③破産者がその自由財産から敷金相当額を破産財団に提供することを条件に，賃貸借契約を破産財団から放棄することも選択肢の1つに加えるべきである（返還される敷金が少額であるために自由財産とされる場合〔34条4項参照〕，放棄が妥当である）。

(b)　賃貸人の破産

　賃貸人が破産した場合には，賃借権が対抗力を備える場合（56条）とそうでない場合とで扱いが異なる。すなわち，借地契約における借地上建物の借地人名義の登記（借地借家10条1項），借家契約における建物の引渡し（同31条1項），あるいは不動産賃貸借における登記（民605条）があり，賃借権が対抗力を備える場合，法53条の適用は排除され，破産管財人は選択権を有しない（56条1項）。その結果，賃貸人が破産しても契約は維持され，破産管財人が履行選択したときと同様に，賃料債権は破産財団に属する財産となり，賃借人の請求権（使用収益権のほか，修繕請求権〔民606条1項〕・有益費償還請求権〔民608条1

❖コラム5-2　破産財団を潤さない収益性の賃貸物件

　賃貸人は，その経済的事情から賃借人に賃料の前払いを求め，あるいは，金融機関から融資を受ける担保等のため将来の賃料債権を譲渡することがある。この状況で賃貸人が破産するとどうなるだろうか。破産管財人は，毎月の賃料収入がないにもかかわらず，賃借人には賃貸物件を使用・収益させ，かつ，これを保守・管理する義務を負担する羽目になる。しかもかかる賃貸物件は，譲渡しようにも買い手がつかず，競売による換価もうまくいかないため，破産債権者にとって意味のない財産というほかない。旧63条は，かかる事態を見越して，破産した時点を含む当期および次期の賃料前払いまたは賃料債権の譲渡に限って，破産管財人に対抗できると規定してバランスを取っていたが，現行破産法はこれを廃止した。というのも，現代の取引社会においては，債権の財産的価値が大幅に高まり，賃貸人の資金調達手段として，将来の賃料債権の譲渡が広く利用される一方（最判平成11・1・29民集53巻1号151頁等），将来債権の譲渡の登記に関する制度（動産債権譲渡特例法等）や不動産の将来的価値を証券化する制度（資産流動化法，投資信託法等）が整備された結果，旧63条による規制が不都合になったからである。同様の改正は，再生手続・更生手続にも施されたため（民再51条，会更63条），倒産手続上，賃貸物件の収益力の処分に対する一律の規制はもはや存在しない。ただし，かかる処分が否認の要件を満たすときは別である（賃料前払いの偏頗行為否認〔162条〕，賃料債権譲渡の詐害行為否認〔160条1項，161条〕）。結局，破産管財人は，賃貸物件の収益力が流出して旨味のないことを知りながら，その保守・管理に精を出すか，いっそ裁判所の許可を得て賃貸借契約を破産財団から放棄するか（78条2項12号）の選択を迫られることになる（なお，85条1項参照）。

項〕等）は財団債権になる（56条2項）。法56条1項が法53条以下の一般原則の適用を排除した理由は，実体法上，対抗力のある賃借権を保護する建前があり，そのような賃借権には高度の保護の必要性が認められる以上，破産手続においてもこれを保護することにある。もっとも，破産管財人の履行または解除の選択権と賃借権の登記は，本来の対抗関係には当たらない。つまり，本条が要求する対抗要件は，法56条による保護を受けるための「権利保護資格要件」としての性質を有する。なお，本条は賃貸借だけでなく，契約に基づく使用収益権一般を対象とした規定であって，特許権や実用新案権等のライセンス契約にも妥当する（これについては新種契約(2)参照）。

　以上に対して，不動産賃借権が未登記の場合や動産賃貸借の場合，本条の適用はなく法53条の一般原則による。履行が選択された場合は，上記と同様である。解除が選択された場合，目的物返還請求権や未払賃料債権は破産財団に属する財産となる。なお，敷金契約がある場合，賃借人の敷金返還請求権はどう

なるか。敷金契約は賃貸借と関連するが別個の契約関係であるから、敷金返還請求権に法56条2項は適用されず、破産債権となる（2条5号）。ただし、判例は敷金返還請求権を目的物の返還完了時に残額があるときその残額につき具体的に発生する停止条件付請求権とする（最判昭和48・2・2民集27巻1号80頁）。そこで、賃貸借が手続開始後も継続し、賃借人が賃料債務を弁済する場合、これは敷金返還請求権の停止条件の成就を解除条件とした弁済を意味するので、賃借人は差し入れた敷金の限度で弁済額の寄託を請求できる（70条後段）。寄託金は、敷金が賃料債務に充当された限度で、差し入れた敷金額を上限として目的物返還時（条件成就時）に賃借人に返還される結果、賃借人は敷金を優先的に回収したのと同様の効果を享受できる。

(3) **請負契約**　請負契約は、請負人が仕事完成の義務を負うのに対し、注文者は仕事の結果に対する報酬支払義務を負い（民632条）、これらは対価関係に立つ。したがって、双務契約であり、契約当事者の一方が破産すると、請負契約は双方未履行双務契約とみなされる。

(a) 注文者の破産

注文者が破産した場合、民法642条の特則が適用される。これによれば、注文者に対して開始決定があると、破産管財人のみならず、請負人も契約を解除することができる（同条1項前段）。契約が解除された場合、請負人は完成した仕事の報酬請求権及びこれに含まれない費用の償還請求権を破産債権として行使できる（同条1項後段）。ただし、破産管財人が契約を解除した場合には、報酬ないし費用に含まれない損害が生ずる余地があるので、この場合の請負人に限り、報酬・費用に加えて損害賠償請求権をも破産債権として行使できる（同条2項）。

このように民法642条の特則は、注文者が破産した場合、破産管財人と請負人の双方に解除権を与えるので（1項前段）、一方が履行を望んでも相手方の選択次第という状態に置かれる。そこで、双方に確答催告権を与えて、一方は他方に対して一定期間内に契約の履行又は解除の確答を催告でき、当該期間内に確答がないときは契約を解除したものとみなすことにした（53条3項）。また、破産管財人が解除した場合の請負人の損害賠償請求権が破産債権になるとの規定（民642条2項）は現行破産法により改正された部分だが、これは双方未履行

双務契約の一般原則と同様，相手方の損害賠償請求権（54条1項）を注文者破産の場合にも認める旨を明らかにしている。他方，注文者破産の場合に，請負人にも解除権を認める規定（民642条1項後段）は一般原則（53条1項）と異なるが，請負人がその判断で契約関係から離脱する自由は保護に値するとされた結果，現行法でも維持された。なお，注文者が破産した場合，請負人の仕事の出来高が破産財団中にあり，かつ，その所有権が請負人に帰属するとき，請負人は取戻権を行使できる（62条）。また，請負人から解除せず，破産管財人が履行を選択した場合，請負人が仕事完成義務を履行すれば，法53条に基づくものではないが，相手方（請負人）の報酬請求権は財団債権になる（147条1項7号類推）。

(b) 請負人の破産

請負人が破産した場合，請負契約を双方未履行双務契約とみて，法53条以下に一般原則を適用すべきだろうか。旧法下の判例は，代替的義務には適用するが，非代替的義務については適用を否定する（最判昭和62・11・26民集41巻8号1585頁）。請負契約が，請負人の特殊な技能等による個人的な労務提供を目的とすることに照らせば，請負人の義務は破産財団に属さず，請負人自らがこれを管理処分し，その労務提供の対価たる請負報酬も自由財産とすべきである（否定説）。判例は請負人の義務が非代替的である限り，否定説に従うが，代替的な義務には法53条以下を適用してよいとする。旧法下の学説は，請負人が個人である場合に否定説に従うが，法人の場合には一般原則によるべきとの見解が多かった。しかし，請負人の義務が非代替的であれ，個人が請負人であれ，破産管財人は請負人の義務の履行態様として請負人を履行補助者として使用できると考えれば，破産管財人が請負人の義務に関与することを排除する理由はない。否定説によると，請負人の報酬が破産財団に属さない自由財産となる点も問題である（しかし，この点がかえって請負人の再建に役立つとの見方もある）。むしろ，破産した時点で一部完成した仕事があれば，その請負報酬を破産財団に組み込むべきである。このような理由から，旧法下の判例や多数説とは異なり，近時は法53条以下の一般原則の適用を肯定する見解が有力である（ただし，雇用契約と請負契約の類似性に照らし，被用者破産〔後述(4)(b)〕には法53条以下が適用されないこととの均衡を問題とする批判もある）。

もっとも，上記の肯定説は，破産管財人が法53条に基づき履行を選択できることを意味するにとどまる。請負人に対して仕事の履行を強制できない点に変わりないから，破産管財人が契約を維持しても請負人が履行を拒むこともありうる。その場合，破産管財人は請負契約を解除して，出来高分の報酬については破産財団に組み込むことができる。一般には，解除されると双方が原状回復義務を負うが，実務では原状回復を行わず，解除の時点での出来高を清算して処理するので，破産財団への組み込みが可能となる。なお，請負人が前払金を受けていた場合，これは信用供与に他ならないとして破産債権とする見解もあるが，判例は，解除によって生ずる前払金返還請求権を財団債権（54条2項）とする（前掲最判昭和62・11・26民集41巻8号1585頁）。

(4) **雇用契約**　雇用契約は，被用者の労務提供義務と使用者側の賃金支払義務が対抗し合い，相互に対価関係が成立する双務契約である（民623条）。したがって，雇用契約の一方当事者が，その存続期間中に破産したときは，当該契約は双方未履行双務契約とみなされる。

　(a)　使用者の破産

　使用者が破産した場合には，民法631条の特則がある。これによれば，使用者に対して開始決定があると，被用者または破産管財人は解約申入れができ，その際，相手方に対する損害賠償請求権は否定される。これは特に，①期間の定めがある雇用契約につき，被用者が使用者の破産を理由に解約できることに意義がある（期間の定めがない場合は，いつでも双方から解約申入れができる。民627条1項）。いずれ清算解体される使用者の下での就労を強いることに合理性はなく，被用者保護のためには，むしろ転職・再就職の機会を確保すべきである。したがって，①を徹底するために，②被用者からの解約に対して使用者の損害賠償請求権を否定して（民631条後段），被用者の解約を容易にした。もっとも，使用者が解約した場合にも被用者の損害賠償請求権を否定することは（民631条後段），上記①②の被用者保護と整合しないようにみえる。しかし，労働基準法による保護（労基20条。30日の解雇予告期間および解雇予告手当）があるため，必ずしも被用者に酷ではない。なお，民法631条の特則が雇用関係の双方に解約権を認める結果，雇用を継続したくても相手方次第になるため，双方に確答催告権が認められている（53条3項）。

❖ **コラム5-3　破産管財人の団体交渉応諾義務**

　破産管財人が雇用契約を解約せずに維持した場合，破産管財人は従前の使用者が有していた権限（たとえば，労働協約上の権限，就業規則上の権限，労使慣行上の配転・出向命令権，解雇権等）を行使できるのはもちろん，使用者の義務も破産管財人によって引き継がれる。団体交渉応諾義務（労組7条2号）も例外ではない。しかし，破産管財人の裁量に属しない事項については交渉の余地がない。破産管財人の交渉事項となるのは，給料請求権のうち財団債権になるもの（149条）の弁済時期，弁済許可申立て（101条1項），中間配当（209条），財団換価の方針，民事再生・会社更生の申立て（民再246条1項，会更246条1項）等である。破産管財人が上記事項につき正当な理由なく団交を拒否すれば，不当労働行為になる（労組7条2号）。これに対して，優先的破産債権になる給料請求権の配当率等は，他の破産債権との関係で客観的に定まるため，交渉事項にならない。なお，破産者と被用者の間に労働協約が締結されている場合，破産管財人はこれに拘束されるか（たとえば解雇制限条項の効力）も問題になる。労働協約は双方未履行双務契約と解され，再生手続・更生手続では再生債務者ないし管財人の選択権を否定する特則がある（民再49条3項，会更61条3項）。他方，このような特則のない破産手続では，破産管財人は履行または解除を選択できるものと解される。

　破産管財人が，破産者の事業を継続しあるいは清算業務を遂行するために，被用者の雇用を維持したいとき，(イ)いったん雇用契約を解約して，新たな雇用契約を締結するか，(ロ)従来の雇用契約を継続するか（履行選択）を判断する。(イ)の場合，手続開始前の原因に基づく給料請求権等は3月間の限度で財団債権になり（149条1項），その他は優先的破産債権になるが（98条1項，民306条2号，308条），手続開始後の新たな雇用契約に基づく給料請求権はすべて財団債権である（148条1項4号）。これに対して，(ロ)の場合，手続開始後の給料請求権等は財団債権（148条1項7号），手続開始前のそれは，(イ)と同様に優先的破産債権及び財団債権になる（55条3項参照）。なお，優先的破産債権である給料請求権等については，被用者の生活維持のために本来の破産配当による満足（100条1項，193条1項）の前であっても裁判所の許可に基づき弁済できる制度（101条1項）が新設された。

(b)　被用者の破産

　被用者が破産した場合，雇用契約は双方未履行双務契約であるにもかかわらず，通説は法53条以下の適用を否定する。その根拠は，①雇用契約は被用者の生計確保の要であり，②被用者が破産してもその労務提供に直接の支障は生じ

ないうえ，③労働基準法や労働契約法の趣旨（労基5条等，労契3条1項）にかんがみ，雇用契約を維持するかどうかにつき被用者の自由意思を尊重すべきことに求められる。実際，破産財団につき固定主義を採用する現行法では，手続開始後の労働の対価たる賃金債権は新得財産として自由財産になり，破産配当の増加にはつながらない。まとまった配当原資としては，むしろ「将来の請求権」(34条2項) として破産財団に属する退職金債権の方が重要である（ただし，その4分の1のみであり，その他は差押禁止債権として自由財産となる。34条3項2号，民執152条2項）。しかし，破産管財人がこの債権を現在化させ（つまり雇用契約を解約し)，退職金の一部を破産財団に組み入れることは，法53条以下の適用を否定する通説による限り許されない。そこで実務では，破産者たる被用者の協力を得て，破産財団に属すべき退職金の一部に相当する金額を自由財産から拠出してもらう（手続開始後の毎月の給料の一部を積み立てて財団に組み入れる）ことを条件に，退職金債権を破産財団から放棄する（78条2項12号）扱いが一般化している。なお，被用者の破産を理由とした使用者からの解約には合理性がなく，無効である（労契16条）。

(5) **保険契約** 保険契約については，損害保険契約（保険2条6号）は一定の偶然の事故により生ずる損害の填補と保険料支払いの間に，生命保険契約（保険2条8号）は人の生死に関する一定の保険給付と保険料支払いとの間に，それぞれ対価関係が成立する。もっとも，保険料を一時払い方式とする保険契約の当事者（保険者および保険契約者）が，保険期間中に破産しても一方のみ既履行である。これに対して，分割払い方式の保険契約の当事者が保険契約中に破産した場合，かかる保険契約は双方未履行双務契約とみなされる。

(a) 保険契約者の破産

保険契約者が破産した場合，法53条以下の一般原則により処理される。破産管財人は契約の履行または解除を選択できるが（なお，生命保険の解約返戻金につき，差押債権者は取立権の行使として解約権を行使できるとした，最判平成11・9・9民集53巻7号1173頁がある），個人破産における生命保険契約には一定の配慮が必要であろう。この契約は，保険契約者の万一の際，その家族の生活の不安を緩和する備えになることが期待される。しかしそうであっても，破産管財人は通常，契約を解除して解約返戻金を破産財団に組み入れるべきだろう。これに

> ❖**コラム5-4　保険会社の経営破綻と保険契約**
>
> 　保険会社が経営破綻した場合，下記本文の処理では，生命保険のような被保険者の生活保障にかかわる契約も失効してしまう。しかし，保険会社破綻のセーフティネットとして保険業法による処理および更生特例法による処理が整備され，すでに適用例も存在する。前者は当局の業務停止命令の後，保険管理人による管理を開始し，受け皿となる救済保険会社に保険契約を移転する等の手続を用意している。すなわち，破綻会社の財産評定の結果，責任準備金がその削減の限度たる90パーセントを下回る水準にあるときは，保険契約者保護機構の資金援助によって不足分を補てんし，当初の契約条件を変更した（予定利率の切下げ等を経た）保険契約を救済保険会社に引き継がせるというものである。他方，更生特例法による処理では，更生管財人の選択権（会更61条）の適用が排除される。したがって，履行選択により保険契約者の権利が共益債権化することはなく，保険契約者の権利を他の一般債権（劣後ローンや劣後債）等とともに更生計画において変更することができる。更生特例法による再建は，一般債権をも対象とした包括的なスキームであり，責任準備金の削減，予定利率の切下げ，早期解約控除など多くの点で保険業法による処理よりも踏み込んだ措置が可能となっている。いずれによっても保険の契約条件は変更されるが，保険契約者から解除する場合（保険27条，54条，83条）を別として，契約は維持される。

対して，解約返戻金が僅少なときも同様でよいか。前述の期待からは，破産債権者への配当額の増加が見込めない場合にまで契約を解約し，破産者の家族の支えを奪うことには疑問の余地がある。そこで，①保険契約がその内容からして自由財産に含まれる限り（34条4項），破産管財人の選択権（解除権）は排除される。この扱いが無理な場合でも，②返戻金相当額を自由財産から拠出させ破産財団に組み入れるのを条件に，本契約（解約返戻金請求権）を破産財団から放棄すること（78条2項12号）も考慮すべきである。

　(b)　保険者の破産

　保険者が破産した場合，保険法の特則が適用される。すなわち，相手方たる保険契約者は，将来に向かって保険契約を解除できる（保険96条1項，31条1項，59条1項，88条1項）。また，保険契約者が解除しなくとも，契約は開始決定から3ヶ月が経過したとき当然に失効するほか（保険96条2項），破産管財人の選択権（特に解除権）も同一期間その行使を制限された後，契約とともに消滅する。この期間中は，保険契約者を保護するため，履行が選択された場合と同様の扱いになるから，保険契約者が保険料を支払う限り，保険事故があれば

保険給付請求権は財団債権になる（148条1項7号。法53条に基づく場合でないが，類推適用される）。しかし契約を迅速に清算する見地から，存続期間は3ヶ月に限定され，また契約を一律に失効させる点において保険の集団的処理にも配慮されている。

(6) **委任契約（57条）**　無償委任は片務契約であるのに対して，有償委任は双務契約とされる。そのため，委任関係にある当事者の一方が破産した場合，本来なら有償・無償の別に従い，法53条以下の適用の有無が決まるはずである。しかし民法653条2号は，有償・無償を問わず，委任者または受任者に対する開始決定を委任終了事由とする。これは，委任関係の基礎が相互の信頼関係にある点にかんがみ，一方当事者の破産を契約の当然終了事由としたものである。もっとも，委任の終了事由は，これを相手方に通知するか，相手方がこれを知っていたときでない限り，相手方に対抗できない（民655条）。そこで法は，委任者破産の場合に，受任者がこれに伴う委任の終了を知らずに委任事務を処理したとき，費用償還請求権（民650条1項）・報酬請求権（同648条1項）は，手続開始後の原因により生じた債権ではあるが（2条5号参照），破産債権とした（57条）。ただし，委任事務が破産財団の利益のためにされた場合，事務管理として受任者の請求権は財団債権になる（148条1項5号）。また，委任終了後に急迫の事情のためにした行為により生じた費用償還請求権（民654条）も財団債権になることがある（148条1項6号）。

ところで，株式会社と取締役の関係も委任であるから（会社330条），一方の破産によって終了する（民653条2項）。受任者たる取締役の破産に関しては，開始決定を受けて復権しない者の取締役への就任を禁じた規定（商法旧254条ノ2第2号）があったが，会社法制定に際して廃止された結果，破産者が取締役に就任することは妨げられない。他方，委任者たる会社が破産した場合も委任は終了し，取締役はその地位を失うが（同旨を説くものとして，最判昭和43・3・15民集22巻3号625頁），この帰結には根強い批判がある。というのも，会社の破産によって破産管財人に専属する管理処分権の範囲は，当該会社の財産関係を中心とするので，会社の組織に関する事項（設立無効，合併無効，解散の訴えに対する応訴等）には当然には及ばない。とすれば，会社の組織的事項への対処には従前の取締役があたる必要があり，また適任だからである。かくして，委任

者たる会社が破産しても委任は終了しないとする見解も有力である。

(7) **市場の相場がある商品の取引に係る契約（58条）** 本条は，「取引所の相場その他の市場の相場がある商品の取引に係る契約」であって，「その取引の性質上，特定の日時又は一定の期間内に履行をしなければ契約をした目的を達することができない」定期行為の性質をもつ契約について，履行期が手続開始後であるとき，当該契約につき解除を擬制すると規定し，法53条の適用を排除したものである。定期行為については，一方当事者の債務不履行があれば無催告解除が認められ（民542条），商人間の定期行為では解除が擬制される（商525条）。これに対して本条は，一方当事者が破産した場合，債務不履行の有無を問わずに契約解除を擬制して（58条1項），差額決済で処理するものとしている（同条2項）。ただし，取引所や市場に別段の定めがあれば，それに従う（同条4項）。

本条は，旧法が適用対象を「取引所の相場のある商品の売買」に限っていたのを改め，高い相場性のある取引一般に拡張したものであり，取引所での店頭市場取引等以外にも適用される（各種スワップ取引等の交換をも含む）。解除による損害賠償の額は，履行地等における同種の取引で同一時期に履行すべき相場価格と当該契約の商品価格の差額によって定める（58条2項）。破産者の相手方の損害賠償請求権は破産債権であり（同条3項），破産者のそれは破産財団に属する財産となる。

(8) **交互計算（59条）** 交互計算は，商人間又は商人・非商人間における一定期間の取引から生ずる債権及び債務の総額を相殺し，残額を支払うことを約する契約である（商529条）。法は本契約が相互の信用を基礎とする点を重視し，一方当事者の破産によって当然に終了するものとした（59条1項）。計算の閉鎖により生ずる残額請求権は，これを破産者が有するときは破産財団に属する財産となり，相手方が有するときは破産債権となる（59条2項）。

(9) **為替手形の引受け等（60条）** 為替手形の支払人等（予備支払人を含む）が，引受けにより支払義務を負担しまたは現実に支払った場合，支払人等は振出人等（裏書人を含む）に対して求償権を取得する。このとき，支払人等が振出人等に対する手続開始の事実につき善意であれば，求償権は破産債権になる（60条1項）。支払人等の求償権は，開始決定後の原因に基づくから本来は破産

債権ではない（2条5号）。しかしこれでは，支払人等が引受けまたは支払いの時に振出人等に対する手続開始の事実の有無を調査せざるをえず，為替手形の円滑な流通が損なわれる。そこで善意の支払人等を保護し，その求償権を破産債権とする例外を認めることで，支払人等を事実調査の煩から解放したのが本項である。これは小切手の支払保証（小53条）や約束手形の手形保証（手77条3項，30条以下）等にも準用される（60条2項）。なお，支払人等の善意・悪意には，開始決定の公告（32条1項）の前後による推定規定が準用される（60条3項，51条）。

(10) **消費貸借の予約（民589条）**　消費貸借の予約は，貸主が借主に対して貸付義務を負う片務契約であり，法53条以下の適用はない。しかし，借主破産の場合に貸主に対して回収見込みのない融資を強いるのは酷であり，また貸主破産の場合も破産清算中に融資実行を強制すれば手続遂行の障害ともなりうる。そこで法は，一方当事者が破産した場合，予約は当然に失効するものとした（民589条）。

(11) **共有関係（52条）**　数人がある財産を共有しているとき，その一人が破産すると破産者の共有持分は破産財団を構成し，破産管財人の管理処分権に服する。共有物の分割は原則として自由であるから，破産管財人は破産者の共有持分を破産財団に組み込むために，他の共有者に対して分割を請求できる（民256条1項）。しかし，共有者間に不分割の合意がある場合（民256条1項），この合意は破産管財人による換価処分の障害になる。そこで法は，法律上分割が不能な場合（民257条，229条）を除き，この合意の効力を否定している（52条1項）。共有物の分割は現物分割が原則であるが，手続の迅速性や他の共有者の利益保護の見地から，破産管財人は代償分割（他の共有者が破産者の持分を相当な対価を払って取得する）を第1にすべきである（52条2項）。

新種契約　(1) **リース契約**　リース契約とは，ここではファイナンス・リース契約をさす。A（ユーザー）はコピー機等の物件を購入したいのにまとまった資金がない場合，C（サプライヤー）の所有・販売する物件をAが直接購入するのではなく，代わりにB（リース会社）が購入し，Bが当該物件をAに使用させ，AはBに対してリース料を支払う形をとるとき，AB間の契約をリース契約という。通常は，目的物の耐用年数を基準に

リース期間が定められ，中途解約は禁止される。また，リース料は当該物件の購入代金にその他の費用・金利を加えた全額をリース期間に割り付けて定められる（リース期間満了時に物件の使用価値が残存しないようにリース料を定める場合を，フルペイアウト方式という）。

　上記の関係をみると，たしかにAB間には賃貸借類似の関係があるが，経済的効果の面に着眼すると，目的物件を購入したBはその使用価値に興味はなく，Aは目的物件の購入代金についてBの融資を受けて返済しているだけであり，Bに留保された目的物件の所有権は，さしずめAが返済に行き詰ったときの担保に相当する。表向き（賃貸借）とその実質（信用供与）の間にこのような食い違いがあるため，リース契約については議論が多い。破産手続との関係で問題を生ずるのは，Aが破産した場合のリース契約の扱いである。すなわち，リース契約が双方未履行双務契約に該当し，法53条以下を適用すべきか否かにつき，肯定説と否定説が対立する。

　肯定説は，Aの破産時に残存するリース期間，BはAに対して目的物件を使用させる義務を負うのに対し，AはBに対して月々の目的物件の使用に応じて発生するリース料を支払う義務を負い，これらは対価関係にあるとみて，法53条以下を適用する。肯定説は，リース契約を賃貸借類似の関係とみることになる（前述の賃貸借契約(2)(a)参照）。

　これに対して，否定説は，リース契約に基づきBがAに目的物件を引き渡せば，もはやBはAに対して何ら義務を負わず，またAがBに対して負担するリース料の支払義務はその全額が契約時に発生する以上，目的物件の使用と月々のリース料の間には対価関係がないので，双方未履行双務契約ではないという（同旨を説く判例として，最判平成5・11・25金法1395号49頁，最判平成7・4・14民集49巻4号1063頁）。否定説はリース契約を担保金融契約として捉えるので，月々のリース料は契約時に全額発生した債務に期限の利益を付与した分割払いであり，目的物件はその担保とみることになる。もっとも，否定説の中でも，BのAに対するリース料債権の担保目的物を目的物件の所有権とみる（所有権留保に類似する）か，または，目的物件につきAが取得した利用権を担保目的物とみる（利用権に対する担保権として権利質に類似する）か，などの点ではなお対立がある。いずれにせよ，目的物件がAに引き渡された後に更生手続

が開始した事案において，判例は否定説を採用し（前掲平成7年最判等），また再生手続が開始された事案でも判例は否定説であるから（最判平成20・12・16民集62巻10号2561頁），リース料債権は，更生手続では更生担保権付更生債権，再生手続では別除権付再生債権として処遇される。他方，破産手続に関する判例はないが，再生手続に関する平成20年最判が，破産手続の別除権にも及ぶと考える限り，Bには別除権者の地位（65条1項）が与えられ，Bのリース料債権は担保権実行後の残額債権が破産債権（108条1項）となる（否定説。なお，リース契約に付される倒産解除特約については，コラム5-1を参照）。

(2) **ライセンス契約**　ライセンス契約は，知的財産権（特許権，実用新案権，著作権，商標権，ノウハウ等）を有する者（ライセンサー）が，それを利用する者（ライセンシー）に対して知的財産権を使用する権利を設定し，ライセンシーがその対価として使用料（ロイヤルティ）を支払うことを約する契約をさす。知的財産権の利用権とロイヤルティの支払義務は対価関係にあるから双務契約であって，一方当事者が破産した場合の処理は，賃貸借契約に準じたものとなる（前述の賃貸借契約(2)(a)および(b)参照）。

ライセンシーが破産した場合，その時点でライセンス契約の期間が残存するときは，双方未履行双務契約として法53条以下が適用される。破産管財人は，契約の履行又は解除を選択できることになるが，破産のような清算型手続においては，清算のために事業譲渡を行う際に（78条2項3号），当該ライセンスが不可欠であるといった特別な場合以外は，解除が選択されるべきである。もっとも，例外的にせよ契約維持の可能性がある以上，ライセンサーからの解除，特に倒産解除特約の効力は否定される（コラム5-1参照）。

ライセンサーが破産した場合も，本来，法53条以下の適用の余地がある。しかし法56条は，「賃借権その他の使用及び収益を目的とする権利」について，相手方が対抗要件を備えたことを条件に法53条の適用を排除する。すなわち，ライセンサーが破産した場合でも，ライセンシーがその利用する知的財産権につき対抗要件（特許権・実用新案権等の通常実施権の登録。特許99条1項）を備える限り，ライセンス（通常実施権）に基づく事業を維持・継続する地位が保障される（特許発明等の実施の容認を求めるライセンシーの権利は保護され，財団債権になる。法56条1項）。

ところが，法56条の趣旨にもかかわらず，産業界の慣行としてライセンスの登録は一般には行われない現実があるため，対抗要件による保護はあまり機能しないと指摘される。その原因として，登録料が高いこと，特許権者等の協力なしに簡易に登録できる対抗要件制度（借地借家10条1項，31条1項参照）が存在せず，登記請求権も判例上（最判昭和48・4・20民集27巻3号580頁）否定されていること，さらに企業戦略上の理由からライセンス契約が存在する事実の公開を望まないライセンシーが多いこと等が挙げられる。

　ところで，2007（平成19）年の産活法・特許法の改正では，一定の製品の製造等に必要な特許権等の実施をまとめて許諾する包括ライセンス契約が一般化している状況にかんがみ，特許番号等ではなく，包括ライセンス契約（特定通常実施権許諾契約〔産活2条27号〕）ごとに対抗要件を備える制度（特定通常実施権登録制度〔同58条～71条〕）が創設された。ライセンシーが懸念する企業秘密の保護にも配慮した新しい登録制度として簡易な登録手続を整備したものであり，ライセンサー破産時におけるライセンシー保護の拡充が期待される（特定通常実施権登録簿に登録すれば，特許法99条1項の登録があったものとみなされる〔産活58条〕）。これに対して，ライセンシーが対抗要件を備えない場合，破産管財人は法53条に基づき履行または解除を選択できる。ライセンシーの破産とは異なり，ライセンサーの地位はそれ自体が譲渡可能であるから，原則として契約は維持される。なお，アメリカ等の外国では，対抗要件を具備しないライセンシーも保護されるが，かかる仕組みの採否は今後の検討課題とされた。

II　係属中の手続の処理

　債務者は破産手続の開始によってその管理処分権が剥奪されるので（78条1項），破産手続が終了するまでは自らの財産を自由に処分することができない。そして，訴訟手続の結果には，実体法上の権利を処分したのと同様の効果が生ずるのだとすれば，破産者の財産に関する訴訟の原告又は被告となる資格（当事者適格）も，破産手続中は破産管財人に専属させる（80条）のが合理的である。このことは破産者の財産に関する強制執行手続等についても同様である。では，破産手続が開始された当時，破産者を一方当事者とする訴訟手続や

強制執行手続等が係属する場合，これらの手続はどうなるか。以下では，この問題を訴訟手続と執行手続に区分して概観する。

係属中の訴訟手続　(1) **中断する訴訟手続**　破産手続開始決定があると，破産者を当事者とする「破産財団に関する訴訟手続」は中断する（44条1項）。すなわち，これに該当して中断するのは，①破産債権に関する訴訟，②破産財団に属する財産に関する訴訟，③財団債権に関する訴訟である。しかし，①〜③のすべてを破産管財人が受継するのではない。受継されるのは，「破産債権に関しないもの」（上記②・③）だけである（44条2項）。他方，そもそも「破産財団に関する訴訟」に該当しない訴訟手続は中断することはなく，破産手続が開始されてもそのまま続行される（44条1項の反対解釈）。一般には，たとえば自由財産に関する訴訟，身分関係訴訟，破産した法人の組織法上の訴訟（解散・設立無効・合併無効の訴えほか，株主総会取消訴訟等）がこれに該当するとされる。

(2) **破産財団に関する訴訟**　破産手続の開始によって中断した「破産財団に関する訴訟」（上記①〜③）のうち，「破産債権に関しないもの」（上記②・③）を破産管財人が受継し（44条2項），破産管財人を当事者として手続が続行される。これは，訴訟当事者の一方が破産して当事者適格を喪失した場合（80条），係属中の訴訟手続を一律に訴え却下してしまうのは不経済だからである。②に該当するのは，破産者が原告または被告である所有権確認訴訟や，破産者が原告である金銭支払請求訴訟等である。③に該当するのは，たとえば双方未履行の売買契約の買主が破産したときに売主の代金請求訴訟が係属中であって，破産管財人が契約を維持した場合（148条1項7号），租税等請求権（148条1項3号）につき債務者が破産する前に提起した課税処分取消訴訟，被用者が使用者の破産前に提起した給料等の支払請求訴訟（149条）等が含まれる。なお，法44条1項による中断は，訴訟代理人がいる場合でも生ずる（民訴124条2項の適用対象となる中断事由〔同条1項〕に含まれない）。

ところで，中断した訴訟手続は，新当事者が受継することによって維持される。しかし，中断中の訴訟が破産管財人にとって有利な状態とは限らず，これを嫌って積極的に受継しないことがある。そこで法は，相手方にも受継申立権を与えて公平を図った（44条2項後段）。ただし，破産管財人はこの受継申立て

を拒絶するができると解するのが通説である（同項前段の「受け継ぐことができる」の文言に留意）。また，受継した破産管財人は，中断時に破産者がすでに提出できなくなった攻撃防御方法を提出できないのはやむをえない。ただし，破産管財人の地位に由来する固有の防御方法（善意の第三者である旨の抗弁等）は許される。なお，受継した破産管財人が敗訴すると，相手方の訴訟費用請求権（民訴61条）は，受継前の費用も含めて財団債権になる（44条3項）。破産管財人が勝訴すれば，訴訟費用請求権は破産財団に属する財産となる。

(3) **破産債権に関する訴訟**　これも「破産財団に関する訴訟」として中断するが（前述(1)参照），上記(2)と異なり，破産管財人は受継しない。というのも，破産債権は，財団債権等とは異なり，破産手続外での権利行使を禁じられるので（100条1項），中断した訴訟手続の訴訟物たる破産債権も，破産手続上の届出・調査・確定の手続を通じて処理されるからである。すなわち，この過程で，(a)異議等のある破産債権を有する破産債権者が，異議者等（破産管財人・異議を述べた届出破産債権者）の全員を相手に申し立てた査定手続（125条）を経てもなお査定決定に不服がある者は，異議の訴えを提起できる（126条）。ただし，異議等のある破産債権について開始決定によって上記のように中断した訴訟手続がある場合には，破産債権者は異議者等の全員を相手に受継を申し立てなければならず（127条1項），受継後の訴訟手続が，異議訴訟として続行される。以上に対して，(b)異議等のある破産債権が有名義債権（執行力ある債務名義または終局判決のある債権）である場合，異議を主張する手続は，異議の訴えではなく，「破産者がすることのできる訴訟手続」に限定される（たとえば，確定判決のある債権である場合，判決更正の申立て〔民訴257条〕や再審〔同338条〕のほか，基準時後の新事由にかかる消極的確認訴訟）。したがって，異議等のある破産債権が有名義債権であって，その破産債権について開始決定により上記のように中断した訴訟手続がある場合には，異議者等はその訴訟手続を受継しなければならず（129条2項。第一審の終局判決がある債権の場合には受継した上で控訴提起を通じて主張する。なお，異議者等が破産管財人の場合，(2)と同様になる），受継後の訴訟手続が異議訴訟として続行される。

(4) **債権者代位訴訟・詐害行為取消訴訟**　開始決定は，破産者を当事者としない訴訟にも影響がある。すなわち，債務者の詐害行為を理由に，債権者が

受益者を被告として提起した詐害行為取消訴訟（民424条）の係属中，訴外債務者が破産した場合，当該訴訟は中断する（45条1項）。また，第三債務者を被告して提起した債権者代位訴訟（民423条）の係属中に訴外債務者が破産した場合も同様である。これらの訴訟手続が中断するのは，訴外債務者の被告（受益者・第三債務者）に対する被代位権利（取消後に生ずる請求権を含む）が破産財団に属する財産として破産管財人の管理処分権に服するため（78条1項，当該権利に関する訴訟の当事者適格も破産管財人にあるからである。破産管財人は，中断した訴訟手続の原告の地位を引き継ぐことになる（45条2項）。

ところで，従前の訴訟状態が取消債権者・代位債権者に不利な場合，破産管財人はその受継を拒絶し，新たに否認訴訟等を提起してよいかという問題がある。現行法が相手方にも受継申立権を認めたこと（45条2項後段）等から否定説も有力だが，通説は破産管財人の受継拒否を認める（同項前段の「受け継ぐことができる」の文言に留意）。なお，受継後の訴訟において受益者あるいは第三債務者が勝訴した場合の訴訟費用請求権は，財団債権である（45条3項）。また，破産管財人が受継した後に破産手続が終了した場合は，詐害行為取消訴訟ないし債権者代位訴訟は再度中断し（45条4項），最初の中断時における当事者が受継する（同条5項）。最初の中断後，破産管財人による受継前に破産手続が終了した場合は，破産債権者等が当然に受継する（45条6項）。

(5) **株主代表訴訟**　株主が取締役等を被告として提起した株主代表訴訟（責任追及の訴え。会社847条）の係属中に訴外会社について開始決定があった場合も，前述(4)〔債権者代位訴訟〕と同様に法45条が適用されるので，当該訴訟は中断し，破産管財人は原告株主の地位を受継すると説くのが通説である（東京地決平成12・1・27金判1120号58頁）。これに対して，株主代表訴訟が法定訴訟担当であるとしても（会社847条1項），株主の提訴権限は株主固有の権限に基づくもの（固有適格）とみるべきことなどを理由として訴外会社に破産手続が開始されても中断しないと解する（とりわけ再建型手続との関係で手続続行の必要性を説く）見解もある。なお，通説による場合，相手方の受継申立権や訴訟費用請求権は，前述(4)と同様である。

| 係属中の執行手続 | (1) **破産債権に基づく強制執行**　開始決定があると，破産債権は個別的な権利行使を禁止される（100条1

項）。したがって，破産財団に属する財産に対し，開始決定後に新たに強制執行等に着手することは禁止され，係属中のものは失効する（42条1項・2項）。財団債権に基づく強制執行も同様である。ここで失効とは，強制執行等の破産財団に対する効力が，特別の手続なしに遡及的に消滅することを意味するから，破産管財人は強制執行等がなかったものとして管財業務に当たればよい。しかし失効するのは係属中の手続のみであるから，すでに執行が終了した手続は，否認される場合（165条）は別として，その効力が維持される。よって，開始決定の時点と執行手続終了の時点の前後関係によって「失効」するかどうかが決まる（たとえば，動産執行・不動産執行は，配当の実施〔139条，84条〕によって，債権執行は，債権取立て〔155条〕や転付命令の確定〔159条5項〕等によって終了する）。

　他方，強制執行等の「失効」（42条2項本文）は絶対的でない。すなわち，失効した強制執行等のうち，強制執行又は一般の先取特権の実行の手続（以下，「強制執行」という）は，破産財団に属する財産を換価するのに便宜なときは，破産管財人はこれを利用するべく続行できる（同条2項但書）。続行された強制執行には，個別執行を想定した無剰余禁止（民執63条，129条）は適用されない（42条3項）。破産管財人は強制執行を破産債権者全体の利益代表として続行するからである。なお，仮差押えや仮処分等の保全処分は換価手続ではないので，条文上は続行の対象とされないが，破産管財人はその効力を援用できる（名古屋高決昭和56・11・30下民集32巻9号〜12号1055頁）。また，強制執行が続行される場合，執行債権者の支出した分を含む執行費用は財団債権になる（42条4項）。

　その他，破産管財人が強制執行を続行する場合，第三者異議の訴え（民執38条）について被告適格は破産管財人にある（42条5項）。開始決定時に第三者異議の訴えが係属中であるときは中断するが（44条1項），破産管財人が強制執行を続行するときは，破産管財人が第三者異議訴訟を被告として受継する（44条2項，42条5項）。他方で，破産管財人が続行しない限り，強制執行は失効したまま（42条5項の射程外）である以上，当該強制執行にかかる第三者異議訴訟の被告適格を破産管財人に認めることは困難である（判例は，仮差押えの後に破産手続開始決定があってから提起された第三者異議の訴えについて，取戻訴訟という手段

があるとして訴えの利益を否定したことに留意すべきである。最判昭和45・1・29民集24巻1号74頁)。これに対して第三者異議訴訟の結果は，破産財団に属する財産の帰属を前提問題とするので，破産管財人の関与が必要との理由から，法45条を類推して破産管財人が第三者異議訴訟を被告として受継し，第三者との間の取戻訴訟として続行できるとの見解もある。

(2) **担保権の実行手続** 　　質権や抵当権といった特定の財産上の担保権は，破産手続上は別除権とされ，破産手続外での権利実行が許される(2条9号，65条1項)。すでに実行に着手していても破産手続による影響はなく(ただし，担保権消滅許可〔186条以下〕は別である)，開始決定後に新たに実行に着手することもできる。ただし，企業担保権(企業担保2条)や一般の先取特権(民306条)のように特定財産上の担保権でないものは，開始決定があると，破産債権に基づく強制執行等と同様，係属中の手続は失効し(42条2項)，新たな手続の開始は禁止される(同条1項)。これらの担保権は，破産配当において優先的破産債権の地位が与えられるにとどまる(98条，194条1項)。

(3) **国税滞納処分等の手続** 　　開始決定の当時，破産財団に属する財産に対して，租税等請求権の徴収権者が国税滞納処分に着手していた場合，開始決定後もその続行は妨げられない(43条2項)。租税等請求権の徴収権者には，実体法上自力執行力が認められ，納税者(債務者)の総財産から優先的に債権回収を図ることができることを尊重したものである(続行否定論も立法論としては有力であった)。しかし，開始決定後に，新たに国税滞納処分を開始することは許されない(43条1項。最判昭和45・7・16民集24巻7号879頁参照)。租税等請求権は財団債権であるから(148条1項3号)，破産管財人は随時弁済に応じるべきだが(151条)，財団不足(152条)の可能性もあるからである。

(4) **行政庁に係属する事件** 　　開始決定の当時，破産財団に関する事件で行政庁に係属するものも，開始決定とともに中断し，破産管財人が受継する(46条，44条)。訴訟以外のものとして，行政不服審査法，特許法，国税通則法等に基づく不服審査手続が本条の規律に服する。

第6章
破産手続における担保権

I 総論

はじめに——実体法上の担保権

　身近な例を挙げよう。ある企業に勤める中堅社員が一戸建ての住居を建てることを決意した。このとき，土地の取得と家屋の建築とに関わる費用として4000万円が必要であるとしよう。この夫婦が準備した頭金が1000万円である場合，残りの3000万円については住宅ローンとして銀行等の金融機関からの融資を受けなければならない。つまり，3000万円の借金をして毎月の給与から弁済をしてゆくこととなる（消費貸借契約：民587条）。しかし，これを金融機関から眺めてみると，この中堅社員に与えた信用は，その勤める企業の従業員であることのみを基礎にしているわけではない。住宅ローンの場合，一般には中堅社員に死亡生命保険に加入させたりするほか，当然のことながら一戸建ての土地・家屋につき抵当権（民369条以下）を設定して貸金債権を担保する措置を講じたうえで，3000万円の融資を実行するのが通例である。

　あるいは，新規の事業を興すために新たな株式会社を設立し，その本社ビルを建築する予定の企業が本社ビルの土地・建物に抵当権を設定して建築資金について金融機関から融資を受ける例も考えられよう。

　金融機関が融資をする際に設定する抵当権のような権利は，実体法上は担保権とよばれる。この担保権の最も重要な法的効力は優先弁済効である。つまり，上記の例で，中堅社員が将来ギャンブルに溺れ，消費者ローンに手を出し，多重債務者となり，複数の消費者ローンから一戸建ての土地・家屋に強制執行がされた場合でも，住宅ローンにより抵当権を設定した金融機関が他の消

費者ローンに先立って優先的に弁済を得ることができる。このような意味で担保権と呼ばれるものには，担保物権（民第2編第7章以下）の他，仮登記担保，譲渡担保，売渡担保，所有権留保といった非典型担保と呼ばれる優先弁済効を伴う一連の契約も含まれる。なお，保証（民446条以下）なども人的担保と呼ばれるが，優先弁済効を伴うものではないため，ここでは記述の対象としない。

> 破産法上の別除権

破産法上の別除権は，破産手続において多様な利害関係を有する者が優先順位（priority）を与えられる際に，取戻権（破62条以下）と同様に，破産手続の外にあるものとして位置づけられる。つまり，本来破産財団に属していない第三者の財産を破産債権を弁済する原資とすべきではなく，第三者はこれを取り戻す権利が与えられるのが取戻権の制度であるが，別除権は，その対象となる財産が破産財団を構成してはいるものの，経済的価値については，別除権に優先弁済効が認められることにより，破産手続によらないで別除権者が満足を受けることができる制度である（破65条1項）。

ところで，優先弁済効を中核とする実体法上の担保権が，破産法上，すべて別除権の処遇を受けるわけではない。たしかに債務者の弁済がないときに優先弁済を受けることができる実体法上の担保権は，債務者が倒産したときにまさに機能しなければならないものであるが，他方，当該担保権が設定されている財産は，破産手続においては清算の原資であり，無条件に担保権の効力を認めてしまうことは破産手続の目的自体を損なう恐れがある。どのような担保権に別除権としての優先的地位を認めるべきかは，倒産法制の政策的判断にほかならない。

そこで，破産法上の別除権とは，「破産手続開始の時において破産財団に属する財産につき特別の先取特権，質権又は抵当権を有する者がこれらの権利の目的である財産について第65条第1項の規定により行使することができる権利をいう。」と定義されている（破2条9項）。通常の破産であれば，このような別除権を有する「別除権者」（破2条10項）は必ず存在するといっても過言ではない。なお，これらの別除権者は必ずしも破産債権を有していなくてもよい。破産者が物上保証人である場合を念頭におくとよいだろう。

別除権者による別除権の行使 「別除権は，破産手続によらないで，行使することができる。」(破65条1項)。破産債権が「破産手続によらなければ，行使することができない。」(破100条1項)のと対照的である。一方で，別除権者は自らの有する特別の先取特権，質権あるいは抵当権を破産手続の制約を受けない形で実行することができる。つまり，これらの担保権を有する者は，自らの債権について満足を得ることができる（なお，別除権との関係でも，破産債権の現在化（破103条3項）は及んでいる）。

具体的には，まず，民事執行法上の「担保権の実行としての競売等」の方法がある（民執第3章）。当該財産が不動産や動産であるときは担保権の実行としての競売により（民執181条以下），債権のときは取立てなどの方法による（民執193条）。民事執行法以外の法律の規定による実行方法もある（動産質権についての実行（民354条），債権質の取立て（民366条））。法律に定められた方法によらないで別除権の目的である財産の処分をする権利を有するとき，つまり別除権者の任意処分が約定に基づいて可能であるときは，これに基づいて当該財産の換価をすることができる（破185条1項）。これら別除権の行使により財産の換価に際して剰余金があれば，それは破産管財人に引き渡されるし，別除権者の被担保債権についてなお残額があれば，残額について破産債権の確定・調査がなされる（破108条1項参照）。

破産管財人による介入 他方で，破産法は，破産財団を構成する財産について，破産管財人の任意売却権を認めている（破78条2項1号・2号・7号）。この破産管財人の換価権は，早期に財産を換価し，ひいては管理につき経済的負担を減ずる意味からも，破産手続の迅速な遂行のため必要である。また，一般の破産債権者の利害をも代表する破産管財人は，別除権者の有する担保権についてその優先弁済権の成立，その範囲，さらにはその実行につき利害関係を有している。別除権の行使，つまり担保権の実行が適正になされなければ，生ずべき剰余金が生じなかったり，別除権者が有する破産債権の残額が不必要に多くなるからである。それゆえ，破産管財人は，別除権者による換価を監視し，適正でない換価がされる虞があるときには自らが介入し，換価をする必要が生じる。

まず，上述した任意売却による換価がある。任意売却には裁判所の許可が必

要であるだけで，別除権者の同意は不要である（破78条2項。なお，別除権者への通知は必要である（破規56条））。ただし，担保権が設定されたまま財産を買い受ける者は皆無に等しいため，その多くは，後に述べる受戻し（破78条2項14号）や担保権消滅請求（破186条以下）によって当該財産を担保権から解放してから行われる。

　なお，破産管財人は，裁判所の許可を得て，被担保債権の全額を弁済したうえで担保権を消滅させ，別除権の目的である財産を担保権の負担のない財産として回復することができる。これを受戻しという（破78条2項14号）。別除権の目的である財産の任意処分による換価の前提としてなされることも多い。

　また，破産管財人は，別除権者に対して当該財産の提示を求めることができ，当該財産を評価することができる（破154条1項・2項）。

　次に，破産法78条2項1号および2号に掲げる財産の換価は，「民事執行法その他の強制執行の手続に関する法令の規定によってする」ことができる（破184条1項）。別除権者は，破産管財人による換価を拒むことができない（破184条2項）。この強制執行は，破産手続開始決定を債務名義としてなされるものであり，いわゆる形式的競売である（民執195条参照）。したがって，通常の強制執行のように配当手続は行われず，換価代金は破産管財人に交付される。また，強制執行を行っても剰余を生ずる見込みがない場合，つまり換価代金が破産財団に組み込まれない場合であっても，無剰余換価の禁止を定めた民事執行法63条および129条による強制手続の取消しはされない（破184条3項）。後に見るところの不足額責任主義（破108条1項）により別除権者が破産債権として行使する不足額を明らかにするためである。

　最後に，流質や目的物の処分清算・帰属清算など，別除権者が民事執行法以外の法律の規定によって処分することができるが（上述(3)参照），このとき，破産管財人の申立てにより，裁判所は，別除権者がその処分をすべき期間を定め，この期間内に処分をしないときはその処分権を失うと定められている（破185条1項・2項）。

別除権者による
破産債権の行使

　別除権者の有する担保権が破産者の物上保証に基づくときは，別除権者は破産債権を有しない。破産者の負う債務を担保するために担保権が設定されているとき，別除権者は，別除権の行使

とともに破産債権をも行使しうるはずである。しかし，同一の債権を満足せしめるため別除権行使と破産債権行使が可能であるとするのは，優先弁済効を認める別除権の制度から見て，他の破産債権者との公平を欠くものである。そこで，別除権の行使によって被担保債権の満足が受けられない範囲に限って，別除権者に破産債権の行使が認められる（破108条本文）。これを不足額（残額）責任主義と呼ぶ。ただし，破産手続開始後に破産管財人と別除権者との合意に基づき担保権によって担保される債権の全額または一部について担保しなくなったときは，当該別除権者はその全額または一部について破産債権として行使することができる（破108条但書）。

なお，別除権の目的である財産が破産管財人による任意売却や財団からの放棄によって破産財団に属さなくなった場合であっても，その担保権が存続するときは，当該担保権者はなお別除権を有するとされるため（破65条2項），当該担保権者の破産債権行使には当然に不足額責任主義の適用がある。

破産債権の届出については，別除権の目的である財産と別除権の行使によって弁済を受けることができないと見込まれる債権の額を届け出なければならない（破111条2項1号・2号）。別除権者は，中間配当に関する除斥期間に，破産管財人に対し，当該別除権の目的である財産の処分に着手したことを証明し，かつ，当該処分によって弁済を受けることができない債権の額を疎明しなければならない（破210条1項）。これにより，換価着手の証明または不足額の疎明がなされなければ除斥される。不足額の疎明がなされても，中間配当においては，不足額が確定するまで寄託される（破214条1項3号）。最後の配当についても，除斥期間内に不足額の証明がされないと，別除権者は最終的に配当から除斥され，寄託された配当金は他の破産債権者に配当される。つまり，破産手続においては，別除権の行使が終了して不足額が明らかとなっていない限り，別除権者による破産債権の行使は，結局のところ排斥されてしまうということに留意せねばならない。

> 準別除権

破産手続開始決定がされることにより，破産者の有する財産は破産財団と自由財産とに二分される（破34条1項乃至3項）。このとき，自由財産ついて担保権を有する破産債権者と他の破産債権者との利害について調整が必要である。破産債権者が「破産財団に属しない破産者の財

産につき特別の先取特権，質権若しくは抵当権を有する者」であるときは，当該破産債権者は，その担保権の行使によって弁済を受けることができない額についてのみ破産債権を行使できる（破108条2項）。自由財産とされた財産に担保権を有しながら，破産手続において破産債権として全額を行使しうることは，他の破産債権者との権衡上，問題であるため，不足額（残額）責任主義が妥当するものとしたのである。

同様のことは，破産者について第二破産が開始された場合にも生ずる。第一破産の破産債権者も第二破産の破産債権者となるのであるが（破2条5項），第二破産の破産債権者は第一破産の破産債権者たりえないため，第一破産の破産債権者が第二破産において破産債権全額の行使ができるとすると公平を欠く。そこで，「破産者につき更に破産手続開始の決定があった場合における前の破産手続において破産債権を有する者」にも不足額（残額）責任主義が適用される。

これらの破産債権者は厳密な意味で別除権者ではないが，破産法における不足額（残額）責任主義が適用されるという意味で，このような権利を準別除権と呼んでいる。

II 各　論

各論では個別の担保権に特有の問題点をピックアップして紹介する。典型担保，つまり担保物権の実行に関しては，主として民法の担保物権および民事執行法の担保権の実行で規律されている。譲渡担保などの非典型担保については，破産法2条9号の規定にかかわらず，特定の財産につき優先弁済効という担保権としての性質を有していれば，別除権として処遇される（仮登記担保法19条1項参照）。

典型担保――担保物権に基づく場合

（1）**根抵当権**　根抵当権も抵当権として当然に別除権である（民398条の2以下）。根抵当の特徴は，総元本が極度額の範囲内で変動することが予定されていることである（民398条の2第1項）。根抵当権の元本は債務者または根抵当権設定者が破産手続開始の決定を受けたときに確定するが（民398条の20第1項4号），極度額の範囲内であれ

ば，被担保債権に含まれるすべての利息を担保することとなる（民398条の3第1項）。また，破産手続開始後の利息（劣後的破産債権）も被担保債権に含まれ，不足額算定の基礎となる。なお，最後配当においては，不足額の証明がない場合であっても，極度額を超える部分について破産債権として配当を受けるという特別規定がある（破196条3項）。

極度額については，根抵当権者（典型的には金融機関）が破産者の危機時期に手形割引によって取得した破産者に対する手形上の請求権を被担保債権とすることが問題となる（回り手形）。危機時期における債権者平等に反することから，回り手形に基づく債権は，善意で取得した場合を除き，根抵当権の行使は認められないとされる（民398条の3第2項1号・2号）。

(2) **動産売買先取特権** 破産者が破産手続開始前に売主との間で動産の売買契約を締結し動産の占有を得たが代金を完済しないうちに破産したとき，売主は，特別の先取特権である動産売買先取特権（民311条5号，321条）に基づき，売買代金債権の引当として売買目的物である当該動産につき換価権及び優先弁済権があるとして別除権を主張することがある（破2条9項）。具体的には，売主は，破産手続開始後において破産財団の中に売買目的物たる動産が現存する限りにおいて，当該動産につき別除権を有することになる（目的物が現存しない場合についてはコラム6-1参照）。先取特権は追及効を有しないが（民333条），破産管財人は第三取得者とは認められないからである。

別除権としての実行方法であるが，動産売買先取特権には，破産手続によらない方法として，担保権の実行としての動産競売が予定されている（民執190条）。2003（平成15）年以前の民事執行法では，動産競売の申立てに際し，当該動産を執行官に提出するか，占有者の差押承諾文書の提出が要求されていた（民執旧190条）。しかし，この方法では，当該動産の占有者である破産管財人の協力を引き出すことが困難であって，別除権として機能しないことが明らかとなり，2003（平成15）年改正により，担保権証明文書を提出した債権者（売主）の申立てがあれば，執行裁判所が動産売買開始決定をし，これに基づいて動産競売が行われることとなった（民執190条1項3号・2項）。

(3) **商事留置権** 民事留置権は，破産者の一般財産を債務の引当にするものであり，特定の財産を引当とする担保権ではないため，「破産財団に対して

❖コラム6-1　動産売買先取特権に基づく物上代位

　動産売買契約において，売主から売買目的物の引渡しを得た買主が破産したとき，すでに破産財団には当該動産は転売によって現存しないが，破産財団が転売代金債権を有している場合がある。追及効なき特別の先取特権ではあるが，「先取特権は，その目的物の売却，賃貸，滅失又は損傷によって債務者が受けるべき金銭その他の物に対しても，行使することができる。」（民304条本文）。これを物上代位という。この物上代位権が破産手続においても別除権として主張されうるのかが問題である。

　この問題は，先取特権制度の理論的位置づけに始まり，「ただし，先取特権者は，その払渡し又は引渡しの前に差押えをしなければならない。」という民法304条但書の規定の解釈問題として議論がなされた。消極説は，公示制度をもたない先取特権は民法304条但書の差押えによって初めて担保権として行使することができるのであって，破産という包括執行がされた後にされた差押えでは担保権を主張することはできないというものであった。積極説は，先取特権に基づく物上代位は権利としてすでに存在するのであり，民法304条但書の差押えは転売代金債権の特定性を保持するために必要とされているだけであるとした。判例（最判昭和59・2・2民集38巻3号431頁）は，破産手続開始決定による転売代金債権の管理処分権が破産管財人に移行することは民法304条但書のいう「払渡し又は引渡し」にあたらないとして積極説をとるに至った。

　なお，物上代位に基づく担保権の実行は，その担保権を証明する文書が提出されたときに限り開始する（民執193条1項）。

はその効力を失う。」（破66条3項）。これに対し，商事留置権は，「破産手続開始の時において破産財団に属する財産につき存する商法又は会社法の規定による留置権は，破産財団に対しては特別の先取特権とみなす。」（破66条1項）とされ，別除権である。ただし，留置権自体が消滅することはない（最判平成10・7・14民集52巻5号1261頁）。なお，商事留置権者と破産財団との適切な調整を図るため，商事留置権の消滅請求が規定されている（破192条）。

非典型担保――非典型契約に基づく場合

(1) 所有権留保　割賦販売契約の売主が完済に至るまでの代金支払を担保するため，売買目的物の占有のみを買主に移転し，完済のときまでその所有権を売主に留保するという非典型契約がある。これを所有権留保という。所有権留保売買において，代金完済前に買主について破産手続が開始されたとき，売主は目的物の所有者として取戻権を有するか，それとも担保としての実質に注目し，別除権者として別除権の行使にとどまるのかが問題となる。通説的理解は，所有権留保の法的性質を担保権の一種と捉えており，別除権として構成する。

❖コラム 6-2　集合動産譲渡担保

　集合動産譲渡担保は，譲渡担保設定者（破産者）が将来取得する在庫商品について担保権を設定する非典型契約である。たとえば「1番埠頭にある当会社所有の倉庫にある商品一式」に担保が付されるような契約である。このような契約が実体法上有効であるためには，集合動産の範囲について特定していることが必要である。判例（最判昭和54・2・15民集33巻1号51頁）は，構成部分が変動する集合動産譲渡担保について，一個の集合物として譲渡担保の目的とすることができ，その種類，所在場所あるいは量的範囲などを指定することにより特定があったものとする。

　別除権の主張については，破産手続開始時に破産債権者に対する対抗要件を具備していなければならない。譲渡担保であるため，その対抗要件は引渡し，つまり占有の移転である（民178条）。この引渡しには占有改定も含まれる（民183条）とするのが判例・通説であるが，占有改定が公示機能をもたず，ひいては破産債権者の利益が害される虞があるとして，明認方法を施すべきであるとの有力説もある。

　なお，動産売買先取特権の目的動産が集合動産譲渡担保の目的動産に含まれている場合に，いずれの別除権が優先するかが問題である。判例（最判昭和62・11・10民集41巻8号1559頁）は，占有改定を対抗要件として認めることから集合動産譲渡担保権のみを別除権としているが，争いがある（伊藤眞『破産法・民事再生法〔第2版〕』（有斐閣，2009年）356頁，357頁（注70）参照）。

　別除権の実行方法としては，売主が買主より目的物の引渡しを受けて，目的物を評価し，清算する。清算終了後に剰余金があればこれを破産管財人に引き渡し，不足額があれば売主は破産債権者として破産手続に加わる。なお，破産手続開始決定前に売主が契約を解除している場合も所有権留保に基づく別除権の実行中であると考えられ，売主は破産管財人を相手方として清算を続けることができる。

(2)　**譲渡担保**　　譲渡担保とは，債権を担保するために，譲渡担保権設定者（債務者・第三者）所有の財産を債権者（担保権者）に移転し，被担保債権が弁済されれば当該財産の所有権が設定者に回復し，完済がなければ担保権者がその財産の所有権を確定的に取得したうえで財産の価額と被担保債権との清算を行うか（帰属清算型），当該財産を処分し清算を行うか（処分清算型）のいずれかにより債権の回収を図る非典型契約である。

　別除権との関係でいえば，譲渡担保設定者が破産した場合が問題となる。譲渡担保の法律構成としては，所有権という形式をとった担保権が譲渡担保権者に，譲渡担保設定者には担保権の付着した所有権が帰属する。したがって，破

産の場合には，担保権の付着した所有権が破産財団に帰属し，譲渡担保権者は別除権を行使することになる（会社更生の事案であるが，譲渡担保を更生担保権とする判例がある。最判昭和41・4・28民集20巻4号900頁）。法律によらない別除権の実行方法による取戻しも認められるので（破185条1項），取戻権と構成しても大差がないわけではないが，破産管財人の介入（上記1⑷）が認められる点で違いを見出しうる。

なお，破産手続開始までに譲渡担保権の実行が終了していれば，別除権の行使の問題は生じない。では，いつの時点で譲渡担保権の実行が終了したといえるのか。通説は，帰属清算型で清算金が発生した場合は清算金の支払い時，清算金が発生しなければ当該財産を担保権者に帰属させる旨の意思表示が譲渡担保設定者に到達した時，さらに，処分清算型では第三者への処分契約時とする。

第7章
破産手続における相殺

I 破産手続における相殺の意義と機能

相殺の意義　**(1) 相殺とは**　相殺とは，各債務者が互いに債務を負担している場合に，その一方の意思表示により，各債務の対当額につき債務を免れることである（民505条，506条1項）。相殺をするためには，両債務が，①同種の目的を有し，②弁済期にあり，③性質上相殺が許されない場合でないこと，など相殺をなすに適した状態（相殺適状）が存在しなければならない。

たとえば，AがBに対して甲債権（1000万円の金銭債権）を，BはAに対して乙債権（800万円の金銭債権）を有し，両債権ともに弁済期がすでに到来しているとする。この場合，相殺が法律上または当事者の合意によって禁止されない限り（民505条1項ただし書，同条2項等参照），A，Bのいずれからでも，相殺の意思表示をすることができる。仮にAが相殺の意思表示をしたとすると，相殺適状になったときに遡って（民506条2項），対当額（800万円）で各債権（＝債務）が消滅する結果，Aの200万円の債権が残ることになる。

(2) 破産手続における相殺　上記の例で，Bが破産手続開始決定を受けた状況を想定すると，Aは相殺をすることによって800万円の債権を失う代わりに，同額の債務からも解放されることになり，残った200万円の債権を破産債権として行使することになる。一方，乙債権は，Bの破産財団に所属する財産となるから，管理処分権を失ったBはもはや相殺をすることができず，破産管財人が相殺権を行使することになる（ただし，管財人の相殺権は，後述するように裁判所の許可がある場合にのみ行使できる）。

相殺の機能

(1) **相殺の担保的機能**　相殺は，意思表示のみによって債権債務を消滅させる簡易決済機能をもち，財産清算手続としての破産手続と目的を共有する面がある。もっとも，破産手続との関係でより重要なのは，相殺の担保的機能である。上述の例で考えてみよう。Bが破産手続開始決定を受けると，Aの有する甲債権（自働債権）は破産債権となり，その実質的価値は大きく下落する。しかし，乙債権（受働債権）があることによって，相殺が可能となり，Aはそれによって800万円の債務を消滅させることができるから，甲債権のうち，800万円分につき弁済を受けたのと同じ効果を得ることができる。これはあたかも甲債権の履行確保のために乙債権に設定された担保権（質権）が実行された場合と同様の効果が生ずるから，相殺の担保的機能と呼ばれるのである。

(2) **金融取引における相殺の重要性**　このような相殺の機能は，とりわけ金融機関がその貸付債権を回収する場面で重要な意味をもつ（貸付債権を自働債権とし，預金債権を受働債権とする相殺）。そのため，顧客との融資取引の基本的約定（銀行取引約定書7条等）には，顧客の経営危機状況が生じた場合の金融機関による相殺可能性について定めがおかれている。この定めは，金融機関が相殺の担保的機能をあらかじめ確保するものとして，基本的にはその有効性が認められるが，他方で，相殺の前提としての顧客側の期限の利益の喪失やいわゆる預金拘束（預金の払い戻しを凍結すること）に関する条項が過度に金融機関側に有利であるときは，その有効性が争われることもある。

破産手続における相殺の範囲の規律

(1) **相殺の範囲の拡張と制限**　すでに説明した担保的機能，言い換えればAの相殺への正当な期待は，破産手続においても保護する必要がある。破産法67条1項が，「破産債権者は，破産手続開始の時において破産者に対して債務を負担するときは，破産手続によらないで，相殺をすることができる」と規定するのは，その趣旨である。さらに，破産手続における破産債権者からの相殺については，民法の原則よりも相殺の範囲が拡張されている面がある。すなわち，自働債権（破産債権）が破産手続開始時に非金銭債権または期限未到来であってもいわゆる金銭化（破103条2項）・現在化（同条3項）により相殺適状が形成されることがある。

また，民法における相殺可能性を確認し，その手続を明確にしている面もあ

る。たとえば、自働債権が解除条件付であっても相殺は可能である（破67条2項前段。ただし、受働債権の額につき担保の供与または寄託が必要である（破69条参照））。また、受働債権が期限付、条件付であるとき、または将来の請求権に関するものであるときも、同様に相殺可能性が明文で認められている（破67条2項後段）。

なお、再建型手続においては、再生・更生債権につき破産法のような現在化等の定めがなく、しかも、債権届出期間満了までに相殺適状が発生していることが相殺の要件となっている（民再92条、会更48条等参照）。これと比べると、破産手続における相殺権の範囲は広くなっている点に注意が必要である。

(2) **賃貸人破産時の破産債権者による相殺の範囲** 賃貸人が破産した場合の賃料債権の取り扱いに関しては、旧法以来特別の規律が設けられてきたが、2004（平成16）年に重要な見直しがなされた。相殺についても、賃料債権を受働債権とする賃借人側からの相殺の範囲に関して賃借人（破産債権者）の相殺への期待を保護する方向での見直しがなされている（なお、賃料の前払いまたは賃料債権の処分（譲渡等）の効力の制限（破旧63条）の廃止については、第5章Ⅰ参照）。

たとえば、賃借人が手続開始時において、賃貸人に対して100万円の債権（破産債権）をもっていた場合、賃料債権が月10万円だとすると、賃借人は、破産手続開始後に弁済期が到来する賃料債権の10ヶ月分（100万円）を受働債権として（期限未到来でも、期限の利益を放棄して相殺に供することができる。破67条2項後段参照）、自己の上記破産（自働）債権と相殺することができるのが原則である。しかし、この結果は、相殺可能な範囲で賃料が破産財団に入ってこず、賃借人一人の満足に充てられることを意味するため、旧法の下では財団確保と相殺の利益とのバランスをとるべく、受働債権となりうるのは手続開始時の当期または次期の賃料債権のみとされていた（破旧103条等参照）。しかし、「相殺権の行使が広く認められる破産手続において、賃料債権を受働債権とする相殺のみを特別に制限することには、十分な理由を見出しがたい」として、この旧規定は削除された。したがって、賃借人からの相殺については、上記の原則が適用され、賃借人の相殺への期待は保護される。なお、賃貸借契約に伴って敷金が支払われているときは、その返還請求権は破産債権（停止条件付債権）となる

❖ **コラム7-1　破産手続に関係する特別の相殺**
　本文では，自働債権が破産債権で，破産財団所属債権を受働債権としてする相殺（破67条の適用対象）と，自働債権と受働債権を逆にして破産管財人から相殺をする場合（破102条の適用対象）を説明した。しかし，それ以外にも，広い意味で破産手続に関係する相殺として，①破産債権と自由財産所属債権，②非破産・財団債権と財団所属債権，③財団債権と破産財団所属債権，および④財団債権と自由財産所属債権の相殺などがありうる。①については，破産債権者からの相殺は許されない（破産債権の取立を許すことになるからである）が，破産者からの任意の相殺を禁じる理由はない。②は，それぞれの債権に実質的対立関係が存在しないから（非破産・財団債権については，破産財団が責任財産となるわけではないから，管財人はかかる債権について履行の義務を負うことはない），いずれの側からも相殺は許されない。③については，財団債権に基づく強制執行が禁止されること（破42条1項2項）との関係で，財団債権者からの相殺の可否が議論されているが，相殺は，強制執行というより担保的利益の実現であるとして（破152条1項但書参照），財団債権者からの相殺を認めるのが通説である（大阪地判昭和45・3・13下民集21巻3・4号397頁も同旨）。最後に，④については，財団債権に関する破産者の責任を否定する立場に立つときは，財団債権者からの相殺は否定されるが，破産者からの相殺は，財団の利益のためにする第三者の弁済（民474条1項本文）に準じるものとして許される。
　なお，破産免責の対象となった債権を自働債権として相殺ができるかという問題については，これを肯定する下級審の裁判例がある（名古屋地判平成17・5・27判時1900号135頁）。

ため，直ちに相殺はできないが，破産管財人に対して敷金額の限度で，賃料債務の弁済額の寄託を求めることができる（破70条後段。もっとも，この場合，同条前段の「後に相殺をするため」という文言にかかわらず，賃借目的物の引渡により確定した敷金は未払賃料等に当然充当されるとする判例の理解に立つと，当然充当された範囲で，寄託された賃料相当額は相殺を要することなく賃借人に返還されることになろう）。これに対して，民事再生・会社更生手続では，事業再生のための賃料収入を確保するという観点から，相殺が一定範囲に制限されることについては，民事再生法92条2項3項，会更48条2項3項等を参照。
　(3)　**相殺の制限**　以上のように，破産手続においては，破産債権者の正当な相殺への期待は基本的に保護されている。しかしその一方で，上記の破産法67条1項は，破産手続開始時点で，相殺適状になっていることを前提とするから，たとえば，破産債権者が手続開始後に債務を負ったときは，破産債権者の主観的事情等の追加的要件の如何に関わらず相殺は許されない（破71条1項1

号参照)。また，これに限らず，相殺権の行使により，破産財団を不当に減少させたり（財団所属財産である受働債権の消滅），債権者間の公平を害したりするときには，相殺権を制限する必要がある。破産財団の確保という観点からは，この方向に関心が向けられるから，破産手続における相殺制限の範囲は，破産法上最も重要な問題の１つとして議論されている（詳細については，Ⅱで解説する）。

なお，本章においては，破産債権者が，破産債権を自働債権とし，破産財団に属する債権を受働債権として相殺をする場合を念頭において解説している。前述のように，相殺は，破産管財人が破産財団所属債権を自働債権としてすることも可能であるが，この相殺は一般的には破産財団の減少という効果を導くため，破産債権者の一般の利益に適合する例外的場合（たとえば，財団所属債権の実質的価値が破産債権よりも明らかに小さい場合）にのみ裁判所の許可を得て行うべきものとされている（破102条参照）。

Ⅱ　破産手続における相殺の制限

相殺制限の趣旨と解釈　破産手続における破産債権者からの相殺に関しては，前述のように，破産手続開始の時において破産者に対して債務を負担する破産債権者の相殺への期待を保護すると同時に，相殺による財団財産の減少と債権者間の不平等の発生を回避する必要がある。相殺制限はいうまでもなく後者の要請を実現しようとするものであり，破産財団の維持のために重要な問題となる。破産法は，以下に見るように，相殺の制限について細かい規定をおくが，その解釈に際しては，破産財団の確保や債権者平等の実現といった相殺制限の積極的目的だけでなく，破産債権者の相殺への正当な期待を侵害することがないよう，十分に配慮する必要がある。

破産手続における相殺の制限　まず，当事者が相殺をしない旨を合意した場合（民505条2項）や不法行為債権を受働債権とする相殺（民509条）など，すでに民法上相殺が禁止されている場合がある。これらの場合には，破産手続上も相殺は禁止される。破産法においては，これらに加えて，破

産財団を確保し，債権者の平等を図る目的で，特別の相殺禁止（制限）規定がおかれている（破71条以下）。これらの破産法の規定は強行規定であるから，関係者の合意によっては回避することができない（最判昭和52・12・6民集31巻7号761頁）。

(1) 破産債権者の債務負担と相殺禁止（破71条1項）

(a) 破産手続開始後の債務負担（1項1号）

破産債権者が手続開始後に負担した債務（たとえば破産管財人との取引で生じた債務）を受働債権とする相殺は禁止される。破産手続における相殺適状の基準時は手続開始時だから（破67条1項参照），その時点で受働債権が成立していない以上，破産債権者に相殺による債権回収への正当な期待は認められず，他方で相殺を許すことは破産財団の充実および債権者の平等を害することになるからである。

問題になるケースとして，受働債権が停止条件付で，手続開始後に条件が成就した後に相殺ができるかが争われるが，停止条件付債権を受働債権とする相殺も認められているのであるから（破67条2項本文），合理的な相殺への期待が認められる限りで，相殺は許容される。判例も，「［破産債権者］の債務が破産宣告［破産手続開始決定］の時において停止条件付である場合には，停止条件不成就の利益を放棄したときだけでなく，破産宣告後に停止条件が成就したときにも，同様に相殺をすることができる」として，破産手続開始後に保険契約の満期が到来し，または解約がなされた場合の返戻金債権を受働債権とする相殺を認めている（最判平成17・1・17民集59巻1号1頁）。ただし，譲渡担保権者が破産手続開始後に担保権を実行した結果生じた剰余金返還債務を受働債権として相殺をすることは，かかる受働債権の発生が確実ではなく，したがって譲渡担保権者＝破産債権者が保護されるべき相殺への期待を持っていたとはいえないことを考慮すると，相殺は認められないというべきである（現在は廃止された会社整理に関する例であるが，同趣旨の判例として，最判昭和47・7・13民集26巻6号251頁がある。上記最判平成17・1・17は，この1972（昭和47）年判決について「事案を異にし本件に適切でない」と述べる）。

(b) 支払不能後の債務負担（2号）

支払不能は，債務を一般的継続的に弁済できない状況であり，その時点から

特別の倒産法的規律が適用される。支払不能後の債務負担についても相殺禁止の対象とされることもその1つの現れである。もっとも，2号は，相殺禁止の要件として，「契約によって負担する債務を専ら破産債権をもってする相殺に供する目的で破産者の財産の処分を内容とする契約を破産者との間で締結」したか，契約によって他の債務者の債務を引き受けたことが前提となる旨を定めている。とくに前者の要件については，「専ら」および「破産者の財産の処分を内容とする契約を破産者との間で締結」したという文言の解釈次第で，禁止の範囲が異なってくる点に注意が必要である。

たとえば，支払不能後に破産債権者が破産者から商品を購入して債務を負うに至った場合，それが「専ら」相殺だけを目的にした取引の場合には相殺は禁止されるが，それが従前からの継続的取引の一環としてなされるときには相殺が禁止されることはない。また，破産者が銀行に預金口座を有している場合，支払不能後に破産者の取引先から当該口座への振込みがあったときに，銀行（破産債権者）と破産者との契約の存在を認めることができるかは問題である。この場合の受働債権の発生は銀行と破産者との預金（消費寄託）契約に基づくものと解する余地もあるが，この預金契約は預金口座開設時の銀行取引約定に基づいて自動的に発生するものである点に着目すれば，独立の契約であることを否定する考え方もありうる。

本号により相殺が禁止されるのは，債務を負担する契約締結当時，支払不能であったことを破産債権者が知っていた場合に限られる。同様の要件は，3号および4号にもある。

なお，後述のように，1項2号から4号までの相殺禁止に関しては，2項各号による例外が認められる。

(c) 支払停止後の債務負担（3号）

支払停止は，一般的・継続的に弁済期に来た債務を支払うことができないことを外部に示す債務者の行為であり，破産債権者がそれを知って債務を負担した場合にも，相殺は禁止される。この場合には，2号のような債務負担の原因についての要件は存在しない。支払停止ではあっても支払不能ではないときには，本号による相殺禁止は適用されないが（本号但書参照），このようなケースは，債務者が，支払能力を有するにもかかわらず支払不能であると誤認して，

支払を一般的に停止した場合などしか考えられず，実際にはごく例外的といえる。

(d) 申立て後の債務負担（4号）

破産手続開始申立て後の債務負担の場合も，破産債権者がその負担当時申立てがあったことを知っていたときは，相殺は許されない。この場合には，開始申立てという手続的に明確な事実が要件になっているから，支払不能でなかったとしても，相殺禁止は免れない。

(e) 相殺禁止の例外（2項）

上記の1項2号から4号の相殺禁止には，3つの例外が定められている。すなわち，債務負担が(i)法定の原因に基づくとき（2項1号），(ii)破産債権者が支払不能等について悪意になった時より前に生じた原因に基づくとき（同2号），および(iii)手続開始申立てより，1年以上前に生じた原因に基づくとき（同3号）である。(i)は，債務負担が相続や合併などの法定の原因によるときは，債務負担につき破産債権者等の作為や意思は介在しないことを考慮したものである。また，(iii)は，原因発生から1年たっても破産手続申立てがなされないときは，あまりにも長期間破産債権者を不安定な状況におくことになるから，相殺禁止の例外としたものである。

解釈上議論があるのは，(ii)（2号）の例外である。この例外の根拠は，債務負担の原因が破産者の支払不能等に関する破産債権者の悪意より前にあるときは，その時点で相殺への正当な期待が成立していると考えられることにある。判例では，銀行が支払停止等の前に，破産者との間で，破産者の手形等を取り立ててその取得金を債務の弁済に充当できる旨の合意をしていたときは，銀行が支払停止等の事実を知って取り立てた場合でも，取立金引渡債務は「前ニ生ジタル原因」（破旧104条2号但書。現行破産法71条2項2号に該当）にあたるとしたケースがある（最判昭和63・10・18民集42巻8号575頁）。また，下級審裁判例には，銀行，破産者および破産者の取引先の三者間で，取引先は破産者への支払を特定の銀行口座に振り込んで行うと合意する「振込指定契約」が先行しているときは，銀行は支払不能等の後になされた振り込みにより破産者に預金返還義務を負担しても，相殺は許されるとしたものなどがある（名古屋高判昭和58・3・31判時1077号79頁参照）。

(2) 自働債権としての破産債権取得と相殺禁止（破72条）

(a) 相殺禁止の概要（1項）

　破産者に対して債務を負担する者が，破産債権を取得してそれを自働債権として相殺をする場合にも，ほぼ71条に対応した相殺禁止規定がおかれている。すなわち，まず手続開始後の破産債権取得の場合であり（破72条1項1号），さらに，支払不能後（同2号），支払停止後（同3号），開始申立て後（同4号）にそれぞれ支払不能等の事実を知って破産債権を取得した場合である。これらの相殺禁止の根拠も，71条1項各号の場合と同じく，かかる相殺を認めることにより，破産財団を不当に減少させ，債権者平等を害することになるからである。以下では，各号の概要と基本問題をみていくことにする。

　まず，1号については，「他人の破産債権を取得したとき」をどのように解するかが議論されている。とくに問題とされているのは，第三者が破産者に代わって破産債権者に対して弁済をした（民474条参照）結果，破産手続開始後に求償権を取得した場合の相殺の可否である。弁済者は求償権の範囲で破産債権者の債権を代位行使できるが（民501条柱書前段），この債権は他人の破産債権と解されるため，1号による相殺禁止の対象となるように見える。しかし，委託を受けた保証人など利害関係をもつ第三者が弁済して得た求償権は，自己の破産債権（手続開始前の原因に基づく将来の請求権（破104条3項本文））が現実化したものと捉えることができるから，「他人の破産債権を取得したとき」とはいえず，相殺は許されると考えるべきである。これに対して，利害関係のない第三者が弁済したとき（民474条参照）は，それによる求償権（事務管理に基づく債権としての性格を持つ）は，実質的には，破産手続開始前の債権の現実化というよりも，他人の債権の取得というべきであって，それを自働債権とする相殺は，1号の類推適用によって許されない（名古屋高判昭和57・12・22判時1073号91頁）。では，委託を受けない保証人が，主債務者の破産手続開始後に保証債務を履行して得た事後求償権を自働債権として相殺ができるか。最判平成24・5・28判時2156号46頁は，かかる無委託保証人の求償権を自働債権とする相殺を認めることは「破産者の意思や法定の原因とは無関係に破産手続において優先的に取り扱われる債権が作出されることを認めるに等しいもの」であるとして，破産法72条1項1号の類推適用を認めた。

第2に，破産法72条1項2号の相殺禁止規定は，破産者に対して債務を負う者が，破産者の支払不能を知りながら，実質的価値が著しく低下した他人の債権を廉価で取得して相殺をし，債務を免れることを許さない趣旨である。71条1項2号においては，「専ら」等の債務負担態様の要件を設定して破産債権者の相殺への期待を保護する措置を講じているのに対して，72条1項2号にはそのような要件は定められていないが，これは，破産者の債務者が破産者の支払不能後に破産債権を取得すること自体が，異常な取引と評価されるからである。

　第3に，破産者に対して債務を負う者が，破産者の支払停止後に悪意で破産債権を取得した場合である（3号）。71条1項3号但書と同様に，当該支払の停止があった時において支払不能でなかったことを相殺をする者が証明したときは，相殺が許される。

　最後に，破産者に対して債務を負う者が，破産手続開始申立後に悪意で破産債権を取得した場合である（4号）。

(b)　相殺禁止の例外（2項）

　破産法72条2項も，71条2項にほぼ対応する規定であり，1項2号から4号までの相殺禁止に関して，その例外を定めている。すなわち，破産者の債務者による破産債権の取得が，①法定の原因によるとき（1号），②支払不能等があったことを破産者の債務者が知った時より前に生じた原因によるとき，③破産手続開始の申立てがあった時より1年以上前に生じた原因によるとき，④破産者に対して債務を負担する者と破産者との間の契約によるときには，相殺の効力は認められる。

　このうち，2号の例外は，71条2項2号と同様に，支払不能等について悪意になる前にすでに存在していた相殺への期待を保護する趣旨である。たとえば，割引手形につき金融機関が破産手続開始後に買戻請求した場合の買戻代金債権が，支払不能等について悪意になる前に締結された手形割引契約を原因として発生した場合は，その債権と預金返還債権との相殺は許される（最判昭和40・11・2民集19巻8号1927頁）。また，破産者とともに連帯債務を負う者が債務の履行によって求償権を得たときは，連帯債務関係が債権取得の原因となるから，それが支払不能等についての悪意の前にあったときは，72条1項2号から

❖コラム 7-2　相殺濫用・相殺否認論等

　破産法71条および72条に基づく相殺禁止には該当しなくても，相殺権が濫用的に行使されるときには相殺を認めるべきではないという議論がある（相殺濫用論）。この理論は，主として次のようないわゆる同行相殺に対処するために発展してきた。
　B銀行甲支店に預金を持つDがAに手形を振り出し，AはDの支払不能の直前にB銀行乙支店にその手形の割引を依頼したとしよう。B銀行のD（破産者）に対する手形金債権（破産債権）は，割引時＝支払不能前の原因に基づいて発生しているから，Dへの預金返還債務と相殺ができることになる。しかし，Aが十分な資力を持っているにもかかわらず，B銀行がAに手形の買戻請求をせずに，あえてDに対する相殺権の行使を選択することは相殺権の濫用になるとされるわけである。
　現行破産法は，相殺禁止の範囲を支払不能時まで拡張したから，相殺濫用論の適用範囲は狭められたといえるが，その意義を失ったわけではない。もっとも，この問題につき，最判昭和53・5・2判時892号58頁は，「約束手形の裏書を受けてこれを所持する者が，その手形の支払を受けることができなくなった場合において，そのまま当該手形を自己の手中にとどめて振出人に対し手形上の権利を行使することとするか，又は手形の買戻請求権ないし遡求権を行使することとするかは，その者が自由な意思により選択決定しうるところである」，と述べて，相殺権濫用論を採用しなかった。
　以上のほか，破産債権者の相殺を否認（後述）の対象として認める見解も有力に主張されている。この議論も，相殺禁止規定が適用されない不当な相殺の効力を否定しようとする点では，相殺濫用論と趣旨を共通にしている。

4号の適用はないとされている（最判平成10・4・14民集52巻3号813頁（旧和議手続の事例））。

　4号の例外は，71条にはみられない規定である。同号により，たとえば，支払不能後に締結した融資契約に基づいて発生した（破産）債権は，72条1項2号の要件を充たすときでも相殺に供することができることになる。このようなケースでは，融資金の受領という財団の利益と引換に債権を取得しているから，他の破産債権を譲り受けて相殺に供するような場合と異なって，財団を不当に減少させたり，債権者平等を害したりすることがないからである。

相殺権の行使　(1) 破産手続外の行使　すでに述べたように，相殺権は破産手続外で行使することができる（破67条1項）。したがって，相殺をする破産債権者は，破産債権の届出をしたり，債権の調査確定の手続を経ることを要しない。破産債権（自働債権）の額が債務（受働債権）額より大きいときは，破産債権の届出をすることになる。この場合，別除権の場

合（破108条1項前段参照）と異なって，いわゆる不足額主義の適用はないので，破産債権全額の届出が可能であるが，相殺をした時点で残った額が配当の基礎となる。

　相殺は，意思表示によってする（民506条1項前段参照）。受働債権は破産財団所属財産であり，その管理処分権は管財人に専属するから（破78条1項），破産債権者による意思表示の相手方は，破産管財人である。

　(2) **相殺権行使の時期**　　相殺権行使の時期については，破産手続では，とくに明確な時期的制限は規定されていない。したがって，破産手続の終結（破220条参照）に至るまでできることになるが，現実には，相殺権が行使されるかどうかはっきりしない状況が続くと，配当手続等に支障がでるため，破産法は，管財人による確答催告制度を用意している（破73条）。すなわち，破産管財人は，破産手続開始決定と同時に定められる破産債権調査期間または期日（破31条1項3号）の経過または終了後，相殺をすることができる破産債権者に対し，1月以上の期間を定めて，その期間内に当該破産債権をもって相殺をするかどうかを確答すべき旨を催告することができる（破73条1項本文。もっとも，催告ができるのは，破産債権者が負担する債務が弁済期にあるときに限る。同項但書）。設定された確答期間内に確答がなかった場合には，催告を受けた破産債権者は，当該破産手続との関係では相殺の効力を主張することができなくなる（同条2項）。

　以上のような破産法の規律は，民事再生・会社更生手続においては，より直接的に債権届出期間内に限り相殺をすることができるものとされていること（民再92条1項，会更48条1項参照）と対照的である。破産手続は，財産清算を目的とするので，配当に支障がなければ特に相殺の時期を制限する必要がないのに対して，再建型手続の場合には，再生・更生計画を作成する関係上，相殺権行使の有無を早期に確定しておくことが必要だからである。

第8章
破産手続における否認権

I　否認権の意義

否認権とは何か　破産手続開始決定（破30条1項）があれば，債務者は破産者と称され（破2条4項参照），破産財団（破2条14項，34条）に属する財産について管理処分権を失う（破78条1項）。破産債権者（破2条6項）は，原則として，破産手続によらなければ破産債権を行使することができず（破100条1項），破産者は破産手続によらずに破産債権を弁済することが禁じられる。破産手続開始決定後，破産者が破産財団に属する財産に関してした法律行為は破産手続との関係では効力を否定される（破47条1項）。破産財団に属する財産は，破産債権者に対する配当の原資となる（破193条1項）。このようにして，破産手続開始決定があれば，債務者はその財産の処分について法的な拘束を受け，破産財団から債権者への公平な弁済（破194条参照）がされる。これらは，「財産拘束」とも呼ばれ，債務者が破産手続開始時に有する財産を清算することによって債権者が集団的に公平かつ最大限の弁済を得られるようにすることを目的とした破産手続開始決定の効果である（破産制度の目的について，破1条参照）。

これに対して，破産手続開始決定の前には（破産手続開始申立て後に破28条による保全処分がされた場合等は別として），債務者は，本来，自分の財産を自由に処分できる。複数の債権者のうち一部の者に先に弁済をしたり，担保を供したり，あるいは，新たに債務を負担したりすることも自由である。

しかしながら，債務者は，その財産状態が悪化し，経済的窮境に陥ると，事業や生活のための必要性から，財産を不当な安価で処分したり，財産を隠匿す

る手立てをしたり，一部の債権者による抜け駆け的な債権回収に応じたりすることがある。これらの債務者の行為も破産手続開始決定の前にはすべて自由だということになると，後に破産手続開始決定がされたときに，既に一般債権者に配当すべき財産が乏しくなってしまっていて，破産手続の実効性が保たれず，前記のような破産制度の目的が実質的に達成できないという結果が生じてしまう。

そこで，債務者について破産手続が開始された場合には，その前にされていた一定の行為について，破産財団との関係で法的な効力を失わせ，その行為によって逸出していた財産を破産財団に回復して破産財団を増加させ，債権者への配当の確保や債権者間の公平を図るための制度が必要となる。これが，否認権の制度である。

否認権については，破産法160条から176条までに規定されている。否認権は，破産管財人が，破産手続開始決定後に否認の請求，否認の訴えの提起または抗弁によって行使する（破173条1項。後記Ⅲ）。

否認権の法的性質については，破産手続開始後に，破産手続開始前の一定の行為の効果を，破産財団と否認の相手方との関係で（相対的に），行為時にさかのぼって（遡及的に），無効にする実体法上の形成権であると解するのが通説である。

なお，民事再生手続や会社更生手続の開始後にも否認の制度がある（民再127条～141条，会更86条～98条）。これらの制度でも，否認の実体的な要件や効果については破産法に基づく否認の場合と基本的に同じである。そこで，本書は，主として破産法を対象に否認権に関する叙述をする。ただし，民事再生手続においては行使主体について特色があるので，本章Ⅲのコラム8-4で取り上げる。

否認権の対象——財産減少行為と偏頗行為　破産法は，否認権の対象となる行為として，大きく分けて2つの行為を定めている。

1つは，債務者の財産を不相当に低い価格で売ったり（廉価売却），無償で譲渡したり（無償譲渡）するなど，債務者の総財産を減少させる行為である。これらを「財産減少行為」という。配当の原資となる債務者の責任財産を絶対的に減少させるので，すべての一般債権者を害する行為である。破産法160条と

❖コラム 8 - 1　詐害行為取消権と否認権

　財産状況の悪化した債務者がした行為の効力を失わせる民法上の制度として，詐害行為取消権がある（民424条〜426条）。詐害行為取消権と否認権とは，ローマ法における「パウルスの訴権」という同じ起源をもち，債権者のために責任財産の回復を図る制度という共通性がある。ただし，否認権は法的倒産手続開始決定後に破産管財人が否認の請求，否認の訴えの提起または抗弁によって行使するものであるのに対し，詐害行為取消権は，法的倒産処理手続の開始を要件とせずに，個々の債権者が，訴えの提起により行使するものであるという違いがある（私的整理などの裁判外の倒産処理方法が用いられる場合には，否認権は行使できないので，詐害行為取消権がその役割を受け持つことになる。なお，総破産債権者について詐害行為取消権の消滅時効（民426条）が完成しても否認権が消滅するわけではない。最判昭和58・11・25民集37巻9号1430頁）。また，その他の要件や効果においても差異がある。これに関連して，現在検討が進められている民法（債権法）改正の動きも注目される。
　これらの共通性と相違点を基礎として，破産法は，詐害行為取消訴訟の係属中に破産手続が開始した場合の当該訴訟手続の取扱いに関する規定を置いている。このような場合に詐害行為取消訴訟の訴訟手続は中断し，破産管財人は，中断した訴訟手続を受け継ぐことができるというものである（破45条1項・2項前段。再生手続と更生手続については，民再40条の2第1項・140条1項前段，会更52条の2第1項・2項前段）。これは，破産手続開始後は，責任財産の回復のための方法を破産管財人による否認権の行使に一元化するのが適当だという考え方に基づく。この場合，相手方（詐害行為取消訴訟の被告）も受継申立てをすることができるとされているが（破45条2項後段，民再140条1項後段，会更52条の2第2項後段），相手方が受継申立てをしたときに，破産管財人が受継する義務があるかどうかについては議論がある。詐害行為取消訴訟を追行した一債権者の訴訟行為の結果が不十分であった場合に破産管財人がこれに拘束されるのは合理的でないこと，破産管財人がより簡易な否認の請求の手続による否認権行使をする自由を認めるべきであること，破45条2項前段の規定が「受け継ぐことができる」と破産管財人の裁量を認める文言となっており，同条5項前段や民訴124条1項後段の「受け継がなければならない」との文言と書き分けられていることなどから，破産管財人に受継義務はないとするのが比較的多数の見解であり，この考え方に従うべきである（受継拒絶を認めた旧法下の裁判例として，東京地決昭和49・9・19判時771号66頁，東京地判昭和50・10・29判時818号71頁）。この考え方からは，破産法45条2項後段が実質的に空文となり得るが，相手方が破産管財人の選択を促すといった意味のみは認められる。したがって，破産管財人には，①受継，②否認の別訴または③否認の請求，④いずれも行わないとの選択権があることになる。ただし，これに対しては，破45条2項後段の文言を重視し，相手方が受継申立てをすれば破産管財人に受継義務があり，訴訟状態が相手方に有利とみられても，破産管財人はその訴訟状態による拘束を拒絶できないとする見解も有力である。

161条がこの「財産減少行為」として否認の対象となる行為の要件を定めている。破産法160条1項1号, 2号に「破産債権者を害する行為」等と表現されているように,「財産減少行為」は,(狭義の)「詐害行為」ともいわれ,財産減少行為の否認は,「詐害行為否認」と呼ばれる。

　もう1つは,複数の債権者のうちの一部の債権者に弁済したり担保を供与したりするなどの行為である。これらを「偏頗行為」という。これらは,債務者が財産（積極財産）を供出した分だけ債務（消極財産）を減少させるので,債務者の総財産の計数上の金額には変動はなく,形式的には「財産減少行為」とはいえない。しかし,債務者の財産がすべての債権者を満足させることができない状態になっている時点で,一部の債権者のみに額面どおりに弁済や担保の供与を行うことは,他の債権者が債権の一部の割合的弁済を受けることしか期待できない状況であることを考えると,債権者間の公平を害するものであり,債権者が集団的に公平かつ最大限の弁済を得られるようにするための破産制度の実効性を阻害することになる。そこで,破産法162条は,「既存の債務についてされた担保の供与又は債務の消滅に関する行為」（同条1項柱書）につき,一定の要件がある場合に偏頗行為として否認できるものとしている。偏頗行為の否認は「偏頗行為否認」と呼ばれる。

　ところで,「債務の消滅に関する行為」であっても,その債権者の受けた給付の価額が当該行為によって消滅した債務の額より過大である場合には,債務者の財産の総額を減少させるものであるので,財産減少行為としての否認（詐害行為否認）の対象となりうる（破160条2項）。債務の額に比べて不相当に高額な目的物による代物弁済（過大な代物弁済）がその典型例である。過大な代物弁済については,偏頗行為としての否認の要件をも満たすことがある（本章Ⅱ3参照）。

　以上のように,破産法は,否認の対象となる行為を財産減少行為（狭義の詐害行為）と偏頗行為に区別し,前者について160条,161条で,後者について162条で否認の要件を定めている。これらの財産減少行為と偏頗行為とを合わせて（広義の）「詐害行為」ということがある。

II　否認権の要件

1　否認権の一般的要件

> 破産者の行為の要否

否認の対象となる行為の一般的要件として，債務者（破産者）の行為であることを要するかという問題がある。

判例は，執行行為の否認（破165条）に関しては，旧法の故意否認（旧破72条1号。債務者の詐害意思が要件。現行の破160条1項1号がその流れをくむ）が問題となった場合について，強制執行を受けるにつき破産者の「害意ある加功」がある場合に限って否認の対象となるという趣旨を判示するもの（最判昭和37・12・6民集16巻12号2313頁）がある一方で，旧法の危機否認（旧破72条2号。支払停止または破産申立ての後の詐害行為の否認。現行の破160条1項2号，162条1項1号がその流れをくむ。ただし，破162条1項1号は支払不能後の行為が対象）についてはこのような破産者の加功は不要であるとする（最判昭和48・12・21判時733号52頁，最判昭和57・3・30判時1038号286頁）。

しかし，判例の姿勢は，執行行為の否認を除いては，故意否認か危機否認かを問わず，債務者の行為またはこれと同視できる第三者の行為のみが否認の対象となるというものである。すなわち，債権譲渡に関する対抗要件具備行為（破164条参照）である第三債務者の承諾（民467条参照）について，判例は，破産者の行為またはこれと同視すべきものでないことを理由に，否認の対象にならないとする（最判昭和40・3・9民集19巻2号352頁）。他方，この判例を引用しつつ，仮登記仮処分命令（旧不登33条。現行不登108条参照）に基づく仮登記について，破産者の行為があった場合と同視できるので否認の対象となるとするものとして，最判平成8・10・17民集50巻9号2454頁：倒産百選36事件がある。債権者による相殺については，破産者の行為を含まないことを理由に，否認の対象とならないとされる（最判昭和41・4・8民集20巻4号529頁，最判平成2・11・26民集44巻8号1085頁。なお，相殺については，否認によるのではなく，相殺禁止（破71条，72条。第7章参照）による対応が考えられる）。債務者の行為があったといえるかが問題になりうる事案で否認を肯定した判例としては，上記最判平成8・

10・17のほか，代物弁済の一方の予約に基づく債権者による予約完結権の行使について，破産申立後に債務者が債権者の予約完結権行使を誘致したことなどを挙げた上で故意否認を認めたもの（最判昭和43・11・15民集22巻12号2629頁），公務員の給与支給機関が破産者（共済組合員）の給与を貸金債権者である共済組合に払い込む行為について，組合員の債務弁済を代行するものであることを挙げて，否認の対象となるとしたもの（最判平成2・7・19民集44巻5号837頁，最判平成2・7・19民集44巻5号853頁）がある。否認を認めた判例は，それらの事案において債務者の行為またはこれと同視できる第三者の行為があったと評価したものといえる。

これに対して，学説上は，執行行為以外の場合でも破産者の行為を必ずしも要しないと解する見解が強い。旧法下では，破産者の詐害意思を要する故意否認では破産者の行為を必要とするが，危機否認ではこれを必要としないとする考え方が多数説であった。現行法下でも，破産者の行為時の詐害的な意思が要件となる場合（破160条1項1号，161条1項2号）には破産者の行為が必要であるが，破産者の主観的要件が問題とならない場合（破160条1項2号，162条1項等）には，破産者の関与がなくても否認が認められうるとの見解が有力である。このような方向が妥当であると考える。この考え方からは，たとえば，債権譲渡の対抗要件具備行為や，代物弁済の一方の予約に基づく債権者の予約完結権の行使などについても，債務者による誘致といった行為がなくても，偏頗行為否認の対象となりうることになる。

行為の有害性と不当性　　伝統的に，否認権の一般的要件として，行為の有害性と不当性が必要であるとされる。

有害性は，旧破産法下で，適正な価格での不動産の売却，一部の債権者への債務の本旨に従った弁済（本旨弁済），担保権者への当該担保の目的物による代物弁済（最判昭和39・6・26民集18巻5号887頁，最判昭和41・4・14民集20巻4号611頁）等について，破産債権者を害するかどうかを個々の事情に応じて判断して否認の成否を決するという意味での理論的な枠組みまたは根拠として援用されてきた。しかし，現行破産法では，一部の債権者への弁済（破160条2項，162条）や相当な対価を得てした財産の処分（破161条）について要件が明確化されており，その基礎には有害性の有無が考慮されているといえるが，有害性その

ものを解釈論として直接援用すべき場合は減少している。

　もっとも，次のような場合には，なお，有害性の概念を用いる余地がある。すなわち，上記の担保権者への担保目的物による代物弁済などは，結局別除権の目的となる物による代物弁済であり，実質的にみて責任財産（破産財団）が減少することにつながらないので有害性がなく否認ができないといった説明が成り立つ（上記の最判昭和39・6・26民集18巻5号887頁と最判昭和41・4・14は否認を否定。他方，最判平成9・12・18民集51巻10号4210頁は，動産売買先取特権の目的物が転売されていったん担保目的財産ではなくなった後で，支払停止後に転売先から取り戻して代物弁済に供することは，実質的に新たな担保権を義務なく設定し，その目的物を代物弁済に供する行為に等しいので，否認の対象となるとする）。また，特定の債務の弁済に充てることを約して借り入れた金銭による当該債務の弁済について，借入前と弁済後とで破産者の財産に増減はないことなどから否認の対象とならないとした最判平成5・1・25民集47巻1号344頁も有害性を欠くからだという説明ができる。これらの判例について，実質的にみて破産財団（一般債権者の破産債権の引当財産）に属しない財産の処分であれば詐害行為にも偏頗行為にもならず否認ができないと端的に考えることもできるように思われるが，それを説明するために否認の一般的要件としての有害性という概念を用いることは可能である。

　次に，不当性については，有害性を肯定すべき場合でも，行為の内容や動機・目的等に照らして不当性を欠くことがある（否認阻却事由となる）という枠組みで議論がされてきた。たとえば，債務者の生活を維持するためまたは事業（特に病院などの公益性の高い事業等）を継続するためのやむをえない理由（労働者に賃金を支払う資金が必要である等）での財産の売却等である。もっとも，このような行為は，相当対価である場合に限って否認が否定される（破160条1項，161条）等，要件を定めた個々の規定の解釈の範囲内で否認権の成否を判断するのを基本とすべきであろう（旧法下の裁判例として最判昭和43・2・2民集22巻2号85頁，仙台高判昭和53・8・8下民集29巻5〜8号516頁）。

2 詐害行為否認の要件

> **詐害行為の意義**

破産法160条1項は，同項1号で破産者が詐害意思をもってした行為の否認について定め，2号で支払停止または破産手続開始申立ての後にされた行為の否認について定める。このように，詐害行為否認には，2つの基本的な類型がある（旧破産法72条1号と2号についての呼称を引き継いで，破産者の詐害意思を要件とする破産法160条1項1号は「故意否認」，詐害意思は要件とせず危機時期の行為であることを要件とする2号は「危機否認」と呼ばれることがある）。それらのいずれにおいても，否認の対象は，破産債権者を害する行為（詐害行為）である。

ここにいう詐害行為とは，債務者（破産者）の責任財産を減少させる行為である（狭義の詐害行為）。財産の廉価売却（不相当に安い価格での売却）などがこれに当たる。そして，これが否認の対象となる詐害性を有するのは，その行為が，債務者の財産状況からして債務者が責任財産を総債権者のために維持することが法的に要求される時期にされた場合に限られる。

債務者がどのような財産状況であればその時期に当たるかについて，伝統的通説は，債務者が無資力であることが要件であると解してきている。無資力とは，債務者の総資産額が総債務額よりも少ない状態のことであり，「債務超過」と言い換えられる（破16条1項参照）。当該処分行為によりそのような状態になる場合を含む。これに対しては，債務超過の状態になくても，支払不能（破2条11項所定の状態）である場合や，近い将来に破産原因である債務超過や支払不能の状態になることが確実に予想される時期（実質的危機時期）には，破産法160条1項による否認が認められるべきであるという見解がある。この議論に関しては，実際上，支払不能である場合には債務超過であることが多いことに注意が必要である（逆に，債務超過であるが支払不能ではない場合は通常の企業活動でもよく見られる。今後の収益への信用により金融機関からの融資や原材料の供給が得られているときなどである）。支払不能であるが債務超過ではない場合としては，「債務に見合う価値の遊休資産を保有しているが，それが売れないので債務の支払ができない」といった状況が想定される。しかし，このような状況では，債務超過でないのに資産の処分が自由にできないとするのは妥当性を欠く（客観的にはやや廉価であっても，それによって債務超過の状態を引き起こすのでない

限り，売却を有効とした方がよい）ので，否認権の発生を否定すべきである。詐害行為取消権（民424条）との連続性からしても，詐害行為性を基礎づける財産状態であるためには，伝統的通説のように，債務超過を要件とすると考えるのが理論的に明快であり，それで特段の不都合は生じないであろう。

ところで，破産法160条1項によって否認の対象となる詐害行為からは，担保の供与や債務の消滅に関する行為（抵当権の設定，弁済，代物弁済等）が除かれている。これらの行為は，偏頗行為否認（破162条）の問題となる。ただし，過大な代物弁済のうちの過大な部分は，財産減少行為の一種として破産法160条2項の対象となる。また，債務に相当する価格の物による代物弁済や同時交換的な担保の供与は，相当の対価による財産の処分行為に当たるので，それが偏頗行為否認の対象になるかどうかの問題とは別に，破産法161条の問題になりうる。

> 破産者に詐害意思がある場合の否認の要件

詐害行為否認のうち，破産法160条1項1号が定める破産者に詐害意思がある場合の否認が認められるためには，①上記のような詐害行為がされたことのほか，②その詐害行為に際しての主観的要件として，破産者に詐害意思があったことが必要である。他方，③その行為が破産債権者を害することを受益者が知らなかった場合には否認を免れる。②については，「害することを知って」したことであるので，積極的な害意までは必要でなく，詐害行為であること（自己の財産状態が詐害行為を成立させ得るようなものであり，その行為により責任財産が減少すること）の認識があれば足りる（免責不許可事由の1つである破252条1項1号の「債権者を害する目的」とは異なる）。③は，受益者（行為の相手方）が，当該行為の当時，そのような詐害行為にあたることを知らなかったことであり（そこには，破産者の財産状態が詐害行為を成立させうる状況であることを知らなかった場合が含まれることになる），それが否認権成立の消極的要件となる。善意について受益者に過失があったかどうかは問題とならない（最判昭和47・6・15民集26巻5号1036頁）。

①と②は否認権を行使する破産管財人が証明責任を負い，③は否認の相手方である受益者が証明責任を負う。①②の要件が満たされ，③が認められない場合には，支払停止や破産手続開始申立ての前の行為についても否認権が認められる。

> 支払停止または破産手続開始後の行為の否認の要件

破産法160条1項2号は，支払停止または破産手続開始申立ての後にされた詐害行為について，破産者の詐害意思を要件とせずに，否認の対象としている。このような状況になれば，客観的にみて債務者は責任財産を維持すべきであるので，その主観的な認識を問わないのである。

同号による否認の要件として，①詐害行為がされたことのほか，②その前に支払停止又は破産手続開始の申立てがあったことが必要である。これらについては，否認権を行使する破産管財人が証明責任を負う。他方，③受益者が，その行為の当時，支払停止又は破産手続開始申立てがあったこと，および，詐害行為にあたることをいずれも知らなかったことが，否認権成立の消極的要件となり，これは否認の相手方である受益者が証明責任を負う。また，破産手続開始申立ての日から1年以上前にされた行為については，支払停止後の行為であること又は支払停止の事実を知っていたことを理由として否認することはできない（破166条）。

破産法160条1項2号にいう「支払の停止」は，債務者が支払不能（債務者が，支払能力を欠くために，その債務のうち弁済期にあるものにつき，一般的かつ継続的に弁済できない状態。破2条11項参照）にあることを明示的または黙示的に外部に表示する債務者の行為を指すと解されている（最判昭和60・2・14判時1149号159頁）。破産手続開始原因（第2章参照）である支払不能を法律上推定する「支払を停止したとき」（破15条2項）と同じ意味と考えてよい。いずれも縮めて「支払停止」という用語が使われることが多い。具体的には，債務者が，口頭，店頭掲示，回状，広告等によって，債務の支払が一般的にできないことを表示することや，廃業，全店舗の閉鎖，夜逃げ，資金不足による約束手形の不渡り（振り出した手形や小切手が資金不足により手形交換所で6ヶ月以内に2回不渡りになった場合には，銀行取引停止処分がされ，銀行での貸出し等が受けられなくなる。このような2回の不渡りは，支払停止の典型例である。1回目の不渡りであっても，事情によっては支払停止と評価されることがある（最判平成6・2・10集民171号445頁参照））等である。他方，債務者が債務整理の方法等について弁護士と相談し，その弁護士との間で破産手続開始申立ての方針を決めただけでは，内部的に支払停止の方針を決めたにとどまり，外部に表示する行為はされていないので，

支払停止にはあたらないとされている（最判昭和60・2・14判時1149号159頁）。

　なお，支払停止に該当する行為があることのほか，現に支払不能であることが要件となるかという問題がある。そこでは，現に支払不能でないならば，廉価売却等についても破産法160条1項2号による否認ができないとする見解（詐害行為否認についても，破162条3項の規定のある偏頗行為否認と同様に，支払停止の根底に支払不能が必要であるとする）と，支払停止行為があった以上，支払不能でなかったとしても（また，債務超過でなかったとしても）否認ができるとの見解（破162条3項のような規定のない詐害行為否認では，支払停止は支払不能とは独立の概念であるとする）とが示されている。この議論に関しては，支払停止があっても支払不能でない場合には詐害行為否認もできないとする前者の考え方が妥当である。そして，さらに，詐害行為性を基礎づけるためには債務超過が必要であること（前記）を前提とするならば，実際上は稀にしか起こらないケースであろうが，支払停止があり，かつ，支払不能の状態にあっても，債務超過の状態になければ同号にいう「破産債権者を害する行為」に当たらないということになる。

　過大な代物弁済の否認　債務の消滅に関する行為は，偏頗行為否認（破162条）の対象となりうるものではあるが，破産法160条1項による詐害行為否認の対象からは外されている。したがって，相当価額による代物弁済は，偏頗行為否認の要件（後記3）を満たす場合以外は，否認されない。しかし，代物弁済が過大である場合，破産法160条1項各号の要件のいずれかに該当するときは，過大な部分に限り，同条2項により，否認される。代物弁済が過大な場合には，その部分について財産減少行為としての性質が認められるからである。

　過大な代物弁済が支払不能後または破産手続開始の申立て等の後にされた場合には，偏頗行為否認の要件（破162条1項1号）も満たしうる。偏頗行為否認の要件も満たせば，過大な部分のみならず代物弁済全体が否認の対象となる（後記3参照）。

　無償行為否認　支払停止後または支払停止前6月以内にされた無償行為およびこれと同視すべき有償行為は，否認の対象となる（破160条3項）。これを無償行為否認（または無償否認）といい，詐害行為否認の一

種であるが，同項は，同条1項1号，2号の特則としてそれらの要件を緩和している。すなわち，無償行為（贈与，債務免除等）やこれと同視すべき（すなわち，対価が名目的なものであって経済的に対価としての意味を有しない）有償行為は，債務者の詐害意思を要せず，支払停止前6月以内の行為まで含めて，受益者が善意であっても，詐害行為否認の対象となる。

　旧破産法72条5号（無償行為否認の規定）に関する最判昭和62・7・3民集41巻5号1068頁は，破産者が義務なくして他人のために保証または物上保証をすることは，それが債権者の主債務者に対する出捐の直接的な原因をなす場合であっても，破産者がその対価として経済的利益を受けない限り，無償行為に当たり，これは，主債務者がいわゆる同族会社であり，破産者がその代表者で実質的な経営者であるときにも妥当するとしている（2つの反対意見がある）。また，最判平成8・3・22金法1480号55頁は，保証人の実質的な負担が増えない場合について，結論として無償否認を否定している。

　無償行為否認については，破産法166条が適用されず（同条括弧書），破産手続開始の申立て等の日から1年以上前にされたものであっても，否認の対象となる。

　相当対価による財産処分行為の否認　相当の対価を得てする財産の処分行為は，直接には債務者の財産を計数的に減少させるわけではないので，破産法161条が，債務者が財産を隠匿するなど，処分行為の後の行為が介在することによって間接的に財産を減少させるおそれがある場合（間接的財産減少行為とも呼ばれる）に限って，否認の対象としている（旧法下で議論があったが，厳格な要件を定めた上で否認の対象となりうることを認めたものである。旧法下の裁判例として，東京高判平成5・5・27判時1476号121頁）。

　相当対価による財産処分行為の否認の要件は，同条1項に規定されている。すなわち，当該行為が破産者において隠匿等の処分をするおそれを現に生じさせるものであること（同項1号），破産者の隠匿等の意思（同項2号），相手方（受益者）の悪意（同項3号）である。この相手方の悪意は，相手方が同条2項各号のいずれかの者（いわゆる内部者）である場合には推定される。

　また，相当対価による財産処分行為の否認も詐害行為否認の一種であり，破産法160条1項1号または2号の要件があることが前提となるので，それが詐

害性を有すること，すなわち，その行為が，詐害者の詐害意思に基づくこと，または，支払停止または破産手続開始申立ての後にされた場合であることを要する。

さらに，破産法160条1項の場合と同様に受益者の悪意が要件となる。受益者の主観については，破産法160条1項1号を根拠にして受益者が善意の証明責任を負うのか，破産法161条1項3号の悪意に含まれて破産管財人が悪意の証明責任を負うのかは問題である。隠匿等の処分意思についての受益者の認識と詐害性（債務者の財産状況）についての受益者の認識とを区別することはかなり不自然であるので，後者のように解するのが相当であろう。

なお，いわゆる同時交換的取引については，破産法162条では否認の対象から除外されているが（後記3参照），破産法161条による否認の対象にはなりうる。

3　偏頗行為否認の要件

概要　破産法162条は「既存の債務についてされた担保の供与又は債務の消滅に関する行為」（1項柱書の括弧書）について，一定の要件を満たせば否認ができると定める。複数の債権者のうちの一部の債権者に対して担保を供与することや弁済等の債務の消滅に関する行為をすることを，次の①または②の要件を満たす場合に，偏頗行為として否認の対象としている。

まず，①破産者が支払不能（破2条11項）になった後または破産手続開始の申立てがあった後にそのような行為がされたことである（同項1号）。ただし，相手方である債権者が，支払不能になった後の行為であることを理由とする否認については支払不能または支払停止（同号イ），破産手続開始申立て後の行為であることを理由とする否認については破産手続開始申立て（同号ロ）について悪意であった場合に限られる（なお，同号イの支払停止についての悪意は，破産手続開始申立ての日から1年以上前の行為の否認の理由とならない。破166条）。以上の事実については，原則として，破産管財人が証明責任を負う。ただし，相手方債権者がイ又はロの事実についての悪意を推定されて証明責任が相手方債権者に転換される場合がある（同条2項。1号は債権者が破161条2項各号に掲げる者

（いわゆる内部者）の場合、2号は非義務行為（その類型と具体例について後述する）を定める）。

また、②一定の非義務行為（破産者の義務に属しない行為、または、その時期が破産者の義務に属しない行為）は、支払不能になる前30日以内にされた行為も対象となる（同項2号）。このような行為がされたことは破産管財人が証明責任を負う。ただし、相手方である債権者が行為の当時他の破産債権者を害することについて善意であった場合（相手方が証明責任を負う）には、否認を免れる（同条1項2号但書）。

なお、①と②のいずれの場合にも、支払停止（破産手続開始の申立て前1年以内のものに限る）があった後は、支払不能であったものと推定される（同条3項）。

偏頗行為否認に関する判例としては、債務者の支払停止等を停止条件とする集合債権譲渡契約は、債務者に支払停止等の危機時期が到来した後に行われた債権譲渡と同視すべきものであり、偏頗行為否認の対象となるとした最判平成16・7・16民集58巻5号1744頁があるほか、いずれも前記1掲記の最判平成2・7・19民集44巻5号837頁、最判平成2・7・19民集44巻5号853頁、最判平成5・1・25民集47巻1号344頁等がある（代物弁済に関するものは、後記「代物弁済の否認」で挙げる）。

非義務行為の意義・具体例　ところで、偏頗行為否認の要件に関しては、破産法162条1項2号や2項2号に「破産者の義務に属しない行為」が挙げられ、義務に属する行為よりも否認が認められやすくなっている。これを「非義務行為」ともいう。これには、次の3種類があり、それぞれ、具体例として次のようなものがある。

1つ目は、行為自体が破産者の義務に属しない場合（破162条1項2号、2項2号）であり、これを「狭義の非義務行為」という。担保の供与（抵当権の設定等）は、債務者が債権者との間で担保供与義務を設定する特約（たとえば、他の担保目的物の価値が下がって担保不足になった場合には追加担保を提供する等の特約）があらかじめ（債務者が支払不能等になる前の時期に）締結されており、担保の供与がその特約の履行としてされたときには非義務行為とはならない。債務者に当然には担保を提供する義務はない（仮に債務が弁済期にあったとしても、債務者

に担保を提供する義務は直ちに生じない）ので，特約の有無が問題となり，このような特約がなくされた担保の供与は行為自体が義務に属しないものである。他方，本旨弁済は債務者（破産者）の義務に属する行為である。

2つ目は，時期が破産者の義務に属しない行為（破162条1項2号，2項2号）である。行為は義務に属するが，その時期にする義務はない場合をいう（時期の非義務行為）。例として，期限前弁済が挙げられる。

3つ目は，方法が破産者の義務に属しない行為（破162条2項2号）である。行為は義務に属するが，その方法をもってする義務はない場合をいう（方法の非義務行為）。例として，代物弁済が挙げられる。

> 同時交換的取引

新規の融資がそのための担保提供と同時に行われる場合のような「同時交換的取引」（「同時交換的行為」ともいう）は偏頗行為否認の対象とならない（破162条1項柱書括弧書が「既存」の債務のみを否認の対象としているのは，このような意味である）。この場合は，新たな信用の供与と交換に担保権が設定されるのであって，既存の債権者間の公平を害するものではなく，また，このような行為が否認されるならば，窮境にある債務者の経済状況を立て直すための救済融資が行われにくくなって，債務者の再建を妨げることになる。そこで，同時交換的取引は偏頗行為に当たらないとされるのである。

なお，このような同時交換的取引は，破産法160条1項柱書括弧書によって担保の供与等が除外されるので，同条に基づく詐害行為否認の対象にもならないが，相当対価による財産処分行為の一種ではあるので，破産法161条によって否認される余地はある（前記2参照）。

> 代物弁済の否認

過大な代物弁済が支払不能後または破産手続開始の申立て等の後にされた場合には，詐害行為否認（破160条2項。前記2参照）の要件も偏頗行為否認の要件（破162条1項1号）も満たし得る。この場合，代物弁済は，方法の非義務行為（同条2項2号）であるので，相手方債権者が同条1項1号イまたはロの事実についての悪意を推定されて証明責任が相手方債権者に転換される。このように偏頗行為否認の要件も満たせば，過大な部分のみならず代物弁済全体が否認の対象となる。

代物弁済の否認に関する判例として，いずれも前記1で挙げたものである

❖コラム8-2　同時交換取引に該当するかどうかの具体例

　ここで、「AはB銀行から借入金債務（5000万円）を負っていたところ、支払不能となり、その後Aについて破産手続開始決定がされたが、Aが支払不能になった後破産手続開始申立てをする前の時点で、Aが、その所有する甲土地（時価1000万円で担保に供されていなかったとする）をB銀行に担保として提供した」という次の2つの事例について、それぞれ偏頗行為否認の対象となるかどうかを考えてみよう。

① AはB銀行から新たに800万円を借り入れ、この債務を担保するために甲土地に第1順位の抵当権を設定するとともに、既存の5000万円の債務を担保するために、それまでに担保に供されていたA所有の不動産と共同担保とする約定の下に、甲土地に第2順位の抵当権を設定した。

　この場合、第1順位の抵当権の設定は同時交換的取引に当たり、第2順位の抵当権の設定は既存の債務についての担保の供与である。このような場合は、契約が同時にされたとしても、第1順位の抵当権の設定行為と第2順位の抵当権の設定行為とが可分であり、これらを分けて考える必要がある。第1順位の抵当権設定行為は同時交換取引として否認の対象とならず、第2順位の抵当権設定行為については否認の対象となりうる。

② AはB銀行から新たに800万円を借り入れるとともに、B銀行との間で銀行取引によって生ずる一切の債務を担保するために甲土地に第1順位の根抵当権を設定した（新たに借り入れた800万円のほか既存の5000万円も被担保債権に含まれる）。

　この場合、新規融資に対する同時交換的な担保の供与と既存の債務に対する担保の供与とが一体として行われ、①のような区分をすることが難しい。この根抵当権設定行為を全体として否認すべきか、それとも何らかの形で一部否認という取扱いができるかが問題となる。既存債務への担保供与部分のみを否認の対象とし、同時交換的取引の部分は否認できないという一部否認も考えうるが、被担保債権が一体となって区分ができない形で担保権が設定され、債務者の支払不能を知りながら債権者が既存の債権の担保を取得した点に着目して、全体を否認することができると考えるのが妥当である。このように考えて全部の否認が認められる場合、新規融資分（800万円）について、融資をした債権者Bは、破産法148条1項5号の適用または破産法168条1項2号の類推適用により財団債権者として返還請求ができると考えられる。

が、担保権者への当該担保の目的物による代物弁済について否認を否定した最判昭和39・6・26民集18巻5号887頁、最判昭和41・4・14民集20巻4号611頁、いったん担保目的財産でなくなった財産について否認を認めた最判平成9・12・18民集51巻10号4210頁、代物弁済の一方の予約に基づく債権者による予約完結権の行使を債務者が誘致したことなどから故意否認を認めた最判昭和43・11・15民集22巻12号2629頁などがある。

4　否認に関する特別の要件

> 手形債務支払の場合等の例外

(1) 手形債務支払の場合の例外　破産法163条１項は，破産者から手形の支払を受けた者が，その支払を受けなければ手形上の債務者の一人または数人に対する手形上の権利を失う場合には，偏頗行為否認の対象とならないとの例外を定める（破162条１項１号の適用除外）。

ここでいう手形上の権利とは，手形上の遡求権（手43条，77条１項４号）のことである（最判昭和37・11・20民集16巻11号2293頁）。手形の所持人は，手形の満期が到来している場合に，後に否認されることをおそれて振出人等に対して手形を呈示して拒絶証書の作成（手38条，44条，77条１項４号）を受けなければ裏書人に対する遡求権を失うことになり（手53条１項，77条１項４号），呈示して支払を受けても後にそれが否認されると拒絶証書の作成は事実上不可能な時点になっており（手44条３項，77条１項４号），結局遡求権の行使は失われる（手形所持人のジレンマというべき状態になる）。手形所持人をこのような状態に陥らせないように，破産法163条１項の規定があるのである。

もっとも，手形所持人がこのようなジレンマに陥らない場合には，この例外規定は適用されない。すなわち，手形の受取人がそのまま手形を所持している場合や，我が国で一般的な拒絶証書作成免除手形の場合（手46条参照）等には適用されない（支払を受ければ，破162条１項１号が適用される）。

振出人でない破産者が満期前の手形の買戻しをした場合には，破産法163条１項の例外規定は適用または類推適用されない（前掲最判昭和37・11・20）。ただし，破産者がそのように買い戻した手形に基づいて振出人等から手形金の支払を受けているときには，買戻しによって破産者の責任財産が減少したとはいえないので，有害性がない（前記１参照）として，否認が否定される（最判昭和44・１・16民集23巻１号１頁）。

(2) 最終の償還義務者等の償還義務　次に，破産法163条２項は，同条１項の場合に，最終の償還義務者（為替手形の振出人，約束手形の第１裏書人。手43条，49条，77条１項４号）又は手形振出しの委託者が手形振出しの当時，破産者（為替手形の支払人，約束手形の振出人）の支払停止又は破産手続開始申立て（「支払の停止等」。破160条１項２号参照）があったことについて悪意又は善意有過失

であったときは，破産管財人は，破産者が手形債権者に支払った金額をこれらの者に償還させることができると定める。たとえば，支払停止をした債務者（破産者）Aの債権者Yが，AにYを受取人とする約束手形を振り出させ，Yがその約束手形をBに裏書譲渡し，BがAから手形金の支払を受けた場合，Bへの手形金支払は破産法163条1項があるため否認できないが，Yが，Bへの手形金支払が否認されないことを利用（悪用）して間接的に自己の債権の回収を図ったことになるので，そのようなYの回収を許さないようにするため，破産管財人XがYに対して，AがBに支払った金額を償還するよう請求できることとしたものである。

(3) **租税等の請求権の例外**　破産法163条3項は，租税等の請求権又は罰金等の請求権についての徴収の権限を有する者に対する弁済，担保の供与等が偏頗行為否認の対象とならないと定める。政策的な規定である。

対抗要件具備行為の否認　破産法164条1項本文は，支払停止又は破産手続開始申立て（「支払の停止等」。破160条1項2号参照）があった後の対抗要件の具備行為について，その行為が権利の設定，移転，変更の日から15日を経過した後に支払の停止等について悪意でしたものであるときは，否認することができるとする。権利変動の原因となる法律行為（原因行為）も詐害行為否認または偏頗行為否認の対象となりうるところ，それとは別に，その権利変動についての対抗要件具備行為について，原因行為による権利移転の効果が生じた日（行為自体の日ではない。最判昭和48・4・6民集27巻3号483頁）から15日経過後にされたものであれば，否認の対象となるとされたものである。ただし，破産手続開始の申立ての日から1年以上前にした対抗要件具備行為については，支払停止後にされたことを理由に否認することはできない（破166条）。

対抗要件具備行為には，登記（民177条等），各種の登録（特許66条1項等の効力要件としての登録も含む。破164条2項），債権譲渡通知（民467条），動産の占有移転（民178条）等が広く含まれる。債権譲渡の承諾（民467条）や仮登記を命ずる処分に基づく仮登記（不登108条）については「破産者の行為の要否」をめぐる判例と議論がある（前記1参照）。本登記又は本登録がこれに先行する仮登記又は仮登録に基づいてされた場合，その仮登記又は仮登録が否認される場合でない限り，対象から除外される（破164条1項但書）。

このように対抗要件の具備行為が原因行為とは別に否認の対象とされていることは，破産管財人にとって，原因行為よりも対抗要件具備行為の方が外部に現れた行為として把握しやすいので，実務上使いやすい利点があるともいわれている。特に，債務者と受益者とが通謀して，原因行為が支払停止等の前にされた形をとったときでも，対抗要件具備行為がその後15日を経過した後にされ，それが支払停止等の後であった場合には，対抗要件具備行為を否認できるということになる。

　「支払の停止等のあったことを知ってした」ことが対抗要件否認の要件（主観的要件）である。この悪意の主体は，受益者の悪意を意味するというのが判例（大判昭和6・9・16民集10巻818頁，最判昭和39・3・24判タ162号64頁）・通説である。これに対しては，対抗要件具備行為をする者の悪意であるとする反対説も有力である。不動産登記が問題となる場合，通説の立場からは登記権利者（受益者）の悪意が要件となり，反対説に立つ場合，対抗要件具備行為をする者は，所有権移転登記が登記権利者と登記義務者の共同申請であること（不登60条）からすると，いずれかが悪意であれば否認の要件を満たすということになろうか（それとも，破産者である登記義務者の悪意のみを問題にするとみるべきか）。

　対抗要件具備行為が否認されると，その効果として，権利変動が破産管財人に対して対抗できないものとなる。

執行行為の否認　破産法165条は，否認権は，否認しようとする行為について執行力のある債務名義（民執22条参照）があるとき，またはその行為が執行行為に基づくものであるときでも，行使できる旨を定める。対象行為について確定判決等の債務名義が存在していても，また，対象行為が執行行為そのものであっても，その行為自体について否認の要件（破160条～162条，164条，167条）があれば，否認の対象となり得るとした確認的な規定である。この規定に関しては，破産者の行為の要否との関係でもいくつかの判例があり，この点は前記1を参照されたい。

　「債務名義があるものであるとき」として，①債務名義ができている原因行為の否認，②債務名義を成立させる行為（裁判上の和解（民訴267条，275条）等のほか，裁判上の自白（民訴179条）もここに当たるといわれている），③債務名義の内容を実現する行為の3種類が挙げられることが多い。もっとも，②に挙げら

❖コラム 8-3　対抗要件具備行為の否認の規定の趣旨

　原因行為の否認とは別に対抗要件の否認について定めた規定が置かれている趣旨については，旧法下から，制限説と創設説との対立がある。説の相違は，仮に対抗要件の否認を認める規定がなくても対抗要件自体の否認ができるかどうかにあるとされているが，そうすると，破産法164条の規定が現にあるので，結論には違いが生じず，理論的な対立にとどまることになる。しかし，実際には，次にみるように，制限説の内部で「制限するのはどの範囲の否認権か」という考えの相違があり，これが結論に違いを生じさせている。

　制限説は，対抗要件具備行為も，財団にとって権利の移転と同じ価値を有するので，本来，否認の一般規定によって否認できるはずであるが，新たな権利移転そのものではなく，既に生じた権利変動を完成させる行為にすぎないから，破産法164条が厳格な要件を定めて，否認を制限したとする。もっとも，制限説でも，それを危機否認，すなわち「支払停止等後の行為であって行為者が支払停止等について悪意であることを理由として否認がされる場合」（破160条1項2号に該当する行為の場合）に限っての要件の制限であって故意否認を制限するものではないとの理解の下に，支払停止または破産手続開始申立て前の対抗要件具備行為については破産法164条の制限がかからず，したがって，この時期の行為であり，かつ，詐害意思のある行為という破産法160条1項1号の要件を満たせば，同号による対抗要件具備行為の否認が可能であるとする見解がある（現行法下でこの見解を採った裁判例として，東京地決平成23・11・24金法1940号148頁がある）。これに対しては，制限説から，対抗要件の否認は破164条の要件がある場合に限って認められるとする見解（いわば純粋な制限説）も主張されている。最判昭和45・8・20民集24巻9号1339頁は，直接的には釈明義務の範囲について判断を示した一事例であるが，その前提として，対抗要件否認の規定の趣旨について制限説の立場を採ることを明らかにしている。もっとも，どの範囲で否認を制限しているかについての判例の態度は明確ではない。

　他方，創設説は，原因行為が否認できない以上，対抗要件はその義務の履行であって財産の減少をもたらさないので，本来は否認できないはずであるが，特に破産法164条がその要件を満たすような遅れた対抗要件具備行為を特に否認の対象とすることとしたとする。創造説からは，同条の要件を満たさない限り対抗要件の否認は認められないとされる。

　この制限説と創設説との議論は旧法下で旧破産法72条と74条との関係をめぐってされてきた。現行破産法では，破産法164条は旧破産法74条と同じ内容であるが，否認の要件に関する原則規定である破産法160条から162条までの規定が旧破産法72条とは一部異なるものとなった（たとえば，破産法161条で適正価格売却について一定の場合でなければ狭義の詐害行為否認の対象とならないことが明らかになり，破産法162条で偏頗行為否認の危機時期が支払停止ではなく支払不能で画されるようになった）。そこで，ここでは議論の指摘にとどめるが，原則に関するこれらの改正との関係で，従来のような制限説がそのまま維持できるかという問題が，対抗要件否認がその性質上，狭義の詐害行為否認（財産減少行為の否認）なのか偏頗行為否認なのかという問題とも関連して議論になっている。

るものの中には実際にどのようにして否認権を行使するのか明らかでないものもあると指摘されている。

「執行行為に基づくものであるとき」には，④金銭執行として強制競売により満足（配当・弁済）を受けたことが偏頗行為否認に当たるとされる場合（受益者は債権者），および，⑤債務者（破産者）の財産が廉価で移転したことが詐害行為否認に当たるとされる場合（受益者は取得者）とがあるとされる。⑤は，債務者財産の競売の場合は，競落した買受人の地位の安定の要請から，債権者が買受人となったような例外的な場合にのみ否認が認められるといわれている。他方，⑤の一種として債権執行において転付命令（民執159条）がされて債権者が債務者（破産者）の債権を取得する場合があり，この場合は，否認が認められやすい。

ところで，この「執行行為に基づくものであるとき」に，どの時点で支払不能（破162条1項1号）であれば偏頗行為否認の要件を満たすかという問題がある。設例として，「債務者が債権者から給料債権の差押えを受け，その後，支払不能（または支払停止。破162条3項）となり，その後，差押債権者が取立て等により債権の満足を受けた。そして，その後，破産手続開始申立てと破産手続開始決定がされた」といったものが検討の対象となる。ある説は，否認の対象となるのは執行機関の執行行為ではなく，効果においてこれと同視される破産者等の行為であるから，たとえば支払停止等の後の行為にあたるか否かは，執行機関への執行申立行為を基準として決定すべきであるとする。この説からは，この例では否認できないことになる。これに対しては，偏頗行為否認は，破産法162条1項により債務を消滅させる行為を対象とするのであるから，債権者の満足の時（具体的には，とられる手続によって異なるが，被差押債権の取立時，配当受領時，被転付債権の転付時等）を基準とすべきであるという説が主張されている。この説は，債権者の執行申立て時を基準とする理由はないこと，執行手続上も差押えをしただけで債権者が優先的地位を確保できるとはされていないこと，最判昭和39・7・29集民74号797頁は配当行為時を基準に危機時期を考えるべきであると判示していると理解できることなどを根拠とする。この説からは，この設例の場合も否認できる。後説の方が，確認的な規定にすぎないという執行行為否認の趣旨との関係で素直であり，説得力があるので，これ

に賛成したい。

転得者に対する否認 　破産法170条は、転得者に対する否認権を定める。趣旨は、破産者から否認の対象となる行為によって譲渡を受けるなどした受益者が更に転得者に目的物を譲渡したといった場合に、一定の要件があれば転得者に対しても否認権を行使できるようにして、否認の実効性が確保されるようにしたものである。

　要件は、破産法170条1項の1号から3号までのいずれかに当たる場合である。1号は転得者が悪意の場合、2号は転得者がいわゆる内部者（破161条2項各号所定の者）の場合に転得者に善意の証明責任を負わせる趣旨の規定、3号は転得者が無償行為またはこれと同視すべき有償行為（破160条3項参照）によって転得した場合の規定である。転得が数次にわたってされたときは、各転得の前者について否認の原因がある場合に限られるので、否認原因のない転得者が間に入れば、その前の者までに対してしか否認権は行使できない。

　これらの要件に関する規定にも表れているように、否認権の行使の対象は、あくまで債務者（破産者）と受益者の間の行為であり、当該行為が否認の要件を満たす場合に、破産者と受益者との間で当該行為が無効になることから、転得者が無権利者となり、それを破産管財人が転得者に対して主張できるということである。受益者と転得者の間の行為が否認されて無効にされるわけではない。

　転得者に対する否認の要件を満たす場合、否認権は、受益者と転得者とのいずれか、または、その双方への行使が可能である（大判昭和15・3・9民集19巻373頁）。

Ⅲ　否認権の行使

行使主体・行使方法・行使期間等 　否認権は、訴え、否認の請求、または、抗弁によって、破産管財人が行使する（破173条1項）。すなわち、否認権の行使方法は、訴訟において（訴えや反訴を提起するか、相手方の訴えに対する抗弁として主張するなどの方法により）行使するか、否認の請求による決定手続で行使するかであり、いずれも、裁判所の手続で行使するものである。

行使の相手方は受益者または転得者である。破産者は相手方とならない。

管轄裁判所は破産裁判所（破173条2項。異議の訴えにつき175条2項）であり，専属管轄である（破6条）。「破産裁判所」とは，破産事件（破2条2項）が係属している官署としての地方裁判所であり（破2条3項），破産事件を取り扱っている裁判官が否認に係る訴訟や否認請求事件を担当するという趣旨ではない。

否認権は，破産手続開始の日から2年を経過したときは，行使することができない（破176条前段）。また，否認の対象行為がされた日から20年を経過したときも行使できない（同条後段）。一定期間が経過した後に行為の効力が失われると相手方の利益が害される度合いが大きくなるので，そのようなことがないようにして，相手方の地位の安定を図るものである。いずれも消滅時効期間ではなく，いわゆる除斥期間であり，相手方の援用を要せず，また，中断の対象ともならない。また，これらの期間は，対象行為があったことについて破産管財人が知らなかったときでも進行する。

なお，否認権の行使を受けた相手方は，否認対象行為があった後に破産者に対する債権がすべて消滅し，総破産債権が現存しないことを主張して否認権行使の効果を否定することはできない（最判昭和58・11・25民集37巻9号1430頁）。

否認権のための保全処分　ところで，否認権を行使できるのは，破産手続開始決定があり破産管財人が選任（破31条1項）されてからであるから，破産手続開始の申立後，破産手続開始決定前の段階で，破産手続開始決定後の否認権の行使の実効性を確保するため，裁判所は，利害関係人（保全管理人（破91条2項）が選任されていれば保全管理人）の申立てまたは職権により，保全処分ができることとされている（破171条1項）。相手方は，否認権行使の相手方である受益者または転得者である。たとえば，詐害行為（破160条1項等）に当たる財産譲渡の相手方（受益者）に対して当該財産の処分禁止の仮処分を命ずる，偏頗弁済（破162条1項）の相手方債権者の責任財産を保全するために仮差押えをするといったことであり，相手方の財産処分等により否認権行使が困難になることを防ぐのが目的である。

破産手続開始決定後の破産管財人は，当該保全処分に係る手続を続行できる（破172条）。

なお，破産手続開始後に同様の財産保全が必要となる場合には，破産管財人

❖ **コラム 8-4　民事再生手続における否認権の行使等**

　否認権に関する実体法上の規律は破産法，民事再生法，会社更生法で基本的に共通である。いわゆる清算価値保障原則により，破産手続によった場合に債権者が得ることが見込まれる配当金が再生計画や更生計画で得られる債権者の利益の最低限度として機能することになるので，破産法で財産確保の手段として認められる否認権は，民事再生法や会社更生法でも認められるべき筋合いである（なお，会社更生手続では担保権者の地位が更生担保権となるので，担保権者への弁済が偏頗行為となりうる）。
　ところで，民事再生手続では，原則としていわゆる DIP 型の手続がとられ，再生債務者が業務遂行権や財産管理処分権を保持し続ける（民再38条1項）とともに，公平誠実義務を負う（同条2項）。このように，再生債務者は再生手続の機関としての地位を有するので，その地位に基づいて，再生債務者自身がした行為が否認権の対象となる場合には，自らこれに対して否認権を行使するということも，理論的にはありうるところである（アメリカ法では，債務者自身が否認権を有する）。しかし，民事再生法は，再生債務者には否認権を認めておらず，否認権限を有する監督委員（選任につき民再54条2項，否認権限の付与につき民再56条1項）または管財人（選任につき民再64条2項。再生債務者が法人である場合に限られる）によって否認権が行使されるべきこととしている（民再135条）。これは，再生債務者が自分自身のした行為の効果を覆すことは，社会的な抵抗感が強く，また，再生債務者にこれを期待することも難しいといった考慮があったためである。

が民事保全法による仮差押命令または仮処分命令を申し立てることになる。

否認の請求・否認の請求を認容する決定に対する異議の訴え等　否認権の行使は，訴えを提起するよりも簡便な方法である否認の請求（破174条）によってすることができる。否認の請求については，決定手続で審理され，迅速に裁判がされる。否認の原因となる事実について疎明がされれば，否認の請求が認められる（証明を要することなく認容決定がされうるのであり，破174条1項はその趣旨と解されている）。他方，たとえば破産法160条1項1号，2号各但書の主観的要件のように受益者に証明責任がある事実については，相手方（受益者）が（証明ではなく）疎明をすれば，その責任を果たしたことになろう（否認の請求が棄却される）。否認の請求についての審理では，相手方（受益者）に防御の機会を与えるため，相手方が審尋される（破174条3項）。

　否認の請求を認容または棄却する決定には既判力がない。否認の請求を棄却する決定に対しては不服申立てができない。その場合，破産管財人は，否認の訴えを提起することができる。否認の請求を認容する決定に対しては，その送達を受けた日から1ヶ月の不変期間（破13条，民訴95条～97条参照）内に異議の

訴えを提起することができる（破175条1項）。この異議の訴えは，否認の訴えと同様に，判決手続で，否認権の行使ができるかどうかが争われるので，関係する事実についても（疎明ではなく）証明が必要となる（判決について，破175条3項，4項参照）。

　否認の請求と否認の訴えとは，破産管財人の選択によりどちらを先に行使しても構わないが，否認の訴えで請求が棄却された後で同一の行為について否認の請求をしても，既判力の作用によって請求が棄却される。否認の請求を認容する決定に対する異議の訴えで原決定が取り消されて請求棄却判決が確定した後も，同じ行為についての新たな否認の請求や否認の訴えにおける請求は既判力によって棄却されることになる。破産管財人は，否認が比較的容易に認められると見込まれる事案では，簡易迅速性という観点から，まず否認の請求をするのが妥当である。

　否認の請求や否認の訴えは，否認（実体法上の形成権行使）の結果生じた権利関係についての給付または確認の訴えである。否認の成否は，判決理由中の判断で示される。すなわち，請求の趣旨や認容決定または認容判決の主文には，否認の宣言（たとえば「○○の行為を否認する」というような形成文言）は記載されず，否認によって生ずる物の返還，金銭の支払等の請求権に応じた給付（または権利の帰属の確認）の文言のみが現れる。

IV　否認権行使の効果

(1)　対象行為の無効　　否認権の行使により，対象となった行為は，破産手続（破産財団）との関係で遡及的に無効となり，破産財団は原状（その対象行為がなかったときの状態。あるべき状態）に復帰する（破167条1項）。これは，破産手続との関係で，否認権という形成権の行使によってもたらされる，行使の相手方との間での相対的な無効である。

〔破産財団の原状回復〕

　財産の処分によって消極財産の総額が積極財産の総額を上回る結果となった場合の否認の効果の範囲について，判例（最判平成17・11・8民集59巻9号2333頁）は，詐害行為（旧法上（本件は会社更生）の故意否認。現行破産法では160条1項

1号）として否認の対象となる処分の目的物（本件は土地）が複数で可分であったときも，否認の効果は，消極財産が積極財産を上回る額に相当する部分にとどまらず，目的物すべてに及ぶとしている。

(2) **返還請求等**　財産権の移転その他の変動をもたらす行為が否認されると，その目的財産についての権利は破産財団に復帰するので，破産管財人は，その管理処分権者として目的物の返還を求めることができる。目的物の返還の方法には，現物返還と価額償還とがある。特定物である目的物が既に処分されていたり，滅失していたりする場合など，現物返還が不能または著しく困難な場合には価額償還による。また，現物返還請求と価額償還請求のいずれも可能な場合は，破産管財人が選択できる（破168条4項。価額償還請求では，否認によって相手方に生ずる財団債権の額を控除した金額が請求できる）。破産財団に属する財産は破産管財人が配当のために換価する必要があるので，相手方に資力があれば，価額償還請求の方が便利なことがある（一方，現物返還の方が有利な場合もある。今後の値上がりが見込まれる場合，営業譲渡のために必要な場合等）ので，現行法で，いずれかを破産管財人が選べることとされた（なお，再建型手続でも否認権行使者が選べる。民再132条の2第4項，会更91条の2第4項）。

過大な代物弁済の詐害行為否認（破160条2項。要件は同条1項。Ⅱ・2参照）では過大な部分の価額償還請求となる。

無償行為否認（破160条3項。前記Ⅱ・2参照）の場合，相手方が善意であった場合は（それでも否認の要件は満たすが），返還の範囲が現に利益を受けている範囲に限られる（破167条2項，170条2項）。

ところで，価額償還請求の場合，価額評価の基準時が問題となる。現物返還が不可能であってこれに代えてその価額を償還すべき場合（旧法では現物返還が原則であった）について，判例（最判昭和41・11・17集民85号127頁，最判昭和42・6・22判時495号51頁，最判昭和61・4・3判時1198号110頁）は，否認権行使の時点（否認の訴えの訴状への被告への送達時等）であるとしている。現行法で，現物返還か価額償還かが選べる場合の価額評価の基準時についても，否認権行使時（価額償還の選択時）と解する説が比較的多数であるとみられるが，事実審口頭弁論終結時等の見方もある。

(3) **否認の登記**　登記の原因行為が否認された場合，または，対抗要件具

備行為の否認（破164条。前記Ⅲ参照）として登記が否認された場合には，否認の登記という特殊な登記を破産管財人が申請することになる（破260条1項）。この否認の登記には，次のような特徴がある。すなわち，①否認の登記後に破産管財人がその不動産を任意に売却するなどして新たな権利者が取得する場合に，その否認の登記，および，否認された原因行為に係る登記または否認された登記等が職権で抹消される（同条2項），②第三者が受益者から抵当権の設定を受けるなどして破産手続との関係で権利取得を有効に主張できるようになっていた場合（破170条による否認が認められないような場合），その者の権利に係る登記と受益者の権利に係る登記が抹消されない（否認の登記が抹消され，受益者から破産者への権利移転登記がされる。同条3項），③否認の登記がされたまま破産手続が終了した場合には職権で否認の登記が抹消される（同条4項）。

> 否認の相手方の権利

　(1) **財産減少行為の否認の場合**　財産減少行為が否認され，相手方が破産者に対して反対給付をしていた場合，次のような区分で破産管財人に対して，反対給付に関する返還等の請求権を行使できる（破168条）。

　①反対給付が破産財団中に現存する場合には，当該反対給付の返還請求権を行使できる（破168条1項1号。一種の取戻権である）。

　②反対給付が破産財団中に現存しない場合には，反対給付の価額償還請求権を行使できる（同項2号。この請求権は財団債権となる）。

　ただし，②の反対給付が破産財団中に現存しない場合に，当該行為の当時，破産者が対価として取得した財産について隠匿等の処分をする意思を有し，かつ，相手方が破産者のその意思を知っていたとき（内部者であれば悪意が推定される。同条3項）は，相手方は，(i)反対給付によって生じた利益の全部が破産財団中に現存する場合にはその現存利益の返還請求権（同条2項1号。財団債権となる），(ii)反対給付によって生じた利益が破産財団中に現存しない場合は反対給付の価額償還請求権（同項2号。破産債権となる），(iii)反対給付によって生じた利益の一部が破産財団中に現存する場合はその現存利益の返還請求権（財団債権となる）及び反対給付と現存利益の差額の償還請求権（破産債権となる）を行使できる（同項3号）にとどまる。

　前記「破産財団の原状回復」(2)のように，破産法168条4項で，破産管財人

の価額償還請求から，否認によって相手方に生ずる財団債権の額が控除される（たとえば，廉価売却が詐害行為であるとして否認され，相手方の請求権が財団債権となる場合に，管財人が価額償還請求をするときは，結局，相手方にとっては適正価格と実際に支払った廉価との差額を支払うことになるので，適正価格で売却したのと同じ結果になる）。

(2) **偏頗行為否認の場合**　偏頗行為が否認され，相手方がその受けた給付を返還し，または，その価額を償還したときには，相手方の債権は，これによって原状に復する（破169条）。偏頗行為の相手方である債権者が受領した給付を返還するなどしないと債権が復活しない。一部を返還するとその範囲で債権が復活する。相手方（復活した債権の債権者）は，破産債権者として権利を行使することになる。債権が復活したときは，先に一旦消滅していた保証債務は当然に復活する（最判昭和48・11・22民集27巻10号1435頁）。

　支払不能後の過大な代物弁済について代物弁済全体が偏頗行為（破162条1項1号イ）として否認される場合（前記Ⅱ・3参照）の効果としては，たとえば，2000万円の債務を負う債務者（破産者）が支払不能後に3000万円の不動産を代物弁済に供した場合，2000万円の債権が復活するには，債権者が当該不動産または3000万円を返還しなければならないということになる。

第9章
破産財団の管理・換価

I　総　説

　破産財団の管理・換価は，破産手続における破産管財人の職務の中核をなすものである。破産手続の目的である破産債権者に対する弁済を可能にするためには，配当すべき金銭ないし配当財団を形成すべきであるところ，その前提として，適切な破産財団の管理と換価が必要であるからである。本章では，破産財団の管理，破産財団の換価，担保権消滅請求，の3つの問題について扱う。破産財団の管理に係る問題として，広義には，否認権や取戻権の行使等の問題も含まれるが，本章では，狭義の意味での破産財団の管理に重点を置く。なお，担保権消滅請求制度は，現行法において，破産財団所属の財産についての破産管財人の換価権を強化することの問題の一環として新たに導入されたものである。現行法では，担保権消滅請求制度とは別個に商事留置権消滅請求制度（破192条）も設けられているが，両者はその目的を異にするものである。

II　破産財団の管理

　破産手続開始の決定があった場合には，破産財団に属する財産の管理及び処分をする権利は，破産管財人に専属する（破78条1項）が，管財人はその権利行使のためには，就職の後直ちに破産財団に属する財産の管理に着手しなければならない（破79条）。

破産管財人による掌握　　破産者が管理すべき財産を占有しており，その引渡しに任意に応じない場合には，破産管財人は，

裁判所に対して，破産財団に属する財産を破産管財人に引き渡すべき旨を命ずる決定の申立てをすることができる（破156条）（これに対して，第三者が財産を占有している場合には，決定手続のような簡易の手続は認められず，破産管財人は，引渡訴訟を提起しければならない）。また，破産管財人は，財産の管理を確実にするために，在庫商品等直接占有が困難な財産については，裁判所書記官，執行官又は公証人に，封印をさせる（破155条1項）ことによって，当該財産についての管財人の占有を公示することができる。実務上は，破産管財人が破産者の事業所や住居の内部又は動産等に破産管財人名義の告示書を貼付して，封印執行を代替させることも多い。さらに，破産財団に関する帳簿については，その散逸や改ざん等を防ぐために必要性があると認めるときは，破産管財人は，裁判所書記官に，その閉鎖を申し出ることができる（同2項）。封印を破棄する行為や閉鎖した帳簿の隠滅・偽造・変造の行為については，刑事責任が問われる（刑96条，破270条後段）。なお，破産財団の管理のためには，財産の調査が必要であるが，法は，破産者，その代理人，破産法人の取締役等及び裁判所の許可がある場合は破産者の従業員等について，破産に関しての説明義務を定め（破40条）ているので，破産管財人は，これらの者に対して説明を求めることができる（破83条1項）。また，破産者は，破産手続開始の決定後遅滞なく，その所有する不動産等裁判所が指定する財産の内容を記載した書面を裁判所に提出しなければならないとされる（破41条）ので，これにより，破産管財人に対する重要財産の開示も実現される。さらに，破産管財人は，破産財団ないし破産者の子会社等に関する帳簿，書類その他の物件を検査することができる（破83条1項・2項・3項）。

財産評定と財産目録・貸借対照表の作成　財産の管理に着手した後，破産管財人は，後述の換価を行う前提として，遅滞なく，破産財団に属する一切の財産につき，破産手続開始の時における価額を評定しなければならない（破153条1項前段）。この場合においては，破産者をその評定に立ち会わせることができる（同後段）。評定の基準は，清算を前提とした，各財産の破産手続開始時における処分価額であり，原則として強制競売による場合の価額である。破産管財人は，財産評定を完了したときは，これに基づき，直ちに破産手続開始の時における財産目録・貸借対照表を作成し，これらは裁判所に提出され，

利害関係人の閲覧に供される（破153条2項，11条2項）。ただし，破産財団に属する財産の総額が1000万未満の少額である場合は，コスト節減のために，裁判所の許可を得て，同項の貸借対照表の作成及び提出をしないことができる（破153条3項，破規52条）。

　以上のほか，前述のように，破産管財人による破産財団の管理に係るものとして，広義には，否認権による破産財団の増殖や取戻権への対応等も含まれるが，これらの問題はそれぞれの該当章に委ねる。なお，現行法では，法人である債務者について破産手続開始の決定があった場合において，裁判所は，必要があると認めるときは，破産管財人の申立てにより又は職権で，決定で，当該法人の理事，取締役，執行役等役員の責任に基づく損害賠償請求権の査定の裁判をすることができるという役員責任査定決定制度を導入した（破178条，179条）。破産管財人が法人の役員に対して迅速に責任を追及できるように，通常の訴訟手続のほかに，簡易な手続たる決定手続を特別に認めたものである。もっとも，役員責任査定決定について不服のある者は，異議の訴えを提起することができる（破180条）。

III　破産財団の換価

　破産手続は金銭によって債権者に弁済することとなっているため，最終的にすべての財産を換価して金銭化することが必要である。そこで，破産管財人は，破産財団に所属する財産の管理及び評定とともに，速やかに財団財産の換価に着手しなければならない。

　換価の時期については，旧法下において，配当の対象となる破産債権の把握とそれに基づく換価すべき財産の範囲確定のために，一般債権調査の終了前に行うことはできないという制限があった（旧破196条1項）。しかし，実務では換価できる財産は一般債権調査終了前でも裁判所の許可を得て迅速に換価する運用がされており，現行法はこれを踏まえて換価の時期について特段の制限を設けていない。したがって，破産管財人がいつでも適当な時期に換価することができるが，財産の価値下落を防ぐためにはできるだけ迅速に換価することが望ましい。

換価の方法について、不動産、船舶、特許権等知的所有権の財産の換価は、公正な売却価格を確保する趣旨から、任意売却をする場合（破78条2項1号・2号）を除き、民事執行法その他強制執行の手続に関する法令の規定によってしなければならないとされる（破184条1項。ただし、民執63条、129条の無剰余執行禁止は適用されない［破184条3項］）。破産管財人がこれら財産について任意売却をする場合には、裁判所の許可を得なければならない（破78条2項1号・2号）。実務では、高価な売却を実現するためにむしろ任意売却によるのが一般的であるとされている。動産や債権・有価証券については、強制執行によるべきという特段の制限はなく、破産管財人が任意売却等の適切な方法を選択する。ただし、商品の一括売却、100万を超える動産の任意売却及び債権・有価証券の譲渡は、原則として、裁判所の許可を得なければならない（破78条2項4号・7号・8号、3項、破規25条）。なお、近時、換価の方法として、破産財団の事業の全部又は一部を譲渡する事業譲渡の方法が多く利用されているが、この場合も裁判所の許可を得ることが必要とされている（破78条2項3号）。

破産管財人による別除権の目的財産の換価（破184条2項等）については、詳しくは、第6章・Ⅰ・総論・破産管財人による介入を参照。

Ⅳ　担保権消滅請求

制度の趣旨　実体法上の担保権たる特別の先取特権、質権、抵当権又は商事留置権は、破産手続において別除権的地位を与えられ、破産手続によらないでその権利行使をすることができる（破2条9項、65条1項、66条）。具体的に、別除権を有する者、すなわち別除権者（破2条10項）は、破産手続の拘束を受けることなく、その基礎となる担保権につき認められる本来の実行方法、たとえば、民事執行法に定める担保権実行としての競売等の手続によって目的財産を換価し、その代金から優先弁済を受ける権限を有する（詳しくは、第6章参照）。他方、別除権者が自ら積極的にこれら権利行使に出ない場合には、破産管財人が、民事執行法その他強制執行の手続に関する法規に従い、別除権の目的財産を換価することができ、別除権者はこれを拒むことはできない（破184条2項。この場合、剰余主義の原則（民執63条、129条）は、適用しない

(同3項))。ところが，これら執行手続には時間と費用がかかり，売却価格も廉価になる。そこで，実務では，破産管財人が，裁判所の許可を得て，別除権の目的財産を担保権付きのままで第三者に任意売却（破産78条1項・2項1号等参照）し，又は，別除権者との間で合意がある場合には，別除権者に適当な価格で買い取らせる方法がとられることがある。さらに，破産管財人，別除権者，買主たる第三者との間で合意をして，別除権の目的財産の受戻し（破78条2項14号）と任意売却を一括して行い，その際代金の3パーセント～10パーセントを破産財団に組み入れ，また，競売手続で配当を受ける見込みのない後順位担保権者に担保権抹消の同意を得るための一定の代価（いわゆる「判子代」であり，数十万円程度）を支払い，残額を別除権の目的財産の受戻しの対価として先順位担保権者に弁済するという運用が従来から多くされている（伊藤眞ほか『新破産法の基本構造と実務』ジュリ増刊（有斐閣，2007年）176頁，伊藤眞ほか『条解破産法』（弘文堂，2010年）1157頁）。現行破産法は，このような運用をより一般化して，別除権者の同意なくても，裁判所の許可を得て，破産管財人が担保の目的財産を任意に売却し，一定の金銭を裁判所に納付されることにより当該財産につき存するすべての担保権を消滅させるとともに売却代金の一部を破産財団に組み入れることによって財団の増殖をも図る手続である担保権消滅請求制度を導入したものである（破186条以下）。なお，民事再生法および会社更生法上もそれぞれ担保権消滅請求制度が設けられている（民再148条以下，会更104条以下）が，前者は，再生債務者の事業遂行に不可欠な財産に対する別除権者の担保権実行を阻止する機能を有し，また換価を伴わないため裁判所による価格決定手続（民再149条）が用意されている点で，後者は，事業譲渡や遊休資産の売却のために，担保権の存在をなくす機能を有し，手続上民事再生法と同じく価格決定手続（会更105条）が用意されており，また更生担保権が更生手続に服する（会更47条1項）ため納付された金銭が配当されない（会更109条）点で，破産法上のそれとは大きく異なる。（第13章Ⅲ担保権消滅請求，第15章Ⅳ更生担保権(3)も参照)。

手続概要　担保権消滅請求の手続概要は，以下のとおりである。

(1) **破産管財人による担保権消滅許可の申立て**　破産管財人は，破産手続開始の時において破産財団に属する財産につき担保権が存する場

合において，当該財産を任意に売却して当該担保権を消滅させることが破産債権者の一般の利益に適合するときは，裁判所に対し，当該財産を任意に売却し，売得金（売却代金から，売買契約の締結・履行に要する費用のうち破産財団から現に支出し又は将来支出すべき実費の額，譲渡に課されるべき消費税額等に相当する額で，相手方負担とされるものに相当する金銭を除いたもの）またはその一部を破産財団に組み入れようとする場合はそれを控除した金銭が裁判所に納付されることにより当該財産につき存するすべての担保権を消滅させることについての許可の申立てをすることができる（破186条1項柱書本文）。ただし，当該担保権を有する者の利益を不当に害することとなると認められるときは，この限りでない（同但書）。

　担保権消滅許可申立ての対象となる，「破産手続開始の時において破産財団に属する財産」につき存在する担保権とは，別除権の対象となる担保権（破2条9項，65条1項）と同様，特別の先取特権，質権，抵当権又は商事留置権である（破186条1項柱書本文括弧書）。非典型担保のうち，仮登記担保権は，破産財団に属する土地等についてされている担保仮登記の権利者については，抵当権者に関する規定が準用される（仮登記担保19条1項）ので，担保権消滅許可申立ての対象となる。これに対して，譲渡担保や所有権留保については，実体面においても，具体的な手続面においても議論が多いが，動産の場合には，目的財産は管財人が占有していること，後順位担保権者が生じることはなく，配当手続の問題が生じないことから，担保権消滅請求手続を類推適用する余地があると解されている（田原睦夫「担保権消滅請求」山本克己ほか編『新破産法の理論と実務』（判例タイムズ社，2008年）412頁）。ファイナンス・リースについては，判例は，担保的構成をとっているが（更生手続の事案として，最判平成7・4・14民集49巻4号1063頁，再生手続の事案として，最判平成20・12・16民集62巻10号2561頁），リースの目的財産の所有権はリース会社にあり，担保権を消滅させても，それによって，ユーザーが取得するのは利用権に過ぎないから，少なくとも破産手続との関係では，担保権消滅請求の対象と認めることに消極的な見解が有力である（田原・前掲412頁参照。積極説については，前掲『条解破産法』1185頁参照）。

　「破産債権者の一般の利益に適合する」という要件は，財産を任意売却して，担保権を消滅することが，破産財団の増殖に資することが必要であること

と説明されている。典型的には，別除権の実行では財団組入金が生じる余地はないが，任意売却によると財団組入金が確保できる場合がこれに当たる。さらに，賃貸マンション等で賃料収入が物上代位権の行使として抵当権者により差し押さえられている場合に，その管理コストを免れることや財産を任意売却した結果財団が固定資産税の負担を免れるという消極的な意味合いでの破産財団の増殖の場合も含まれる。これら破産財団の増殖が認められても，破産管財人の担保権消滅許可申立ての段階で異時破産手続廃止決定の蓋然性が高いときに，なお「破産債権者の一般の利益に適合する」といえるかについては，利益保護の対象を財団債権者にまで広げるべきか，それともあくまでも破産債権者に限定し，別除権者の権利が制約される場面を限定すべきかによって，積極説と消極説に分かれる（竹下守夫ほか編『大コンメンタール破産法』（青林書院，2007年）774頁参照）。

　但書の消極的要件たる「当該担保権を有する者の利益を不当に害することとなると認められるとき」とは，担保権者の利益を保護する仕組みの1つとして設けられたものである。具体的に，売得金の額が相当であっても破産財団への組み入れ額が明らかに多額である場合，売却時期を遅らせた方が高価な売却が期待できる場合，一括売却（民執61条）による方が高価な売却が期待できる場合等がこれに当たる。このほか，法186条2項においては，破産管財人は，売得金の一部を破産財団に組み入れようとする場合には，組入金の額について，あらかじめ，当該担保権を有する者と協議しなければならないと定められているところ，管財人が当該事前協議を全く経ないで，そのため管財人からの担保権消滅請求に担保権者が短期間で対応する（破187条以下。後述）ことが困難になる等の手続上の不利益が生じた場合等も含まれる。

　(2)　**担保権者の対抗手段―担保権実行の申立ておよび買受けの申出**　担保権者には，破産管財人による担保権消滅許可の申立てについて異議がある場合に，2つの対抗手段が認められる。第1は，担保権者は，原則として，担保権消滅許可申立書及び売買契約の内容を記載した書面の送達（破産186条4項・5項）を受けた日から1月以内に，担保権実行の申立てをしたことを証する書面を裁判所に提出する方法である（破187条）。第2は，担保権者は，上記1月以内に，破産管財人に対し，自己又は他の者が目的財産を，より高い代金で買い

受ける旨の申出をする方法である（破188条）。前者の担保権実行の申立ての方法は，破産管財人が提示する売得金の額が低すぎるか売得金の額は競売の場合より大きいが破産財団への組み入れ金も高額である場合に，担保権者に自ら担保権実行による権利行使の途を認めるものである。これに対して，後者の買受申出の方法は，担保権者に任意売却を維持しつつ，より高価な売却をする途を認めるものである。したがって，後者の方法で担保権者が申出をする代金は，最初の売却相手方の地位の保護と適切な任意売却に対する妨害を防ぐ趣旨から，破産管財人の許可申立書に記載した売得金額にその5パーセントに相当する額を加えた額以上でなければならない（破188条3項）。もっとも，いずれの方法においても，破産管財人と担保権者との間に売得金及び組入金の額について既に合意がある場合には，担保権者が当該申立てをするのは信義則に反するので，当該申立てをすることはできないとされる（破187条3項，188条6項）。

(3) **担保権消滅許可の決定等**　担保権者が上記担保権実行の申立てをしたときには，通常の民事執行の手続によって売却手続が進められるので，裁判所は，当該申立てをしたことを証する書面を提出したときに，担保権消滅許可の申立てを不許可とする決定をする（破189条1項柱書参照）。これに対して，同申立てがされていない場合は，裁判所は，担保権者から買受けの申出がなされたため破産管財人から買受希望者に売却する旨の届出（破188条8項）がされたときは当該買受希望者を，その届出がされていない場合は，担保権消滅許可申立書記載の者を売却相手方とする担保権消滅許可の決定をしなければならない（破189条1項2号・1号）。上記買受希望者を売却相手方とする場合は，担保権消滅許可決定が確定したときに，破産管財人と買受人との間で破産管財人が許可申立書に記載した契約内容と同一内容の売買契約が締結されたものとみなす（同2項前段）。この場合においては，買受けの申出の額を売買契約の売得金の額とみなす（同後段）。

　担保権消滅許可の決定が確定したときは，各売却相手方は，それぞれ所定の金銭を裁判所の定める期限までに裁判所に納付しなければならない（破190条1項）。金銭の納付があった時に，担保権は，それぞれ消滅し，裁判所書記官は，消滅した担保権に係る登記又は登録の抹消を嘱託しなければならない（破190条4項・5項）。裁判所は，金銭の納付があった場合には，民事執行法の規

❖ **コラム9-1　商事留置権消滅請求**

　現行破産法は，上記の担保権消滅請求制度とは別途に，法192条において，商事留置権消滅請求制度を定める。すなわち，破産手続開始の時において破産財団に属する財産につき商事留置権がある場合において，当該財産が，破産管財人が裁判所の許可を得て事業の継続をする際に（破36条），当該事業に必要なものであるとき，その他当該財産の回復が破産財団の価値の維持又は増加に資するときは，破産管財人は，裁判所の許可を得て，留置権者に対して，財産の価額に相当する金銭を弁済し，当該留置権の消滅を請求することができるとされる（破192条）。会社更生法上の商事留置権消滅請求制度（改正前会社更生161条の2，現会社更生29条）を参照し，平成16年破産法改正により導入されたものである。破産法上の商事留置権消滅請求制度は，このように，事業継続等に必要な目的財産や仕掛品等加工して破産財団の価値の増殖を図ることができる財産を破産財団に回復させることを目的とする点で，任意売却をしてその売得金の一部を破産財団に組み入れることを内容とする破産法上の担保権消滅請求制度とはその目的を異にし，民事再生法上の担保権消滅請求制度（202頁参照）と趣旨を同じくする。（第15章Ⅳ更生担保権(3)も参照）

定にしたがって，担保権者に係る配当表を作成して，その配当を実施しなければならない（破191条1項。なお同2項参照）。

　制度の利用状況　担保権消滅請求制度は，上記に見るように，手続上重い構造となっており，またそもそもその積極的な利用を想定して導入されたのでなく，これを背景に任意売却につき破産管財人と別除権者との交渉を容易にするために設けられたもので，制度の導入後，その利用件数はそれほど多くないのが現状である（民事再生法，会社更生法上の担保権消滅請求制度についても同様にいえる）。しかし，同制度の存在意義については，立法当初の期待どおり，実務において，任意売却につき破産管財人と別除権者の合意形成を側面から促す機能を果たしているもの，と肯定的に評価されている（田原・前掲412頁，『倒産法概説〔第2版〕』384頁，前掲『条解破産法』1182頁）。

第10章
破産債権の届出・調査・確定と破産配当

I　破産債権の行使

　破産手続は，債権者および利害関係人の利害を公平かつ公正に調節することを目的の1つとしている（破1条参照）。そこで，破産手続開始後に，破産債権者が個別に破産債権を行使すること（支払いを求めて弁済を受領する，強制執行により債権を回収するなど）を認めてしまうと，破産債権者の間で不公平が生じる結果となり，破産手続の目的が実現されない。

　なぜなら，破産手続が行われるのは，支払不能（破15条），または債務超過（破16条）という破産原因がある場合であり，すべての債権者が全額の弁済（履行）を受けることは不可能な状態なのだから，一部の債権者が自己の債権の全額を回収することは，債権者平等の原則に反するのであって破産手続の目的にそぐわない。

　そこで，破産債権は，破産手続によってのみ行使することができるものとされる（破100条1項）。すなわち，破産債権者は，破産債権を裁判所に届け出て（破111条以下），調査（破115条以下）および確定（破124条以下）の手続を経て，破産財団から配当を受ける（破193条以下）という形で債権を回収する。

　このことは，破産債権者は，破産債権を破産手続外で個別に行使することは許されないこと，および，破産手続を通じて自己の債権の債権額に応じた比例的な満足を得られるにとどまることを意味する。

Ⅱ　破産債権の届出

届出の方式　破産債権者は、破産債権の届出期間内に、裁判所に対して破産債権を届け出る（破111条1項）。破産債権者は、この届出をすることにより、当該破産手続において破産債権者としての地位が認められる。すなわち、配当を受けることはもとより（破193条以下）、債権者集会での議決権行使を行うことができる（破135条以下）。

届け出なければならない事項は、①破産債権の額および原因、②優先的破産債権であるときはその旨、③劣後的破産債権または約定劣後破産債権であるときはその旨、④自己に対する配当額の合計額が最高裁判所規則で定める額（1000円。破規32条1項）に満たない場合においても配当金を受領する意思があるときはその旨、⑤そのほかの最高裁判所規則で定める事項（破規32条2項1～4号）である（破111条1項1号～5号）。

また、別除権者が破産債権を届け出る場合には、上記の①から⑤に加えて、⑥別除権の目的である財産、⑦別除権の行使によって弁済を受けることができないと見込まれる債権の額を届け出なければならない（同条2項）。なお、準別除権者も別除権者と同じ事項を届けることが必要とされる（同条3項）。

届出の期間　裁判所は、破産手続開始の決定と同時に、破産債権の届出の期間を定めなければならない（破31条1項1号）。その期間は、原則として、破産手続開始決定の日から2週間以上4ヶ月以下とされる（破規20条1項1号）。

破産債権者は、破産債権届出期間内に破産債権の届出をしなければならない（破111条1項）。もっとも、破産債権者の責めに帰することができない事由によって、一般調査期間の経過または一般調査期日の終了までに届出ができなかった場合には、その事由が消滅した後1ヶ月以内に限り届出をすることが認められる（破112条1項）。その場合には、破産債権の調査のための特別調査期間が定められる（破119条2項）。

破産債権者表の作成　破産債権の届出がなされると、裁判所書記官は、破産債権者表を作成しなければならない（破115条1

項)。利害関係人は，裁判所書記官に対して，破産債権者表の閲覧を求めることができる（破11条1項）。

　記載される事項は届出事項と同じである。すなわち，①破産債権の額および原因，②優先的破産債権であるときはその旨，③劣後的破産債権または約定劣後破産債権であるときはその旨，④自己に対する配当額の合計額が最高裁判所規則で定める額（1000円。破規32条1項）に満たない場合においても配当金を受領する意思があるときはその旨，⑤別除権（および準別除権）の行使によって弁済を受けることができないと見込まれる債権の額，⑥そのほかの最高裁判所規則で定める事項（破規32条2項1号～4号）である（破115条2項）。

　記載に誤りがある場合には，裁判所書記官は，申立てにより又は職権で，いつでもその記載を更正することができる（同条3項）。

III　破産債権の調査

> 破産債権の調査

　破産債権の調査とは，届出がなされた破産債権について，債権の存否，債権の額，および，債権の優先劣後の順位等を調査することをいう。すなわち，破産債権者表が作成されたのち，裁判所は，債権調査期間を定めて書面による破産債権の調査をするか（破116条1項），または，債権調査期日を定めて口頭による調査を行う（同条2項）。法文上は，債権調査期間による方式が原則とされるが，実務上は債権調査期日が定められる場合も少なくない。前者は，裁判所が定めた一定の期間内に，破産管財人，破産債権者，および破産者が，裁判所に対して，書面によって届出債権に対する認否や異議を述べるという方法であり，後者は，裁判所が定めた特定の日時に，破産管財人，破産債権者，および破産者が集まって口頭により認否や異議を述べあうという方法である。

　このように，調査とはいっても，すべての破産債権についてその存否や額等を最初から調べるのではなく，まず破産債権者が自己の破産債権を届け出て（自己申告），それに対して破産管財人または他の届出破産債権者から異議がでるかどうかという形の調査が行われる。異議等がなければ，その破産債権は届出どおりの内容で存在するものと扱われ，他方，異議等がでれば，その破産債

権の存否や内容を確定する手続を経ることになる。

以下では，期間を設定する調査方法と期日を設定する調査方法について順に説明する。

債権調査期間における調査（書面による調査）

(1) **裁判所による債権調査期間の定め**　裁判所は，債権調査期間を定めて書面による債権調査を行う場合には，破産手続開始決定と同時に，破産債権を調査するための期間を定めなければならない（破31条1項3号）。債権調査期間は，主として債権届出期間内に届出のなされた破産債権についての調査を行うための一般調査期間（破118条）と，主として債権届出期間経過後に届出又は届出事項の変更のなされた破産債権についての調査を行うための特別調査期間（破119条）とに分けられる。

(2) **一般債権調査期間における調査**

(a) 破産管財人による認否

破産管財人は，一般調査期間が定められた場合は，債権届出期間内に届出があった破産債権について，認めるか争うかという態度を示すこと，すなわち認否を行わなければならない（破117条1項）。認否の判断をする際には，債権届出書に添付された証拠書類や破産者の帳簿，そのほか事情聴取の内容などを資料として用いる。認否の対象となる事項は，①破産債権の額，②優先的破産債権であること，③劣後的破産債権または約定劣後破産債権であること，④別除権の行使によって弁済を受けることができないと見込まれる債権の額である（義務的認否事項。同条同項1号ないし4号）。

そして，破産管財人は，一般調査期間前の裁判所が定める期限までに，これらの事項についての認否を記載した認否書を作成して裁判所に提出しなければならない（破117条3項）。なお，認否書には，債権届出期間経過後に届出または届出事項の変更があった破産債権についての上記①から④の事項に関する認否を記載することができる（裁量的認否事項。同条2項）。

破産管財人が認否をするべき事項でありながら，認否書に認否の記載がない場合には，破産管財人はその事項を認めたものとみなされる（破117条1項4号。同条同項5号も同趣旨の規定である）。

破産管財人が否認した破産債権については，後述する破産債権の確定手続を

経て，その存否や額などが確定されることになる（破125条以下）。

(b) **破産債権者の異議・破産者の異議**
　届出をした破産債権者は，一般調査期間内に，裁判所に対して，管財人による認否の対象となる破産債権についての上記の①から④の事項について，書面で異議を述べることができる（破118条1項）。破産者は，一般調査期間内に，裁判所に対して，管財人による認否の対象となる破産債権の額について，書面で異議を述べることができる（同条2項）。破産債権者，破産者のいずれも，書面で異議を述べる際には，異議の内容のほか異議の理由も記載しなければならない（破規39条1項）。

　破産債権者が異議を述べた破産債権については，破産債権の確定手続を経て，その存否や額などが確定されることになる（破125条以下）。なお，破産者だけが異議を述べた破産債権については，破産債権確定手続を経ることなくそのまま確定する（破産者の異議には，破産債権者表の記載による強制執行を妨げる効果がある。破221条2項）。

(3) **特別調査期間における調査**　　債権届出期間の経過後，一般調査期間の満了前または一般調査期日の終了前に届出がなされた，又は届出事項の変更がなされた破産債権も，当然に債権調査の対象になる（破112条参照）。そこで，裁判所は，これらの破産債権について，その調査をするための期間（特別調査期間）を定めなければならない（破119条1項）。また，破産債権者がその責めに帰することができない事由によって一般調査期間の経過又は一般調査期日の終了までに届出をすることができなかった破産債権についても，その事由の消滅後1ヶ月以内に限り債権の届出ができることから（破112条1項・3項・4項），裁判所は，特別調査期間を定めなければならない（破119条2項）。なお，特別調査期間に関する費用は，当該破産債権を有する者の負担となる（同条3項）。

　破産管財人は，一般調査期間におけるのと同様に，特別調査期間に係る破産債権についての認否を記載した認否書を作成し，特別調査期間前の裁判所の定める期限までに裁判所に提出しなければならない（破119条4項）。そして，一般調査期日と同様に，届出をした破産債権者は認否書記載の事項について，また，破産者は破産債権の額について，裁判所に対して，書面で異議を述べることができる（同条5項）。破産管財人の認否，破産債権者および破産者の異議の

効力は，一般調査期日の場合と同じである。

債権調査期日における調査（口頭による調査）

(1) **裁判所による債権調査期日の定め**　破産債権の調査の方法は，法律上は，債権調査期間を定めて，破産管財人が作成した認否書並びに破産債権者及び破産者の書面による異議に基づいて行われるのが原則である（破116条1項）。しかし，裁判所は，必要があると認めるときは，破産債権の調査のための期日を定めて，その期日における破産管財人の認否並びに破産債権者及び破産者の異議に基づいて破産債権の調査をすることができる（同条2項）。

裁判所は，債権調査期日を定めて口頭による債権調査を行う場合には，破産手続開始決定と同時に，破産債権の調査をするための期日を定めなければならない（破31条1項3号）。債権調査期日は，主として債権届出期間内に届出のなされた破産債権についての調査を行うための一般調査期日（破121条）と，主として債権届出期間経過後に届出又は届出事項の変更のなされた破産債権についての調査を行うための特別調査期日（破122条）に分けられる。

(2) **一般調査期日における調査**　一般調査期日は公告されるとともに（破32条1項3号），破産管財人，破産者及び知れている破産債権者等に通知されなければならない（同条3項）。

破産管財人は，一般調査期日が定められたときは，その期日に出頭し，債権届出期間内に届出があった破産債権について，債権額などの調査事項（破117条1項各号）についての認否をしなければならない（破121条1項）。

届出をした破産債権者は，一般調査期日に出頭して，破産管財人の認否の対象とされる破産債権についての調査事項について，異議を述べることができる（同条2項）。

破産者は，一般調査期日に出頭しなければならず，破産管財人の認否の対象とされる破産債権の額について異議を述べることができる（破121条3項・4項）。また，破産者は，必要な事項に関して意見を述べなければならない（同条5項）。なお，破産者がその責めに帰することができない事由によって一般調査期日に出頭することができなかったときは，破産者は，その事由の消滅後1週間以内に限り，裁判所に対して，当該一般調査期日における調査に係る破産債権の額について，書面で異議を述べることができる（破123条1項）。

債権届出期間経過後に届出がなされた，又は届出事項の変更がなされた破産債権についても，一般調査期日において調査をすることにつき破産管財人および破産債権者の異議がない場合には，この期日において以上に述べたのと同様の方法で調査をすることができる（破121条7項）。

(3) **特別調査期日における調査**　裁判所は，債権届出期間の経過後，一般調査期間の満了前又は一般調査期日の終了前に届出がなされ，又は届出事項の変更がなされた破産債権について，必要があると認めるときは，その調査をするための期日（特別調査期日）を定めることができる（破122条1項）。

調査の対象となる破産債権の範囲，調査費用が当該破産債権者の負担となることなどの点では特別調査期間に準じる一方で，口頭での認否や異議を述べることによる調査の方法が採用されている点では一般調査期日に準じる（同条2項参照）。

Ⅳ　破産債権の確定

破産債権の確定　破産債権の存否および内容について，その破産手続内でもはや争うことが許されなくなった状態を破産債権の確定という。破産債権の調査において，破産管財人により否認されず，他の届出債権者による異議も述べられなかった破産債権については，そのままの内容で確定する（破124条1項）。他方，これらの否認や異議がなされた破産債権については，破産債権の確定手続（破産債権査定の申立て，破産債権査定異議の訴え）などを通じて確定されることになる（破131条1項・2項）。

債権調査による確定（破産式確定）　破産債権の調査において，破産管財人が認め，かつ，届出をした破産債権者が，債権調査期間（一般調査期間若しくは特別調査期間）内，又は債権調査期日（一般調査期日若しくは特別調査期日）において異議を述べなかったときは，①その破産債権の額，②優先的破産債権であること，③劣後的破産債権又は約定劣後破産債権であることの各事項が確定する（破124条1項）。そして，裁判所書記官は，破産債権の調査の結果を破産債権者表に記載しなければならない（同条2項）。このようにして確定された事項についての破産債権者表の記載は，破産債権者の全員に対して確定判

決と同一の効力を有する（同条3項。その効力は破産管財人にも及ぶと解されている）。このように，調査だけで債権が確定されることを債権の破産式確定という。

破産債権者表の記載が有する確定判決と同一の効力とは，破産債権者および破産管財人は，破産式確定によって確定された破産債権の内容（上記の①②③）について破産手続内ではもはや争うことができないという効力である。このことを既判力という概念を用いて説明するべきなのか，また，既判力を認めるのだとしたら，破産手続外においても破産債権の内容に関する不可争性を認めるべきかどうかについては見解が分かれている。

> 破産債権の確定手続

(1) 債権調査によって確定しない場合の確定手続

破産債権の調査において，ある破産債権について，管財人が否認したり，届出破産債権者が異議を述べた場合には，その破産債権が無名義債権であれば破産債権査定の申立てにより，また有名義債権であれば破産者がすることのできる訴訟手続によって確定されることになる。

有名義債権とは，執行力のある債務名義または勝訴の終局判決のある破産債権をいい，無名義債権とはそれらのない破産債権をいう。

(2) 無名義破産債権の確定手続

(a) 破産債権査定の申立て

破産債権の調査期間又は調査期日において，無名義債権の額又は優先的破産債権，劣後的破産債権若しくは約定劣後破産債権であるかどうかの別（以上を「額等」と総称する）について，破産管財人が否認したり，届出破産債権者が異議を述べた場合には，その破産債権（「異議等のある破産債権」という）を有する破産債権者は，その額等の確定のために，当該破産管財人および当該異議を述べた届出破産債権者（「異議者等」という）の全員を相手方として，裁判所に，その額等についての査定の申立て（「破産債権査定申立て」という）をすることができる（破125条1項）。

有名義債権はこの申立ての対象外であり，また，無名義債権であっても，破産手続開始当時に訴訟が係属している場合にはこの申立ての適用はなく，否認ないし異議を述べられた破産債権者は，異議者等の全員を当該訴訟の相手方として訴訟手続の受継の申立てをしなければならない（同条同項但書，破129条1

項・2項)。

　破産債権査定申立ては，異議等のある破産債権に係る一般調査期間若しくは特別調査期間の末日又は一般調査期日若しくは特別調査期日から1ヶ月の不変期間内にしなければならない（破125条2項）。

　破産債権査定申立てによる手続においては，破産債権者は主張に関する制限を受ける。すなわち，破産債権者は，異議等のある破産債権についての，①破産債権の額，②優先的破産債権であること，③劣後的破産債権または約定劣後破産債権であることについて，破産債権者表に記載されている事項のみを主張することができる（破128条）。破産債権者表に記載されている事項以外の事柄について，異議等のある破産債権を有する破産債権者と異議者等との間だけで確定することを認めてしまうのは，その事柄について他の利害関係人の関与する機会を奪うことになり適切ではないからである。もっとも，売買代金債権と届け出たものを請負代金債権に変更する場合のように，社会経済的に同一の利益を目的とする権利であると認められる限りにおいては，破産債権者表に記載されたものとは別個の権利を主張することも許される。

　破産債権査定申立てがあった場合には，裁判所は，不適法として却下する場合を除いて，異議者等を審尋したうえで，決定で異議等のある破産債権の存否および額等を査定する裁判をしなければならない（破125条3項・4項）。この裁判を破産債権査定決定という。そして，破産債権査定申立てについての決定があった場合には，その裁判書を当事者に送達しなければならず，公告をもって送達に代えることはできない（同条5項）。なお，この決定に対して不服がある者は，破産債権査定異議の訴えによることになる。

　(b)　破産債権査定異議の訴え
　(i)　意　義
　破産債権査定申立てについての決定に不服がある者は，その送達を受けた日から1ヶ月の不変期間内に，異議の訴えを提起することができる（破126条1項）。この訴えを破産債権査定異議の訴えという。

　破産債権査定申立てについての決定は，実体的な権利の内容にかかわるものであるため，それに対して不服がある場合には，訴訟手続によって審理裁判される機会を保障する必要がある。そのために設けられているのが，破産債権査

定異議の訴えである。

この訴えによって，異議等がなされた破産債権者は異議等を排除して破産債権の確定を求めることができ，また，異議者等は異議等を貫徹して異議等のあった破産債権の排除を求めることができる。このように，破産債権査定異議の訴えは，破産債権査定決定に対する異議権を訴訟物として，同決定の効果を認可したり変更したりすることを求める形成の訴えとしての性質を有する。

(ii) 管　　轄

破産債権査定異議の訴えの管轄裁判所は，破産裁判所であり（破126条2項），それは専属管轄である（破6条）。なお，破産法においては，破産裁判所とは破産事件が係属している裁判体を含む官署としての地方裁判所をいう（破2条3項）。たとえば，当該破産事件を大阪地方裁判所第6民事部の裁判体が担当している場合であれば，破産裁判所とは，その裁判体ではなく，大阪地方裁判所をいうことになる。なお，破産債権者が500人以上となる大規模破産事件については，本来の管轄裁判所（破5条1項・2項）に加えて高等裁判所所在地の地方裁判所（同条8項），また，1000人以上の事件については，東京地方裁判所または大阪地方裁判所にも管轄が認められる（同条9項）。

(iii) 当事者

破産債権査定異議の訴えは，①異議等のある破産債権を有する破産債権者が原告となる場合は異議者等の全員を被告としなければならず，また，②異議者等が原告となる場合には異議のある破産債権を有する破産債権者を被告としなければならない（破126条4項）。①の場合には，被告側（異議者等）は固有必要的共同訴訟になる。これに対して，②の場合は，その破産債権に対する異議者等が複数いる場合であっても，異議者等の各人の当事者適格は個々に認められる。しかし，判決の効力が破産債権者の全員に対して拡張することから（破131条1項），原告側は類似必要的共同訴訟になる（破126条6項）。

ところで，異議者等から破産債権査定異議の訴えが提起されても，この訴えの出訴期間（破126条1項）の経過までは，同じ破産債権について他の異議者等からも訴えが提起される可能性がある。そこで，こうした訴えは当初から併合して一体的に審理を行うようにするために，破産債権査定異議の訴えの提訴期間が経過するまでは，口頭弁論を開始することは許されない（同条5項）。

(iv) 主張の制限

破産債権査定異議の訴えの訴訟手続においても，破産債権査定手続におけるのと同様の趣旨から，破産債権者の主張に関する制限がなされる。破産債権者は，異議等のある破産債権についての，①破産債権の額，②優先的破産債権であること，③劣後的破産債権または約定劣後破産債権であることについて，破産債権者表に記載されている事項のみを主張することができる（破128条）。

(v) 判　　決

破産債権査定異議の訴えについての判決においては，裁判所は，訴えを不適法として却下する場合を除いて，破産債権査定申立てについての決定を認可し，又は変更する（破126条7項）。すなわち，①破産債権査定異議の訴えに理由がないと判断する場合には，不服申立ての対象である破産債権査定決定を認可する。また，②破産債権査定異議の訴えに理由がある場合には，不服申立ての対象である破産債権査定決定を変更する。

②は，具体的には，破産債権の内容を一部変更する場合，破産債権が存在しないとする査定決定を取り消して破産債権の一部または全部の存在およびその内容を認定する場合，そして，破産債権が存在するとした査定決定を取り消して破産債権の不存在を認定する場合のいずれかになる。

破産債権の確定に関する訴訟についてした判決は，破産債権者の全員（破産債権の届出をしている者もしていない者もすべて含まれる）に対して，その効力を有する（破131条1項）。したがって，判決確定後は，すべての破産債権者は判決に示された破産債権の存否や内容についての判断に拘束される。届出破産債権の存在や内容について全破産債権者の間で合一に確定することが破産手続の円滑な進行のために必要だからである。

(c) 異議等のある破産債権に関する訴訟手続の受継

異議等のある破産債権に関して破産手続開始当時訴訟が係属している場合において，破産債権者がその額等の確定を求めようとするときは，異議者等の全員を当該訴訟の相手方として，訴訟手続の受継の申立てをしなければならない（破127条1項）。

債権者が債務者を被告として債権の履行を求める訴えを提起し，その訴訟の継続中に，債務者について破産手続が開始された場合には，その訴訟手続は中

断する（破44条1項）。そして，中断した訴訟の原告である債権者は，破産債権者として破産手続に参加することになる（破100条1項）。その際，その者がした破産債権の届出に対して，管財人の否認や他の破産債権者の異議がなされると，その破産債権の確定手続を経る必要が生じる。しかし，その債権の存否については既に訴訟手続で審理がなされてきたのであるから，あらたに破産債権査定手続を開始するよりも，中断している訴訟手続を継続して利用する方が合理的であると考えられる。そこで，当該訴訟手続において異議者等を当事者の地位につけることにより，訴訟手続を続行することとしたのである。

　この場合においても，破産債権査定手続や破産債権査定異議訴訟におけるのと同様に，破産債権者の主張に関して制限がなされる。破産債権者は，異議等のある破産債権についての，①破産債権の額，②優先的破産債権であること，③劣後的破産債権または約定劣後破産債権であることについて，破産債権者表に記載されている事項のみを主張することができる（破128条）。

　(3)　**有名義破産債権の確定**　　債務名義（民執22条参照）または終局判決のある破産債権を有名義破産債権という。債権調査において，有名義破産債権について異議等がなされた場合には，異議者等は，破産者がすることのできる訴訟手続によってのみ，異議を主張することができる（破129条1項）。この場合には，有名義破産債権者は，既に債務名義または終局判決を得ているのだから，その地位（債権が存在すると判決等で認められた地位）が保護されることが必要となる。すなわち，異議等を主張する破産管財人または破産債権者の側から訴えを提起することとする（起訴責任の転換）とともに，その際に異議者等が利用できる手続を，債務者としての破産者がすることができる訴訟手続だけに限定したのである。たとえば，異議等のある破産債権者が既に確定給付判決を得ている場合に（民執22条1号参照），異議者等は，再審の訴えのほか，請求異議の訴え（民執35条），あるいは債務不存在確認の訴えを利用することができる。

　(4)　**破産債権の確定に関する訴訟の結果の記載**　　裁判所書記官は，破産管財人又は破産債権者の申立てにより，破産債権の確定に関する訴訟の結果を破産債権者表に記載しなければならない（破130条）。破産債権査定決定に対して破産債権査定異議の訴えが提起されなかったとき，又は，破産債権査定異議の訴えが却下されたときは，破産債権査定決定の内容を記載する（同条本文かっ

こ書き)。

(5) **破産手続終了の場合における破産債権の確定手続の取扱い**　破産債権の確定手続が係属している間に破産手続が終了することがある。その場合の破産債権確定手続の扱いを破産法は次のように定めている。

(a)　破産債権査定申立ての手続

破産債権査定申立ての手続が係属中に破産手続が終了した場合は、破産手続の終了が破産手続開始決定の取消し又は破産手続廃止の決定の確定によるときは、破産債権査定手続は終了する。破産手続終結の決定により破産手続が終了したときは、破産債権査定手続は引き続き係属する（破133条1項）。

(b)　破産債権査定異議の訴え

破産債権査定異議の訴えにかかる訴訟手続であって、破産管財人が当事者であるものは、破産手続終結の決定によって破産手続が終了したときは、訴訟手続は中断しないとされる（破133条3項）。

破産手続が終了した際に、係属している破産債権査定異議の訴えにかかる訴訟手続であって、破産管財人が当事者でないものは、破産手続の終了が破産手続開始決定の取消し又は破産手続廃止の決定の確定による場合には、当該訴訟手続は終了する。また、破産手続終結の決定によって破産手続が終了したときは、当該訴訟手続は引き続き係属するとされる（同条4項）。

(c)　破産債権確定に関する訴訟として受継された訴訟

破産債権確定に関する訴訟として受継された訴訟（破127条1項、129条2項）であって、破産管財人が当事者であるものは、破産手続終結の決定によって破産手続が終了したときは、訴訟手続は中断しないとされる（破133条3項）。

破産債権確定に関する訴訟として受継された訴訟であって、破産管財人が当事者でないものは、破産手続の終了が破産手続開始決定の取消しまたは破産手続廃止の決定の確定による場合には、当該訴訟手続は中断する。また、破産手続終結の決定によって破産手続が終了したときは、当該訴訟手続は引き続き係属するとされる（同条5項）。

V　破産配当

配当の意義　破産手続の目的の1つは，すべての破産債権者に対して公平に破産債権の回収を行わせることにある。破産債権者の破産債権の回収，すなわち破産債権者に満足を与えるための方法として配当が行われる。配当とは，破産管財人が，破産財団に属する財産を換価した金銭を，届出破産債権者たちに対して各自の破産債権の順位や額に応じて分配することをいう（破193条以下）。

配当することができる金銭の総額は，換価によって破産管財人が得た金銭から，破産手続の費用や破産管財人の報酬などの財団債権（破148条）への弁済分を差し引いた残額である（破151条）。

配当の順位は，①優先的破産債権，②一般の破産債権，③劣後的破産債権，④約定劣後破産債権の順とされる（破194条1項）。また，同一順位の破産債権の間では，それぞれの債権の額に応じて配当が行われる（同条2項）。したがって，たとえば，優先的破産債権者に対する配当が行われてなお残額があれば一般の破産債権者への配当がなされ，その際に，すべての一般の破産債権について全額満足させることができない場合には，それぞれの債権額に応じた比例的な配当が行われることになる。

配当の種類　配当は，破産財団に属する全部の財産の換価が終了した後に行われる最後配当（破195条以下）と財団全部の換価が終了する前になされる中間配当（破209条以下）があり，破産法上は，最後配当が原則的な配当方式とされている。そのほかに，最後配当に代わる簡易迅速な配当方法としての簡易配当（破204条以下）および同意配当（破208条），さらに最後配当の後に補充的になされる追加配当（破215条）がある。

最後配当　(1)　**意　義**　破産管財人は，一般の債権調査の終了後であって破産財団に属する財産の換価の終了後においては，破産手続廃止の決定がなされた場合（破217条1項）を除いて，遅滞なく，届出破産債権者に対して，最後配当をしなければならない（破195条1項）。最後配当が行われると破産手続は終了する。

破産財団の規模が大きい破産事件では，中間配当が行われた後に最後配当がなされる場合が多く，規模が小さい破産事件では最後配当だけがなされる場合が多い。

最後配当をする場合には，破産管財人は，裁判所書記官の許可を得なければならない（同条2項）。また，裁判所は，破産管財人の意見を聴いて，あらかじめ，最後配当をすべき時期を定めることができる（同条3項）。

(2) 手　　続
(a) 配当表の作成

破産管財人は，裁判所書記官の許可があったときは，遅滞なく配当表を作成して裁判所に提出しなければならない（破196条1項本文）。配当表の記載事項は，①最後配当の手続に参加することができる破産債権者の氏名又は名称および住所，②最後配当の手続に参加することができる債権の額，③最後配当をすることができる金額である（同条1項1号ないし3号）。②の破産債権の額の記載は，破産債権の順位を明らかにする形で行わなければならない（同条2項）。

破産管財人は，配当表を裁判所に提出した後，遅滞なく，最後配当の手続に参加することができる債権の総額および最後配当をすることができる金額を公告し，又は，届出破産債権者に通知しなければならない（破197条1項）。

(b) 最後配当の手続に参加することができる破産債権者

最後配当の手続に参加することができる破産債権者は，以下の破産債権を有する者である。

(i) 確定した破産債権

債権調査で異議等のない破産債権，及び，異議等がなされたが破産債権の確定に関する手続を通じて確定された破産債権を有する破産債権者は，最後配当の手続に参加することができる。この場合における破産債権の確定は，最後配当の公告（破197条1項）が効力を生じた日，又は，破産管財人が最後配当について届出破産債権者へ通知をした旨を裁判所に届け出た日（同条3項）までに，又はそれらの日から起算して2週間以内（破198条1項。最後配当に関する除斥期間）になされている必要がある。

(ii) 最後の配当に関する除斥期間経過時までに確定していない破産債権

最後の配当に関する除斥期間経過時までに確定していない破産債権について

は，最後配当をする時点においてその存否および額等が確定していないのだから，配当に際しては特別な規律が必要になる。

① 有名義破産債権

異議者等と有名義破産債権者の間でなされている訴訟手続（破129条1項，2項）が係属中である場合は，その有名義破産債権は届出どおりの内容で配当表に記載される（破198条1項括弧書参照）。もっとも，当該訴訟手続の帰趨はこの時点では不明であるため，金銭が配当されるのではなく，配当額の供託がなされる（破202条1号）。

② 無名義破産債権

異議者等と無名義破産債権者の間でなされる破産債権の確定手続が係属中である場合は，当該破産債権者は，最後配当に参加するためには，最後配当に関する除斥期間内に破産管財人に対して，当該異議のある破産債権についての確定手続が係属中であることを証明しなければならない（破198条1項）。それによって，配当表の更正がなされ，配当表に記載される（破199条1項1号）。この場合も配当額は供託される（破202条1号）。

(ⅲ) 条件付破産債権

停止条件付債権または将来の請求権である破産債権について最後配当の手続に参加するには，最後配当に関する除斥期間内に，条件成就または期限の到来によりその債権を行使することができるようになっていなければならない（破198条2項）。また，解除条件付債権である破産債権については，最後配当に関する除斥期間内に条件が成就しない場合には，無条件の債権と同一に扱われる。

(ⅳ) 別除権者

別除権者が，別除権の行使によって弁済を受けられなかった債権額（別除権の不足額）について，破産債権者として最後配当の手続に参加するためには，最後の配当に関する除斥期間内に，破産管財人に対して，当該別除権である担保権の被担保債権の全部又は一部が破産手続開始後に担保されないこととなったことを証明するか，又は当該担保権の行使によって弁済をうけることができない債権の額を証明しなければならない（198条3項）。

(v) 配当打ち切り主義

このように，確定手続係属中の無名義破産債権，停止条件付の破産債権，将来の請求権である破産債権，別除権の不足額についての破産債権は，いずれも最後配当に関する除斥期間内に証明をしなかったときまたは条件が成就しなかったときは，最後配当による配当を受けることができない。これを配当打ち切り主義という。

(c) 配当表に対する異議

届出破産債権者は，配当表の記載に不服があるときは，最後配当に関する除斥期間が経過した後1週間以内に限り，裁判所に対して異議を申し立てることができる（破200条1項）。裁判所は，異議の申立てに理由があると認めるときは，破産管財人に対して配当表の更正を命じなければならない（同条2項）。

(d) 配当額の決定および通知

破産管財人は，最後配当に関する除斥期間が経過した後1週間を経過した後，遅滞なく，最後配当の手続に参加することができる破産債権者に対する配当額を定めなければならない（破201条1項）。そして，定めた配当額を，破産管財人は，最後配当の手続に参加することができる破産債権者に通知しなければならない（同条7項）。なお，この通知を発する前に破産管財人に知られていない財団債権者は，最後配当をすることができる金額をもって弁済を受けることができない（破203条）。

(e) 配当金の支払い

破産債権者は，破産管財人がその職務を行う場所に出向いて配当を受けなければならない（取立債務）。ただし，破産管財人と破産債権者との合意によってそれとは異なる支払方法を定めることができる（破193条2項）。

最後配当の時点までに，破産債権の確定手続が終了していない破産債権，及び，破産債権者が受け取らない破産債権への配当額は，その破産債権者のために破産管財人が供託しなければならない（破202条）。供託は支払いの効果が生じるので（民494条），これによって破産管財人は最後配当に関する職務を終えることになる。

中間配当　(1) 意　義　中間配当とは，破産財団に属する全部の財産の換価が終了する前に，最後配当に先立って行われる配当で

ある。すなわち，破産管財人は，一般の債権調査の終了後，破産財団に属するすべての財産の換価の終了前において，配当をするのに適当な破産財団に属する金銭があると認めるときは，最後配当に先立って，届出をした破産債権者に対して，中間配当を行うことができる（破209条1項）。

(2) **最後配当との異同**　中間配当の手続は基本的には最後配当の手続と同じである。もっとも，破産手続の途中の段階で行われるものであることから，いくつかの特則が設けられている。

(a) 裁判所の許可

中間配当は，実施するべきかどうか，どのタイミングで実施するべきかといった判断が必要となる。そのため，裁判所書記官の許可によってなされる最後配当とは異なり，破産管財人は，中間配当をするには裁判所の許可を得なければならない（破209条2項）。

(b) 中間配当に関する除斥期間

配当の公告が効力を生じた日または通知をした旨の届出のあった日から起算した2週間が，中間配当に関する除斥期間とされる（破209条3項）。

異議のある無名義破産債権を有する破産債権者は，この期間内に，破産管財人に対して，破産債権の確定手続が係属中であることを証明しないと中間配当の手続に参加することができない（破209条3項，198条1項）。証明がなされた場合には中間配当が行われるが，配当額が現実に支払われるのではなく，当該破産債権の確定手続が終了するまで寄託される（破214条1項。最後配当では供託される）。また，別除権の不足額についての配当を受けようとする別除権者も，この期間内に，破産管財人に対して，別除権の目的である財産の処分に着手したことを証明し，かつ，その処分によって弁済を受けることができない債権額を疎明しなければ，中間配当の手続に参加することができない（破210条1項）。これらの証明および疎明がなされた場合は，中間配当がなされるが，疎明がなされた額については寄託される（破214条1項3号）。

(c) 条件付破産債権

破産債権が停止条件付債権又は将来の請求権であるときも，その破産債権を有する破産債権者に対する中間配当は行われるが，配当額は現実に支払われるのではなく，寄託される（破214条1項4号）。解除条件付債権である場合には，

破産債権者は，相当の担保を提供すれば配当額を受け取ることができる（破212条1項）。担保が提供されない場合は，破産管財人はその破産債権についての配当額を寄託しなければならない（破214条1項5号）。

(d) 配当率の決定および通知

最後配当では，破産管財人は，配当額を決定して通知しなければならない（破201条1項・7項）のに対して，中間配当では，配当率を定めて，中間配当の手続に参加することができる破産債権者に通知しなければならない（破211条）。

簡易配当および同意配当　(1) **簡易配当**　最後配当に代わる簡易迅速な配当の実施方法として，簡易配当および同意配当という方法がある。

破産管財人は，①配当をすることができる金額が1000万円に満たないと認められる場合，②破産債権の調査の終了までに，簡易配当をすることについて届出破産債権者の全員が異議を述べない場合，又は，③裁判所書記官が簡易配当によることを相当と認めた場合に，裁判所書記官の許可を得て簡易配当を行うことができる（破204条1項）。もっとも，③の場合の簡易配当の通知に対して，届出破産債権者から所定の期間内に異議が述べられたときは，裁判所書記官は簡易配当の許可を取り消さなければならない（破206条）。また，中間配当がなされた場合は，簡易配当を行うことができない（破207条）。

最後配当とのおもな相違点は，破産債権者への周知方法の簡易化（公告を排除して個別通知に限定），配当に関する除斥期間の短縮（2週間から1週間へ），配当表に対する異議の手続における迅速化（即時抗告の不許）などである（破204条，205条）。

(2) **同意配当**　最後配当をすることができる場合において，届出をした破産債権者の全員が，破産管財人の定めた配当表，配当額，並びに配当の時期及び方法について同意しているときには，破産管財人は，裁判所書記官の許可を得て，最後配当に代えて同意配当をすることができる（破208条）。

追加配当　最後配当の額の通知（破201条7項）が発せられた後に，新たに配当にあてることができる相当の財産があることが確認されたときは，破産手続終結決定の前後を問わず，破産管財人は，裁判所の許可を得て，最後配当，簡易配当，又は同意配当とは別に，届出をした破産債権者に

対して，追加配当をしなければならない（破215条1項）。

　追加配当にあてることができる財産としては，①破産債権の確定手続が最後配当に関する除斥期間経過時点において係属中であったため配当額が供託されていた場合で（破202条1号），その後当該手続が破産債権者敗訴に終わったときの供託されていた配当額，②破産債権者から配当金が返還されたり，過払いの税金が還付された場合の返還・還付額，③最後配当の通知後に破産管財人が否認訴訟に勝訴して財産が破産財団に回復された場合の当該財産の換価額，④最後配当の通知後に新たに財産が発見された場合の当該財産の換価額などが挙げられる。もっとも，破産手続終結決定後，いつまでも破産管財人が当該破産事件に携わらなければならないとすることは現実的ではないことなどから，④の財産の範囲は，破産手続終結当時に破産管財人が現実に占有管理している財産に限られると解されている。

　追加配当の手続は，原則として最後配当の手続と同様である。

　追加配当は，最後配当，簡易配当または同意配当について作成された配当表によって行われる（破215条3項）。追加配当の許可がなされた場合には，破産管財人は，遅滞なく，追加配当の手続に参加することができる破産債権者に対する配当額を定めて通知しなければならない（同条4項・5項）。追加配当をした場合には，破産管財人は，遅滞なく，裁判所に対して書面による計算の報告をしなければならない（同条6項）。

第11章
破産手続の終了

I 総　説

　破産手続は，破産財団に属する財産の換価の終了後，破産債権者に対して配当等を行い，その本来の目的を達成したときに，破産手続終結の決定（破220条）をすることによって手続を終了するのが通例である。しかし，法は，破産手続の開始と同時にまたは手続の途中で，これ以上手続を続行させても無意味の場合には，破産手続廃止の決定をすることによって手続を終了し，将来に向かって手続の進行を止めることを認めている。これには，破産財団がわずかで破産手続の費用すら支弁するのに不足することを理由とする場合（費用不足による破産手続廃止。破216条，217条）と手続廃止に関して破産債権者の全員の同意等を得たことを理由とする場合（同意破産手続廃止または同意廃止。破218条，219条）がある。前者は，さらに，破産手続開始の決定と同時になされる場合（同時破産手続廃止または同時廃止。破216条）と破産手続開始の決定後手続の途中でなされる場合（異時破産手続廃止または異時廃止。破217条）に分かれる。なお，破産手続開始決定に対する即時公告に基づいていったん開始された破産手続が取り消される場合（破33条3項）や，破産手続の途中で法的再建型手続へ移行した場合は，破産手続が中止・失効することよって，手続が終了することがある（民再39条1項，会更50条1項，民再184条，会更208条）。

II　配当による破産手続終結

> 破産手続終結の決定

　最後配当，簡易配当または同意配当が終了すると，破産管財人による収支に関する計算報告の手続が行われる（破220条参照）。すなわち，破産管財人は，その任務が終了したときは，遅滞なく，債権者集会において計算の報告をする（破88条）か，書面による計算の報告をしなければならない（破89条）。

　裁判所は，計算報告を目的として召集された債権者集会が終結した時または書面による計算の報告の場合において計算に対する異議申立て期間が経過した時に，破産手続終結の決定をしなければならない（破220条1項，88条4項，89条2項）。裁判所は，破産手続終結の決定をしたときは，直ちに，その主文および理由の要旨を公告し，かつ，これを破産者に通知しなければならない（破220条2項）。破産手続終結の決定に対しては，このような厳格な手続を踏まえたことから即時抗告による不服申立ては認められない（破9条参照，なお旧破282条2項参照）ので，公告がなされた時より，破産手続が終結し，後述の効果が発生する。

> 破産手続終結の効果

　(1) 破産手続終結決定の登記・登録の嘱託等　破産者が法人である場合には，裁判所書記官は，破産手続終結の決定があったときに，職権で，遅滞なく，破産手続終結の登記を当該破産者の本店又は主たる事務所の所在地を管轄する登記所に嘱託し（破257条7項・1項），破産者の主務官庁等に通知しなければならない（破規9条2項・1項）。これに対して，破産者が個人である場合は，裁判所書記官は，当該破産者に関する登記があることを知ったとき又は破産財団に属する権利で登記・登録がされたものがあることを知ったときに，職権で，遅滞なく，破産手続終結の登記・登録を登記・登録所に嘱託しなければならない（破258条2項・1項，262条）。なお，破産手続開始決定後，裁判所が，破産者に対する通信の秘密（憲21条2項後段）の制限として，郵便物等の破産管財人への配達の嘱託をしていた場合には，破産手続終結の決定があったときに，これを取り消さなければならない（破81条3項・1項）。

(2) **破産者に対する効果** 破産手続終結後は，破産管財人の任務は終了するので，残余財産があれば，破産者の財産管理処分権は回復される（ただし，急迫の事情があるときは，破産者が財産を管理することができるに至るまで，破産管財人又はその承継人は必要な処分をしなければならない（破90条1項））。

破産者が法人である場合には，残余財産があるときには，清算手続が結了する（この点については，コラム11を参照）までは，なお法人格は存続したものとみなされる（会社476条参照）。これに対して，残余財産がないときには，破産者の法人格は完全に消滅する（破35条参照）。

破産者が個人である場合には，破産手続終結後は，居住に係る制限（破37条）や通信の秘密の制限（破81条3項・1項）は，解除される。これに対して，破産者が公法上・私法上の規定により受けていた資格制限（弁護7条5号，公認会計士4条4号，民847条3号，1009条等）は，破産手続終結後も，免責許可等による復権の手続（破255条1項1号等，256条）をとらなければ，当然には解除されない。

(3) **破産債権者に対する効果** 破産債権者は，破産手続終結後は，個別的権利行使の禁止（破100条1項）から解放される。破産債権者が確定した破産債権を有している場合には，破産手続によって弁済を受けられなかった額につき，破産債権者表を債務名義として強制執行をすることができる（破221条1項）。この点は，とりわけ破産者が個人であって新得財産がある場合に意味を有するように思われる。しかし，破産者が個人である場合には，免責手続が開始されていることがほとんどであるところ（破248条4項参照），免責手続中は破産債権者の個別的権利行使は禁止されるし（破249条1項），後に免責許可決定がされたときには破産債権者による強制執行等による責任追及はもはや許されなくなる（破253条）。

III 破産手続廃止

破産手続廃止は，将来に向かってのみ破産手続の進行を止めるものであり，手続を遡及的に失効させるものでない。この点では，破産手続開始決定に対する即時抗告に基づく破産手続の取消し（破33条3項）が，手続開始の効果を遡

及的に消滅させるものとは異なる。他方，配当による破産手続終結の場合と異なり，利害関係人は，破産手続廃止の決定に対して不服がある場合には，公告が効力を生じた日から2週間以内に，即時抗告をすることができる（破216条4項，217条6項，218条5項，9条）。もっとも，破産手続廃止の決定が確定したときは，破産手続が終了したことになるので（破217条8項，218条5項参照），以下に述べる特別の事項を除けば，配当による破産手続終結決定があった場合と同様の効果が生ずる。

費用不足による破産手続廃止 破産手続を遂行するためには，破産債権者の共同の利益のためにする裁判上の費用（破148条1項1号）や破産財団の管理，換価及び配当に関する費用（同2号）等の種々の費用を要する。これらの費用の請求権は，財団債権として扱われるので，破産債権に先立って，破産手続によらないで破産財団から随時弁済を受けることができる（破151条，2条7項）。そこで，破産財団がわずかで，破産手続の費用すら支弁するのに不足すると認めるときは，破産手続を遂行することが不可能かつ無意味であるので，破産手続を廃止することによって手続を終了させる必要がある。これには，破産手続開始の決定と同時に廃止決定をする場合（同時破産手続廃止または同時廃止。破216条）と破産手続開始の決定後手続の遂行途中で廃止決定をする場合（異時破産手続廃止または異時廃止。破217条）がある。

(1) **同時破産手続廃止（破216条）** 同時破産手続廃止とは，裁判所が，破産財団をもって破産手続の費用を支弁するのに不足すると認めるときに，いったんは破産手続開始の決定をするが，同時に，破産手続廃止の決定をしなければならないことである（破216条1項）。破産手続の開始に際して債務者の財産が破産手続の費用すら支弁するのに不足するおそれがある場合には，破産手続開始の申立てを棄却する立法例もある（1994（平成6）年ドイツ倒産法26条1項）。しかし，1922（大正11）年破産法は，破産手続開始原因がある限り債務者の資格制限等手続開始の効果を発生させる必要があり，他方では，廃止決定により無益な手続を終了させる必要があることから，同時破産手続廃止制度を採用した。そして，1952（昭和27）年に免責制度が導入された後は，同時破産手続廃止制度は，実際上，個人債務者の経済生活の再生を図る機能をも担うようになった。現行法は，旧法における同時破産手続廃止制度をそのまま引き継い

だものである。なお，法は，申立人は，破産手続開始の申立てをするときは，破産手続の費用として裁判所の定める金額を予納しなければならないとしている（破22条）。したがって，申立人により他から資金を調達すること等によって，破産手続の費用を支弁するのに足りる金額の予納があったときには，手続が遂行できるものとして，同時破産手続廃止の決定をする必要はないとされている（破216条2項）。

　裁判所は，同時破産手続廃止の決定をしたときは，ただちに，破産手続開始決定の主文，及び破産手続廃止決定の主文・理由の要旨を公告し，かつ，これを破産者に通知しなければならない（破216条3項）。通常の破産手続開始の決定と同時になされる破産管財人の選任並びに債権届出期間及び債権調査期間・期日の同時処分（破31条2項・1項）は，行われない。利害関係人は，同時破産手続廃止の決定に対して即時抗告をすることができる（破216条4項，9条）が，この即時抗告については執行停止の効力は生じない（破216条5項，民訴334条1項）。同時破産手続廃止の決定に関する上級審の判断が確定する前に，同時処分を行わなければならない（破31条参照）不都合が生じることを防ぐためである。もっとも，即時抗告に基づいて裁判所が破産手続廃止の決定を取り消す決定をし，それが確定した場合においては，通常の破産手続開始の決定がなされた場合と同様後に破産手続が遂行されることになるので，同時処分・付随処分が行われる（破216条6項，31条，32条参照）。

　近時の実務では，破産者が法人である場合は，原則として，同時破産手続廃止は行われないようである。これに対して，個人の自己破産事件は，従来，そのほとんどがこの同時破産手続廃止によって手続が終了していたが，債権者の立場から批判が多く，現在では，同時破産手続廃止の安易な運用を避ける工夫がされている（この点については，第12章・V・破産を参照）。

(2)　**異時破産手続廃止（破217条）**　　異時破産手続廃止とは，裁判所が，破産手続開始の決定後手続の遂行途中で，破産財団をもって破産手続の費用を支弁するのに不足すると認めるときに，破産管財人の申立てによりまたは職権で，破産債権者の意見を聞いた上，破産手続廃止の決定をしなければならないことである（破217条1項・2項）。異時破産手続廃止が行われる典型例としては，破産手続開始の決定の際に破産財団に属すべき財産内容が明白でなかった

❖コラム11　法人の同時破産手続廃止と清算人

　破産者が法人である場合には，同時破産手続廃止の決定が確定した後，残余財産があるときには，清算手続が行われる（会475条1号参照）。この場合，破産者の法人格が存続するとみなされる（会476条参照）が，誰が清算人になるべきかという問題がある。この問題は，異時破産手続廃止の決定が確定した後および配当による破産手続終結の決定後残余財産が発見された場合にも，同様に発生する。判例（最判昭和43・3・15民集22巻3号625頁）は，株式会社の同時破産手続廃止の事例において，会社の破産により会社と取締役の委任関係は終了し（会330条・民653条），取締役はその地位を失うから，当然には清算人になりえず（会478条1項1号），利害関係人の請求により裁判所が新たに清算人を選任すべきである（同2項）とした。その実質的根拠は，破産管財人選任とパラレルに清算人選任を行うことによって債権者保護を図ろうとするところにあると解されている。これに対して，学説では，そもそも破産によって委任関係が当然に終了するものといえないとして，従来の取締役が清算人になる（会478条1項1号）とすべきであるという見解が有力である。清算人選任による手続の煩雑化を避けるとともに，清算手続にかかわるコストを抑えたい趣旨である。

場合，破産管財人による否認訴訟の敗訴や相手方の取戻権の行使等によって当初存在すると予想していた破産財団が存在しなくなった場合，破産手続開始の決定の際はある程度の破産財団は存在したが，手続開始後財団債権として扱われる多額な給料債権や租税債権の弁済に当ててしまった結果，破産手続の費用を支弁するのに不足する状態に陥った場合，等がある。

　異時破産手続廃止は，破産手続の遂行途中で行われるものであるため，同時破産手続廃止の場合と異なって，破産財団の状況を最も詳しく把握している破産管財人にもその申立権が認められており（破217条1項前段），実際にも，破産管財人からの申立てに基づくのがほとんどである。さらに，裁判所は，異時破産手続廃止の決定をするに当たって，あらかじめ債権者集会の期日において破産債権者の意見を聴取するか，裁判所が相当と認めるときは期日に代えて書面によって破産債権者の意見を聴かなければならない（破217条1項後段・2項。後者の場合においては，債権者委員会又は破産債権者による債権者集会の申立て（破135条1項2号・3号）は，することができない（破217条2項後段））とされる。同時破産手続廃止の場合と同様，破産手続の費用を支弁するのに足りる金額の予納があった場合には，異時破産手続廃止の決定をする必要はないとされている（破217条3項）ところ，異時破産手続廃止の場合には，破産債権者に費用を予納し

て，手続の続行を求める機会を与える必要があるので，破産債権者の意見を聴く仕組みが必須となったためである。

裁判所は，異時破産手続廃止の決定をしたときは，直ちに，その主文及び理由の要旨を公告し，かつ，その裁判書を破産者及び破産管財人に送達しなければならない（破217条4項）。破産管財人により異時破産手続廃止の申立てがなされ，それが棄却されたときは，裁判所はその裁判書を破産管財人に送達しなければならない（同条5項前段。なお，この場合においては，公告をもって送達に代える（破10条3項本文）ことはできない（同項後段））。利害関係人は，異時破産手続廃止の決定及び異時破産手続廃止の申立てを棄却する決定に対して，即時抗告をすることができる（破217条6項）し，この即時抗告については，執行停止の効力が生じる（民訴334条1項。なお，破216条5項参照）。即時抗告に基づいて裁判所が異時破産手続廃止の決定を取り消す決定をし，それが確定した場合においても，裁判所は，直ちに，その旨を公告しなければならない（破217条7項）。

異時破産手続廃止の決定が確定されると，破産管財人の任務は終了するが，その後も破産管財人は，法152条の規定に従い，財団債権者に財団債権を弁済するか，財団債権の存否または額について争いがある場合にはそれを供託しなければならない（破90条2項）。この限りで，破産管財人の財産管理処分権は存続するといえる。

同意破産手続廃止（破218条，219条）　同意破産手続廃止とは，裁判所が，債権届出期間内に届出をした破産債権者の全員の同意を得ている場合又は同意をしない破産債権者がある場合においても，当該破産債権者に対して裁判所が相当と認める担保を供しているときに（ただし，破産財団から担保を供した場合には，他の届出をした破産債権者の同意を得ているときに限る），破産者の申立てに基づいて，破産手続廃止の決定をしなければならないことである（破218条1項。なお，未確定破産債権を有する破産債権者については，裁判所は，上記同意を得ることを要しない旨の決定をすることができる（同2項））。同意破産手続廃止の制度趣旨は，破産手続は破産債権者のための手続であるところ，破産債権者の全員が手続の廃止を望む場合とみられるときには，その理由の如何を問わず手続の続行をさせるべきでない，という考え方に基づくものである。実際上，その

理由として考えられるのは，大口債権者が債務免除をした場合や私的整理が成立した場合等であろう。

　破産者は，債権届出期間経過後破産手続終了前に，債権者の同意書等を添付し，必要事項を記載した申立書等を提出することによって，同意破産手続廃止の申立てをすることができる（破規1条1項，2条1項～3項参照。相続財産破産の場合については，破237条）。破産者が法人である場合には，同意破産手続廃止の申立てをするには，定款その他の基本約款の変更に関する規定に従い，あらかじめ，当該法人を継続する手続をしなければならない（破219条）。法人は破産手続開始の決定によって解散するため（一般法人148条6号，202条1項5号，会471条5号，641条6号），法人継続の手続をとらないと破産手続を廃止しても無意味になるからである。

　裁判所は，同意破産手続廃止の申立てがあったときは，その旨を公告しなければならない（破218条3項）。届出をした破産債権者は，この公告が効力を生じた日から起算して2週間以内に，裁判所に対し，当該申立てについて，書面で理由を明らかにした上，意見を述べることができる（破218条4項，破規71条1項・2項）。旧法では，裁判所は，同意破産手続廃止の決定をするに当たって，必ず破産者，破産管財人，異議を述べた破産債権者から意見を聞かなければならないとされていた（旧破352条）が，現行法は，手続の迅速化を図る趣旨から，このような任意的な意見聴取に改めたものである。意見の理由として考えられるのは，破産手続廃止について破産債権者全員の同意を得られていないことや同意について意思表示の瑕疵が存在すること等である。

　同意破産手続廃止決定の公告・裁判書の送達，廃止申立てに対する棄却決定の裁判書の送達，同意破産手続廃止決定・廃止申立て棄却決定に対する即時抗告および同意破産手続廃止決定の取消し決定の公告等については，異時破産手続廃止の規定がそのまま準用される（破218条5項，217条4項～8項参照）。

　同意破産手続廃止の決定が確定した後も，破産管財人が財団債権の弁済や供託について義務を負う（破90条2項）点は，異時破産手続廃止の場合と同様である。

　他の破産手続廃止の効果と異なる点は，破産者が法人である場合には，同意破産手続廃止の決定が確定すると，解散前の状態に戻る（破219条参照）ことで

ある。他方，破産者が個人である場合には，免責許可の申立てをすることができないとされている（破248条7項1号）ので，免責を受けられない反面，当然に復権するので，公法上・私法上の規定により受けていた資格制限は解除される（破255条1項2号，2項参照）。

Ⅳ　その他の事由による破産手続終了

　破産手続開始決定に対しては，利害関係人は即時公告をすることができ（破33条1項，9条前段），抗告審等で破産手続開始決定が取り消された場合（破33条3項）は，破産手続開始の決定およびそれに基づく効果は遡ってその効力を失う（ただし，破産管財人がその権限に基づき第三者との間でなした行為は，その効力を失わない（大判昭和13・3・29民集17巻523頁））。

　破産手続開始決定後，破産者について，民事再生手続開始・会社更生手続開始の決定があったときは，破産手続は中止される（民再39条1項，会更50条1項）。そして，後に再生計画認可・更生計画認可の決定が確定したときには，それまでに中止されていた破産手続はその効力を失い（民再184条，会更208条），手続は終了する。破産手続に優先する法的再建型手続が開始され，その目的が達成されたときには，破産手続を続行させる意味がないからである。

第12章
個人債務者のための倒産処理手続

I　4つの倒産処理手続

　サラリーマンのA（妻と子2人がいる）は，B銀行で住宅ローンを組んで自宅マンションを購入し（抵当権を設定），生活費や教育費の不足を信販会社のC社や消費者金融のD社からのキャッシングで賄ってきたが，徐々にキャッシングが膨らみ，返済のために他にも数社からキャッシングを重ねることになってしまった。Aは，不景気で勤務先の業績も悪く，給料も下がり気味であるが，何とか債務を整理し，自宅マンションだけは手放したくないと考えている。
　このように，個人の債務者が借金等を返済できない，または，返済が厳しくなった場合の倒産処理手続には，大きく4つある。①任意整理（私的整理），②特定調停，③個人再生，④破産であり，これを弁済原資の観点で区分すると，①②③は，債務の全部または一部を債務者の保有する資産及び将来収益により債権者に弁済していくもの，④は，債務者が保有する資産のみを供出して債権者に配当（場合によっては1円も支払わないこともある）するものである。
　倒産処理手続には，私的整理と法的整理があり，後者の法的整理は，破産法や民事再生法といった法律があり，裁判所における破産手続や再生手続により行われるが，前者の私的整理は，弁護士が債務者を代理して債権者と任意に交渉し，個別の和解をしていくものである。なお，特定調停も，裁判所における調停手続を利用するものの，実質的には私的整理と類似の手続である。
　また，債務者が法人か自然人であるかの区別をする必要があり，株式会社といった法人は，破産手続開始決定を受けると解散し，その後，破産手続の終了により法人格は消滅するが，自然人（本章では，「個人」という）は生身の人間

で，破産手続後も生きて経済生活を続けていく存在であることから，別途の考慮が必要となり，この点，破産法において免責制度が用意されている。

さらに，法的整理には，目的とする方向性により，大きく再建型と清算型があり，民事再生と会社更生は事業再生を目指す再建型，破産と特別清算は事業を解体清算する清算型といわれる。個人の法的整理（破産，個人再生）においても同様ではあるが，いずれも個人債務者の経済的再生を目指すことから，実質的には再建型として機能しているといってよいであろう。

本章では，個人の破産手続を中心に説明する。任意整理，特定調停，個人再生については，破産との比較で特徴となる点を指摘し，手続選択についての考慮要素を検討したい（なお，各種倒産処理手続の概要と私的整理については，第1章II，個人再生の詳細については，第14章参照）。

II　任意整理と特定調停

任意整理　任意整理は，法的整理ではなく私的整理であり，債務者の委任を受けた弁護士が，各債権者との間で債務の整理方法（債権額を調査，確認し，債務者の資産及び将来収益から返済可能な分割弁済に組み替える，すなわちリスケジュールをする）について個別的に和解を行うものである。

いずれの倒産処理手続でも前提となる点として，利息制限法による引き直し計算がある。消費者金融業者からの借入れの中には，利息制限法所定の制限利率（元本額10万円未満の場合は年2割，元本額10万円以上100万円未満の場合は年1割8分，元本100万円以上の場合は年1割5分）を超えて貸付している場合がある（貸金業法の改正については，2006（平成18）年改正，2010（平成22）年6月18日完全施行となっている）。利息制限法超過部分を元本に充当していく作業（これを「引き直し計算」といい，その結果，過払いになる場合もあり，債務と思っていたところへ，逆に過払金返還請求権が資産となってくる。この点，法改正により今後はなくなっていくが，過去の取引については残る）をした上の債権残高（実務上，最終取引時点の債権残高とし，最終取引日から合意成立までの経過利息（この間の期間に相当する利息）やそれ以降の分割弁済期間の将来利息を付さないようにしている。この方法により，債権残高を固定するようにしているのである）を基に返済計画を立案する。通常は，3

❖コラム12-1　借金で死んではいけない！

　毎年，自殺者は3万人を超えているが，そのうち，7000人〜8000人は経済的事情によるといわれている。自殺した方は，借金を清算する方法としてやむをえないと考えたのであろうが，借金のために死ぬ必要はない。倒産法を学んだ者，これから法曹になろうとする者は，尊い命が失われることのないよう，絶対に借金で死んではいけないよ，とアドバイスできるようになってほしい。破産手続や免責制度といった倒産処理手続の存在は，それを学んだ者しか正しく知ってはいないのが現実であり，イメージを悪く捉え，誤解されている向きが多々ある。弁護士は敷居が高いといわれて久しいが，各地の弁護士会，日本司法支援センター（法テラス）では，日々法律相談を行っており（費用面でも様々な配慮がある），思い詰める前に，まず相談をと伝えてほしい。

年から5年程度の分割弁済としている（減額合意のできる場合もあるが，交渉による）。その際，住宅ローンについては，約定どおり弁済し，任意整理の対象としないことも多いが，住宅ローン債権者との個別の交渉で，リスケジュール（返済可能な分割弁済に組み替える）することもある。弁済原資は，債務者の保有する資産および将来収益（将来収入）となる。通常は，毎月の収入－生活費－住宅ローンの支払い＝余剰分を任意整理の弁済原資としている。履行可能な返済計画を立案し，各債権者と個別に合意をしていくことになる。ただし，合意できない債権者を拘束することはできない。

　冒頭の例では，住宅ローン債権者のB銀行には，約定弁済をすることで任意整理の対象とはせず（または個別の交渉をし），信販会社のC社や消費者金融のD社らを対象に任意整理を行い，個別に合意していくことになる。

特定調停　特定調停は，裁判所で行われる民事調停であるが，「特定債務等の調整の促進のための特定調停に関する法律」（特定調停法）により簡易裁判所で行われている。特定調停においても，任意整理と同様に，個別の話し合いによる調停であることから，減額合意できない限り，債権残高を基準とした分割弁済となる。調停に応じない債権者とは合意ができない（ただし，調停に代わる決定（いわゆる17条決定。特調17条）による場合がある）。なお，任意整理と異なり，経過利息を付されることが通例となっている。

　弁護士が債務者を代理する場合，前述の任意整理により処理が可能であり，特定調停は，弁護士が代理していない債務者本人による申立てが多い。

　冒頭の例では，住宅ローン債権者のB銀行には，約定弁済をすることで特定

調停の対象とはせず，A本人が信販会社のC社や消費者金融のD社らを対象に特定調停を申立て，調停委員が間に入り，個別に合意していくことになる。

Ⅲ　個人再生

　個人再生は，将来において継続的にまたは反復して収入を得る見込みがあり，かつ，無担保債権が5000万円を超えない個人債務者が，保有する資産および将来収益（将来収入）を基に，過去の負債である再生債権の一部（多くの場合2割程度）を原則3年間，最長5年内に弁済することにより，残債務の免除を受ける手続である（詳細は，第14章参照）。

　個人再生は，個人債務者の経済的再生を目的としているが，破産財団を破産手続開始時で固定させ，その範囲で配当を行う破産手続とは異なり，将来収益（給与収入や事業収益）から一定期間（原則3年間，最長5年内）の分割弁済を行うことを想定すると共に，住宅資金特別条項を定めることにより，住宅ローン（これを「住宅資金貸付債権」という。）を支払い続ける間の担保権（抵当権）の実行を認めないことで，住宅の保持を図ることを可能とした。

　冒頭の例では，債権者全員を対象に個人再生手続の開始申立てを行い，住宅ローン債権者のB銀行を対象にして，住宅ローンを約定弁済する旨の住宅資金特別条項を定め，信販会社のC社や消費者金融のD社らについては，再生計画により大幅な債務免除を受け，再生債権の弁済を行う。たとえば，再生債権の弁済額が100万円で3年分割の場合，1か月あたり2万7778円の弁済となる。

Ⅳ　手続選択

> 4つの倒産処理
> 手続の関係

　任意整理は，私的整理であり，法的整理である破産や個人再生とは異なり，個々の債権者との個別の合意が必要となる（特定調停も基本は調停で同様）。

　また，破産では，破産債権に対する配当は，破産者が破産手続開始時に保有する資産（破産財団）のみであるが（固定主義），任意整理や特定調停は，将来収益（将来収入）も弁済原資とする。この点は，個人再生も同様であるが，個

人再生では，個別合意ではなく，再生債務者が策定し，裁判所に認可された再生計画により権利変更が行われることになるので，反対債権者の再生債権についても強制的に権利変更を行うことができる点に違いがある。

法的整理の場合，各手続開始決定があると，官報に公告されるが，任意整理や特定調停の場合にはない。ただし，信用情報（いわゆるブラックリスト）に記載される点は共通する。破産においては，免責不許可事由や資格制限がある。

手続選択における考慮要素　基本的に，どの手続を選択するかは，債務者の自由である（たとえば，個人再生の申立てが可能な債務者が破産を選択することも自由である。個人再生前置主義は採用されていない）。

この点，端的にいえば，①債権の状況，②債務者の財産状況，③債務者の収支状況の3点を考慮することになる。

まず，債権につき，リスケジュールや一定程度の債権カット（債務免除）により返済が可能であれば任意整理（または特定調停），大幅な債権カット（たとえば8割カット）をすることで，資産や将来収入から債権の一部の返済が可能であれば個人再生，返済が困難であれば破産を選択することになる。

次に，住宅を保持したい場合には，住宅ローン債権以外の債権を対象に任意整理（または特定調停）を，さらに大幅な債権カットを必要とするなら個人再生を選択することになる（住宅ローンについては全額支払う前提で）。この点，破産の場合には，原則として住宅を保持できない（破産管財人により任意売却されるか，担保権の実行で競売されることになる）。債務者の収支状況から住宅ローンの返済も難しければ，破産を選択するしかない。

別の考慮要素として，相当程度の免責不許可事由がある場合や資格制限がある場合には，破産を選択しにくく（なお，免責に関しては，裁量免責の余地がある），任意整理か個人再生を選択することになる。

V　破　産

個人破産における破産手続開始の申立ての実情　破産手続開始の申立ては，債権者も債務者も可能であるが（破18条1項），個人破産における破産手続開始の申立ては，債務者による自己破産申立てが圧倒的に多い。その

申立ては，経済的再生を求めるため，すなわち，後述する免責許可決定を受けることを目標に行われている。

破産手続開始の申立ては，債務者自らが裁判所に対して行うことができるが，実際上，弁護士が債務者の委任を受け，代理して行うことが多い（実務上「申立代理人」と呼称することが多いが，この申立代理人による事実上の資産調査や免責不許可事由の検討といった点が実務上大きな役割を果たしている）。債務者は，裁判所の費用（印紙1500円，郵券，官報公告費用1万数千円，管財事件の場合には破産管財人報酬見合いの予納金（最低20万円程度））の他に，申立代理人の報酬（弁護士費用）を負担することになる。この点，弁護士によって報酬基準は異なるが，個人（非事業者）の自己破産の申立ての場合の申立代理人の報酬は，20万円から30万円程度が多いであろう。債務者は，経済的理由から破産手続開始申立てを行うことから，日本司法支援センター（法テラス）の行う民事法律扶助を利用することにより，収入・資力の審査を受けた上で，弁護士費用等の立替払いを受けることもできる（後日，原則として分割払いで償還する）。

<u>破産手続開始決定の効果</u>　破産手続開始決定の効果については，第2章を参照されたいが，誤解されやすい点を挙げておくと，破産手続開始決定を受けたことは，戸籍や住民票に載ることはなく，選挙権にも影響しない（公職選挙法参照）。

また，サラリーマン等の従業員の場合，その労働契約にも影響しない。破産手続を選択した際に，退職する必要はなく，使用者も従業員が破産したことをもって不利益に取り扱ってはならない。

退職金制度がある場合，将来の退職金債権は破産財団となる。その4分の3は差押禁止債権であり（民執152条2項），破産手続開始時の退職金見込額の4分の1（実務上，将来の不支給のリスクを考慮し，原則8分の1で評価）が破産財団となる。その換価方法は，破産者に同額を破産財団に組み入れてもらい，退職金債権を破産財団から放棄することにより対処している（破78条2項12号。もっとも，後述する自由財産の範囲の拡張による処理の場合が多い）。破産管財人が破産者を退職させて退職金債権を現実化させるということではない。

破産者が，会社の取締役となっていた場合，資格制限はなくなったが（会社法施行前の旧商法254条の2第2号では，取締役の欠格事由とされていたが，会社法で

は削除された（会331条参照）），会社との委任契約は破産手続開始決定により終了するため（会330条，民653条2号），（臨時）株主総会で改めて取締役に選任される必要がある。

自由財産と自由財産の範囲の拡張　**(1) 破産財団と自由財産の関係**　破産者が破産手続開始時において有する一切の財産が破産財団となる（破34条1項）。このことは，破産債権（破産者に対し破産手続開始前の原因に基づいて生じた財産上の請求権。2条5項。第4章参照）に対する引き当てとなる責任財産を破産手続開始時で固定したことになる（固定主義。第3章参照）。

このことから，①破産者が破産手続開始後に得た給料等の財産（新得財産）は，破産財団にならず，破産者が自由に管理処分できる「自由財産」となる。この点，個人再生が将来収益（将来収入）を再生債権の弁済原資として想定していることと異なる。

また，破産手続開始時の破産者の財産の中でも破産財団にならないものがある（「一切の財産」とあるが，例外がある）。②差押禁止財産という意味での自由財産であり，a 99万円以下の金銭（現金）およびb 差押禁止財産がある（破34条3項。法定の自由財産であり，実務上，本来的自由財産という）。

さらに，破産財団に帰属したとしても，その後に破産管財人が破産財団から放棄した場合には，その③破産財団から放棄された財産は破産者の管理処分権に戻るという意味で自由財産となる（破78条2項12号）。

(2) 自由財産の範囲の拡張　前述のとおり，破産法は，個人の破産において，本来的自由財産を定めたが（破34条3項），破産者の経済的再生，生活保障の観点からは，これらの本来的自由財産だけでは十分でないことから，裁判所は，預貯金，保険解約返戻金，自動車等の他の破産財団帰属財産につき，破産管財人の意見を聴いた上で，破産者の生活状況，破産手続開始時において破産者が有していた差押禁止財産等の種類及び額，破産者が収入を得る見込みその他の事情を考慮して，自由財産の範囲を拡張できることとした（自由財産の範囲の拡張。同条4項・5項）。

居住用の賃借物件の敷金・保証金返還請求権が自由財産の範囲の拡張で自由財産となった場合には，債権が自由財産となったものであるが，賃借人の破産の場合の破産管財人の解除権（53条1項。第5章参照）については，自由財産の

> ❖ **コラム12-2　破産すると身ぐるみ剥がされる?**
> 　破産すると，全財産を失うと思われている向きがある。所有する自宅不動産を手放さないといけないといった面からは，そのとおりであるが，破産財団とならない自由財産もある。具体的には，99万円以下の金銭（現金）と差押禁止財産（年金等）であるが，これだけでは，破産者の経済的再生には不十分として，自由財産の範囲の拡張の制度がある（破34条4項）。本文でも説明した制度であるが，具体的にどうなるのかは，教科書にはほとんど書かれていない。実は，実務上は運用基準がほぼ確立していて，預貯金，保険解約返戻金，自動車，居住用の賃借物件の敷金・保証金返還請求権，退職金債権，電話加入権といった財産（過払金返還請求権については裁判所により異なる）は，通常，破産者の経済的再生に必要な財産として，現金を含め財産の評価額の合計が99万円以下の場合に自由財産の範囲を拡張している（もちろん，諸事情を考慮し99万円を超える拡張が認められる場合もある）。

範囲の拡張により賃貸借契約も自由財産関係となったものとして，破産管財人は解除できないと解されている（保険契約についても同様）。

　また，破産は，過去の負債の処理にはなるが，その後の生活の糧を生み出すものではない。しばらくはこの自由財産や自由財産の範囲の拡張により破産後の生活資金が確保される面があるが，もともと財産や収入がない場合にはそれもない。結局のところ，破産手続とは別に，将来の収入の確保が必要である。

　(3)　破産債権と自由財産の関係　破産債権は，破産手続によらなければ権利行使できないが（破100条1項），自由財産のうち新得財産に対し権利行使できるのではないかとの問題が生じる（当然ながら，差押禁止財産に対しては権利行使できない。なお，民再85条1項参照）。この点，責任財産を破産手続開始時の財産に固定し（固定主義），免責許可申立てについての裁判が確定するまでの間の強制執行が禁止されていることからしても（破249条），破産法100条1項は新得財産についても適用され，破産債権者は権利行使できないと解すべきとされている。

　破産債権者は権利行使できないとしても，破産者が自由財産から破産債権に対し任意弁済することができるかが問題となる。この点，最判平成18・1・23民集60巻1号228頁は，破産者がその自由な判断により自由財産の中から破産債権に対する任意の弁済をすることは妨げられないとしたが，任意性は厳格に解すべきであり，少しでも強制的な要素を伴う場合には任意の弁済に当たると

いうことはできないと判断した。

> 同時廃止と異時廃止

(1) **同時廃止** 破産者の財産が乏しく，破産管財人を選任して重厚な破産管財手続を行うだけの費用と労力が意味をなさない場合には，破産手続開始と同時に廃止決定を行い（破216条1項），免責手続に進む。

同時廃止事件とするか破産管財事件とするかの振り分けは，各裁判所の運用基準により違いがあり，たとえば，東京地裁の場合は，破産管財事件の最低予納金である20万円の資産があれば（それが本来的自由財産に該当する99万円以下の金銭（現金）であっても），破産管財事件となる。大阪地裁の場合は，本来的自由財産である99万円以下の金銭（現金）と他の個別資産（自動車や保険等のジャンルごとに20万円未満のもの）を合計して99万円までであれば同時廃止となりうる（なお，個別資産が20万円以上の場合は，その全額を按分弁済することにより（事実上の配当をすることになる），その資産をなくし同時廃止とすることが可能となる）。

かつては，同時廃止事件が破産事件の約9割を占めていたが，現行法下では同時廃止事件が約7割，破産管財事件が約3割（東京地裁では約5割）となっている。資産調査を行う，または，免責調査を行うことで管財事件となっているもの，前述した自由財産拡張を求めるために管財事件となるものが多い（この背景には，自由財産拡張制度は管財手続においてのみ適用できると解されていることがある。破34条5項参照）。

(2) **異時廃止** 破産手続開始決定と同時に破産管財人を選任し，破産管財手続を進めたが，結局のところ破産債権に配当ができない場合がある。その場合は，廃止決定をする（破217条1項）。前述の同時廃止との比較で，異時廃止という（配当ができた場合は破産手続終結決定となる（破220条1項））。

> 免責

(1) **破産免責制度の存在意義** 免責制度の説明を行うにあたり，「借りた金は返す義務がある」との契約上のルールがある中で，破産における免責（破248条以下）が許されるのはなぜか，を考えておく。

ここでは，平常時（平時）と倒産時の2つの局面を考えておくと理解しやすい。平常時とは，契約どおりの履行が行われている時期（借金を約定どおり返済している状態）から，債務者の経済状態が悪化し，任意の履行（返済）ができな

くなり（平常時の中の危機時期），債権者が民法，商法，民事訴訟法，民事執行法，民事保全法といった各種法律により個別の権利行使を行うことにより債権回収を図っている時期をいい，倒産時とは，債務者が各種倒産手続に入った状態をいうこととする（究極の危機状態が破産である）。

破産手続がない場合を考えると，平常時のままとなり，債務者は，契約に拘束され，債権者が任意に債権放棄や免除をしてくれない限り，または，消滅時効にかからない限り，契約上の債務を負い続けることになる。債務者は，いつまでも経済的な再スタート（リフレッシュスタート）をすることができなくなる（いわば債務奴隷状態が続く）。

また，債権者の中には，抜け駆け的な債権回収や場合によっては違法な手段による債権回収を図る者も出てくる。逆に，債務者の中にも，財産隠匿や一部の債権者のみに有利な返済をする者がいる。

そこで，破産手続を設け，債権者の個別の権利行使を禁止し，破産財団から流出した財産を否認権で取り戻し，破産債権者に平等な配当を行い（債権者平等原則），個人債務者については，その経済的再生のために免責許可決定の確定により配当以外に弁済する必要のないようにする免責制度を設けたのである（憲法上の財産権の侵害ではないかとの点につき，最決昭和36・12・13民集15巻11号2803頁は，合憲としている）。このほか，コラム14－1も参照。

(2) **免責許可申立て**　破産手続と免責手続は別個の手続とされていることから，免責許可の申立てが必要となる（破248条1項）。破産手続開始決定により債権者の個別の権利行使は禁止されるが，破産者が責めを免れるわけではないので，免責許可決定を得る必要がある（後述する資格制限の関係でも，免責許可決定の確定により当然復権（破255条1項1号）する）。

旧法と異なり，現行法では，個人の債務者が破産手続開始申立てを行うことにより，免責許可の申立てがあったものとみなされることとなり（破248条4項。みなし申立て），破産手続と免責手続の一体化が図られることになった。この点と共に，大きな改正点は，免責許可申立てがあった場合（みなし申立ても含む），破産手続が同時廃止等で終了したときであっても，破産債権者の個別執行を制限し，強制執行等を禁止した点である（破249条1項。なお，既にされていた強制執行等は中止し（同条1項），免責許可決定確定をもって失効する（同条2

項))。旧法下の弊害（最判平成2・3・20民集44巻2号416頁は，同時廃止決定から免責決定確定までの間の個別執行を認め，破産債権者が免責審理期間中に回収した分は不当利得とならないと判断していた）を克服した。

(3) **審理と免責不許可事由**　免責手続の審理は，裁判所が職権にて調査するが（破規75条），管財手続では，実際には破産管財人が調査し，破産者にも協力義務が課せられている（破250条）。破産債権者は，免責許可決定の当否につき，意見申述ができる（破251条）。

裁判所は，破産者につき免責不許可事由がない場合には，免責許可決定をする必要がある（破252条1項柱書）。不服申立方法として，即時抗告があり（同条5項），免責許可の決定は，確定しなければその効力を生じない（同条7項）。

免責不許可事由は，限定列挙されている（同条1項1号ないし11号）。①債権者を害する目的での財産隠匿等の不利益処分等による不当な財産減少行為（1号），②破産手続開始を遅延させる目的での不当な債務負担行為や信用取引（2号），③非本旨弁済である偏頗行為等（3号），④浪費や賭博等の射幸行為（ギャンブル）による著しい財産減少・過大な債務負担行為（4号），⑤詐術を用いた信用取引（5号），⑥帳簿等の隠匿等（6号），⑦虚偽の債権者名簿の提出（7号），⑧調査協力義務違反（8号），⑨管財業務妨害（9号），⑩7年以内の再度の免責許可申立て等（10号），⑪説明義務等違反（11号）といった事由がある。この点，④「浪費」が争われたものとして，東京高決平成8・2・7判時1563号114頁，福岡高決平成9・8・22判時1619号83頁等。⑤「詐術」が争われたものとして，大阪高決平成2・6・11判時1370号70頁，仙台高決平成5・2・9判時1476号126頁等がある。

ただし，免責不許可事由があったとしても，裁判所は，破産手続開始決定に至った経緯その他一切の事情を考慮して免責許可が相当であると認めるときは免責許可決定をすることができる（同条2項。これを裁量免責といい，現行法で明文化された）。免責不許可事由に該当する事案であっても，実務上，この裁量免責により免責されていることが多いのが実情である（免責不許可となった事案は極めて少ない。なお，免責許可申立てが取下げされる事案もある）。

なお，旧法下で行われていた，免責のための按分弁済（一定額を債権の額に応じて配分することにより，債権者に事実上の一部配当を行い，その上で免責決定を行

う）の運用を背景に，条件付免責（一定期間に一定金額を弁済することを条件に免責する）や一部免責（一定割合で免責を許可し，その余は責任を残す）といった点が法改正時に検討されたが，現行法には採用されていない。

(4) **免責許可決定確定の効果**　破産者は，免責許可決定が確定したときは，破産手続による配当を除き破産債権について責任を免れる（破253条1項柱書本文）。

「責任を免れる」の意味するところは，破産者の債務は残るが強制執行ができない自然債務となる見解（通説）と債務消滅するとの見解（有力説）がある。

なお，破産者に対し詐欺破産罪（破265条）による有罪の判決が確定したとき，破産者の不正の行為により免責許可決定がされたときには，免責取消しができる（破254条）。

免責の効果は，破産者の保証人，物上保証人などには及ばない（同条2項）。

(5) **非免責債権**　前述のとおり，破産者は，免責許可決定が確定したときは，破産手続による配当を除き破産債権について責任を免れるのが原則であるが（破253条1項柱書本文），免責の効力を及ぼすのは適当ではないとの各種の政策的理由から免責の効力を受けられない非免責債権が定められている（同条1項但書）。

免責許可の要件面での免責不許可事由と，免責許可決定確定の効果の面での非免責債権は別個のものと理解されており，非免責債権に該当する破産債権が存在したとしても，免責不許可事由がなければ免責許可決定はされる。

非免責債権の類型は，限定列挙されており（破253条1項1号ないし7号），①租税等の請求権（1号），②破産者が悪意で加えた不法行為に基づく損害賠償請求権（2号），③破産者が故意・重過失により加えた人の生命，身体を害する不法行為に基づく損害賠償請求権（3号），④破産者が養育者，扶養義務者として負担すべき費用の請求権（4号），⑤雇用関係により生じた使用人の請求権，預り金返還請求権（5号），⑥破産者が知りながら債権者名簿に記載しなかった請求権（6号），⑦罰金等の請求権（7号）がある。

復権　破産手続開始によって破産者に加えられた公法上・私法上の権利および資格に対する制限から解放され，その法的地位が回復される復権制度が設けられている。前述した破産法上の制限（住居制限等）

> ❖ **コラム12-3　連帯保証人にはなるな！**
>
> 　学生でも，アパートやマンションを借りるとき，奨学金の支給を受けるとき，必ず連帯保証人を求められる。通常は，親や親戚にお願いすることになり，親や親戚も，この子のためなら，と連帯保証人になってくれているのであろう。
> 　問題は，事業資金の借入れの際に，絶対に迷惑をかけないから，といわれ，連帯保証人になった場合である。主債務者が破綻した場合に，連帯保証人はその債務を免れることはできない。主債務者が破産し免責許可決定を受けたとしても，免責許可決定確定の効果は，連帯保証人には及ばない（破253条2項）。再生手続についても同様に再生計画の効力は連帯保証人に及ばない（民再177条2項）。民法を勉強した者なら，附従性があるはず，と反論するであろうが，その例外を定めているのである。だからこそ，人的担保といわれるのである。結局は迷惑を被る結果となり，連鎖倒産に至ることもある。
> 　ただ，さらにその例外として，再生手続において住宅ローンにつき住宅資金特別条項を利用した場合には，附従性により，連帯保証人にも効果が及ぶ（民再203条1項）。こちらは効果が及ばないと困るからである。
> 　安易に連帯保証人にはなってはいけないのである。

は手続の終了で消滅することになるが，他の法令において，「破産者であって復権を得ない者」や「破産者で復権を得ないもの」といった規定により資格制限が定められているため，対処が必要となる。

　資格制限は，各種法令により定められており，主なものとしては，弁護士（弁護士法7条5号），司法書士（司法書士法5条3号），弁理士（弁理士法8条10号），公認会計士（公認会計士法4条4号），後見人（民847条3号），遺言執行者（民1009条），特定保険募集人（保険業法279条1項1号），警備員（警備業法14条1項，3条1号）がある。なお，個人再生には資格制限がないので，実務上，資格制限のある破産手続を回避し，個人再生手続による経済的再生を図る事案も相当数ある。

　免責許可決定の確定により免責の効力が生じ，破産債権につき責任を免れることになることから（破253条1項），当然復権事由（破255条1項1号）とされている。個人の破産事件の大多数は，この復権事由に該当し，当然復権している。

第13章

民事再生法（その1）——通常の再生手続

I　はじめに

民事再生法の目的　民事再生法は，経済的に窮境にある債務者につき，その債権者の多数の同意を得，かつ裁判所の認可を受けた再生計画を定めることなどにより，当該債務者とその債権者との間の民事上の権利関係を調整し，もって当該債務者の事業または経済生活の再生を図ることを，その目的とする（民再1条）。

経済的な窮境にあるとは，債務者が事業者の場合，破産手続開始原因となる事実が生じる虞がある場合か，履行期が到来した債務を支払うと当該企業の事業継続に著しい支障を来す場合のことである（法21条1項参照）。

そこで，一方で，このような債務者の事業を再構築し，その収益力を高め，他方で，このようにして高められた収益力で支払える範囲に，その債務を縮減して，その支払能力を回復させ，当該債務者を市場における競争に戻すことを，当該債務者の「事業の再生」という。この場合，債務の縮減は，債務の免除や残債務の期限の猶予などにより行われ（例，全債務の90パーセントをカットし残りを10年間の分割払いとする），手続終了後（債務の縮減がなされたら手続は終了する），債務者は事業による収益から，このように縮減された債務を支払って行くことになる。

「事業の再生」は，債務者の事業を他の法主体に移転し，その法主体の下で継続させることによって，なされることもある。この場合，まず，買手を募って，債務者の事業を売却する。債務者と買主とが当該事業につき売買契約を締結し買主が代金を支払えば，その金額を（当該債務者に対する）債権者間で分配

し，当該債務者は清算される。この方法は，債務者から見れば清算であるといえるが，円滑な事業の譲渡を実現するためには，倒産手続開始後も債務者の取引を継続する手段が整備されている再生型倒産処理手続の利用が適切であるため，民事再生手続の枠組みで処理されることになったと，理解することが可能である。

　前者のような事業再生の方法を，収益弁済型または自主再生型といい，後者のような事業再生の方法を，一括弁済型または事業譲渡型という。自主再生型と事業譲渡型の大きな相違点の1つは，前者においては，債権者は，債務者の事業再生がうまく行かなかった場合のリスクを負うという点である。たとえば，Aにつき民事再生手続が開始され，Aが，その事業の再構築により収益を1年につき2億円増加させ，このような収益力に見合うよう債務を90パーセントカットし，残り10パーセントを10年間の分割弁済とすることで，手続は終了したが，事業再構築は失敗し，収益は1年につき1億円しか向上せず，残り10パーセントの10年間の分割弁済ができなくなった（再び支払不能になった）とする。この場合，Aにつき破産手続が開始されると，そこでは，Aの債権者は，最初から破産手続がなされた場合よりも遥かに少ない配当しか受けることができないのが通常である。これに対して，事業譲渡型の場合には，Aの事業の譲受人が払い込んだ対価をAの債権者に分配して，民事再生手続は終わるので，Aの債権者がこのようなリスクを負うことはない。事業再構築がうまく行かないリスクは，事業の譲受人が負う。すなわち，これほど収益の上がらない事業であれば，もっと安く買うべきだった（高い買い物をした）ということになるわけである。

　もう1つの大きな相違点は，いうまでもなく，後者の場合，債務者は消滅するということである。この場合，DIP制度はその存在意義を大きく減じることになる（DIPについてはⅡ3を参照のこと）。すなわち，債務者が存続する意義は，自らの事業の譲渡先を決定する限りでのみ，認められるに過ぎないのである。

民事再生法の性質　その対象となる債務者に制限がない点に鑑みれば，民事再生法は再生型倒産処理手続の一般法と位置づけることが可能である。すなわち，民事再生手続は，債務者が，個人債務者（自然

人の債務者）であっても，法人であっても，また，法人の債務者が，株式会社，医療法人，学校法人であっても，その対象とする。この点で，株式会社のみを対象とする会社更生手続と異なっており，再生型倒産処理手続の一般法といわれるゆえんである。

民事再生法は，その制定の経緯からしても，会社更生法よりも簡易な手続構造からしても，主として中小の企業の再生を守備範囲とする簡易・迅速な倒産処理手続といえよう。しかし，大企業であっても民事再生手続で再生することが可能である。民事再生手続と会社更生手続の最大の相違点は，後者は前者と比べて，①利害関係人の権利をより強く削減できること，②管理型の倒産処理手続であること（例，管財人が選任され債務者の自由が奪われる，裁判所の管理が強く利害関係人の自由度が低い），である。したがって，債務者が大企業である上，財務状況が極めて悪化し利害関係人の権利を大幅に削減しなければ再生が不可能であるか，債務者に信頼がなく経営陣の交替がなければ再生が不可能である場合には，会社更生手続の利用が適切であろうが，それ以外の場合であれば，大企業であっても，民事再生手続の利用はありうる選択肢である。

<u>他の倒産処理手続との関係</u>　民事再生手続は，特別清算，破産手続に優先し，会社更生手続に劣後する。ただし，ここでいう「優先・劣後」の意味には，注意が必要である。

まず，民事再生手続開始後は，破産手続開始，特別清算開始の申立てができず（民再39条1項），会社更生手続開始後は，民事再生手続開始の申立てができない（会更法50条1項）。この限りで，民事再生手続は，破産手続，特別清算に優先し，会社更生に劣後すると，いえる。

他方，民事再生手続とこれらの手続が競合する場合には，異なる規律がなされている。つまり，民事再生手続開始申立てと，破産手続，特別清算，会社更生手続開始の申立てが競合する場合，破産手続，特別清算開始後に民事再生手続開始の申立てがなされた場合などには，「優先・劣後」の意味が異なるのである。破産手続との関係を例にとれば，以下のようになる。破産手続（開始申立て）と民事再生手続開始申立てが併存する場合，後者が係属する裁判所は，破産手続を中止させ（民再26条1項1号），民事再生手続開始手続においてどちらの手続を実施した方が債権者に対する配当は多いかを審理する（民再25条2

号)。そして，民事再生手続の方が多いと判断すれば，これを開始し，破産手続は中止される（民再39条1項）。反対に，破産手続の方が多いと判断すれば，民事再生手続開始申立てを棄却し，破産手続は再開される。以上より明らかなように，両手続が競合する場合は，債権者への配当が多い手続が実施されるので，「民事再生の優先」は，民事再生が係属する裁判所がどちらの配当が多いかを判断するという点に存する。同様の意味で，民事再生は特別清算に優先し（民再26条1項1号，25条2号，39条1項），会社更生に劣後する（会更24条1項1号，41条1項2号，50条1項）。（第2章Ⅱ破産障害事由を参照）。

> 民事再生手続の流れ

民事再生手続開始申立ての準備は，債務者が弁護士に相談することから始まる。その後，自らの事業をどう再構築するのか，申立て後の資金繰りをどうするのか等申立て後の計画を立てつつ，申立書の準備をする。その際，裁判所と事前相談する場合もある。手続開始申立てがなされると，通常は弁済禁止の保全処分と監督命令が発令される。申立て後，再生債務者は従業員や取引先に対して（債権者）説明会を開催する。

民事再生手続開始決定後（通常申立てから1週間ほどで発令される），再生債権の届出・調査・確定の手続，再生債務者財産の調査・確保の手続，再生計画案の作成（債権者への説明・説得も含む）が同時並行的に行われる。

再生計画案が作成・提出・可決され，再生計画が認可されると，監督委員も管財人も選任されていない場合であれば，認可決定確定後，再生手続終結決定がなされる（監督委員が選任されている場合には，再生計画が遂行されたとき，または認可決定確定後3年が経過したときに，終結決定がなされる）。

Ⅱ 民事再生手続開始手続

> 民事再生手続の対象
> （民事再生能力）

中小企業の効果的な再生を念頭に制定された法律ではあるが，民事再生法は民事再生手続の対象につき特に制限を設けてはいない（民再1条参照）。したがって，経済的に窮境にある債務者であれば，法人，自然人を問わず，民事再生手続の利用が可能である。法人の場合，会社更生手続を利用できない学校法人や医療法人なども対象とな

る。また、中小企業だけでなく、本来会社更生手続が想定しているような大企業も手続の対象となる。事業者にも限られない。ただし、個人債務者のうち、定期的な収入のある者（民再221条1項、239条1項を参照）は、民事再生法第13章に規定された個人再生の特則手続を利用できるので（詳細は第14章）、通常の民事再生手続は、定期的な収入はないが多額の財産がある個人債務者や、民事再生手続の申立てをした法人の代表者（後述のごとく5条4項の管轄規定により法人と一体的に処理されることが可能である）の再生に、利用されることになろう。

再生手続開始の要件　　(1)　**再生手続開始原因**　　民事再生手続の開始原因は、債務者に破産の原因たる事実の生ずるおそれのあること、つまりこのまま事業を継続すれば当該債務者に破産原因が備わると予測されることである（民再21条1項前段）。

次に、債務者が申立てをする場合に限られるが、事業の継続に著しい支障をきたすことなく弁済期にある債務を支払うことができないことも、手続開始原因である（同条同項後段）。これは、履行期の到来した債務の支払は不可能ではないが、そのためには事業継続に必要な財産を売却せねばならない場合や、著しく高い金利で資金を借り入れなければならない場合を、意味している。弁済期が到来する債務を支払う資金を作るため、事業継続に不可欠な特許権を売却したとすれば、当該債務については不履行を回避できるが、それにより事業継続に支障を来たし、将来の支払不能から逃れることはできないであろう。そこで、このような段階での民事再生の利用を認めたわけである。

(2)　**申立棄却事由**　　民事再生法25条1号ないし4号に規定される事由のいずれかが存在する場合、裁判所は手続開始の申立てを棄却せねばならない（民再25条）。その事由とは、①費用の予納（民再24条参照）がない場合（1号）、②再生債務者につき、すでに破産手続または特別清算手続が係属し、その手続によることが債権者一般の利益に適合する場合（2号）、③再生計画案の作成、可決、再生計画の認可の見込みのない場合（3号）、④不当な目的で開始申立てがなされた場合、その他申立てが誠実になされたものでない場合（4号）、である。

①は、民事再生手続を遂行するための費用は、再生債務者が負担せねばならず、費用が支払えない場合には再生手続は実施しないという原則の、現れであ

る。

　②は清算価値保障原則（Ⅶ・再生計画の許可(4), 15章Ⅵ・更生計画・更生計画の内容(1)(a)(ⅲ)を参照）を基礎としており，清算型倒産処理手続によった方が債権者への配当が多い場合には，これを行い，民事再生手続は行わないという趣旨である（Ⅰ3も参照）。

　③は，当初より民事再生手続が成功しないことが明らかな場合には，手続は開始しないという趣旨である。その例として，債務者に再生計画案を作成する能力のない場合，債務者が信頼されていない等の理由で有力な債権者が反対している場合，既に破産犯罪が行われているなど補正不可能な再生計画不認可事由が存在する場合などを，挙げることができる。

　④は，真に再生を目指す意思がない場合のことで，一時的に債権者からの取立てを免れるためにする申立てがその典型である（民再32条後段もこのような申立てを抑制する趣旨である）。当初から清算を目的とした申立てがこれに該当するか否かは問題である。ある企業を清算する場合に，手続開始後直に解体・清算するより，事業を継続しながら徐々に清算した方が高い価値を実現できる場合がある。そのような場合に，民事再生手続の利用を許すか否かが，ここでの問題である。経済合理性のある清算が実現され，かつ弊害も少ないと思われるので，認めてよいと解される。(15章Ⅳ・更生計画・更生計画の内容(3)を参照)。

　(3)　**適法要件**　民事再生手続も民事手続の1つである以上，当該民事再生手続が適法でなければ，民事再生手続は開始できない。適法性を基礎づける事由は，民事再生能力，管轄，適法な申立てなど，訴訟要件に対応する事由である（民再18条）。

| 民事再生手続開始手続 |

　(1)　**申立て**　民事再生手続は，申立てにより開始される（民再21条1項）。民事再生手続にも処分権主義が妥当しているからである。以下，申立てにつき，具体的に説明をする。

　(a)　申立権者
　再生債務者は21条1項前段，後段いずれの開始原因についても申立権を有するのに対し，再生債権者は前段についてのみ申立権を有する（民再21条）。後段の開始原因は早期の倒産状態であるし，再生債権者に申立権を認めると濫用さ

(b) 疎明事項

手続開始申立てをする際，手続開始原因の存在を疎明せねばならない（民再23条1項）。これに加えて，債権者申立ての場合には，その債権の存在を疎明せねばならない（同条2項）。いずれも，申立て濫用の防止のためである。

(c) 申立書の記載事項

申立書の記載事項は民事再生規則12条，13条などに規定されている。必要的記載事項と実質的記載事項があり，前者として，手続開始の原因たる事実（民再規12条1項4号），再生計画案の作成の方針に関する申立人の意見（同条同項5号）等があり，後者として，再生債務者の財産の状況（民再規13条1項3号），手続開始原因が生ずるに至った事情（同条同項4号）等がある。さらに，規則14条が添付書類について規定する。

(d) 手続開始申立て取下げ制限

再生手続開始の申立てをした者は，再生手続の開始まではこれを取り下げることができる（民再32条前段）。ただし，他の手続の中止命令，包括的禁止命令，保全処分，担保権実行の中止命令，保全管理命令，または監督命令発令後は，裁判所の許可が必要である（同条後段）。保全処分の濫用（保全処分を得て財産を換価して隠匿したり，保全処分により追及や取引停止処分を免れ，ほとぼりがさめた後で申立てを取り下げたりすること）を防ぐ趣旨である。

(2) **管轄・移送** 再生事件は，再生債務者が，①営業者である場合にはその主たる営業所の所在地，外国に主たる営業所がある場合には日本における主たる営業所の所在地を管轄する地方裁判所が管轄し，②営業所を有しない場合または営業者でない場合には，その普通裁判籍の所在地を管轄する地方裁判所が管轄する（民再5条1項）。以上のような管轄裁判所がない場合には，補充的に，再生債務者の有する財産の所在地を管轄する地方裁判所が再生事件を管轄する（民再5条2項）。

ある法人がある株式会社の株式の過半数を有し，いわゆる親子関係に立つ場合，一方につき再生事件が係属している裁判所に，他方の再生事件を申し立てることができる（民再5条3項・4項）。複数の法人がこのような関係にある場合には，それぞれを別々の裁判所で別個独立に処理するのでなく，全部を1つ

の裁判所で同時並行的に処理した方が，効果的な再生を行うことができるからである。

　法人とその代表者の一方につき再生事件が係属している場合も，その裁判所に他方についての再生事件を申し立てることができる（民再5条6項）。民事再生手続が主たる対象と想定する中小企業の場合，代表者と法人は経済的に一体であることが多く，そのような場合には両者を一体的に処理した方が，効果的な再生を行えるからである。また，相互に連帯債務者の関係にある個人（自然人），相互に主債務者と保証人の関係にある個人，夫婦についても，一体的処理が可能である（民再5条7項）。

　債権者の数が500人以上である場合には，民事再生法5条1項，2項の規定による管轄裁判所の所在地を管轄する高等裁判所の所在地を管轄する地方裁判所にも，管轄が認められる（民再5条8項）。たとえば，民事再生法5条1項，2項の規定により秋田地方裁判所に管轄が認められる再生事件は，仙台地方裁判所にも管轄が認められる。また，債権者の数が1000人以上である事件は，東京地方裁判所及び大阪地方裁判所に管轄が認められる（同条9項）。倒産処理は極めて専門性の高い事件であるため，経済規模の大きな都市の裁判所・弁護士会に高い技術を持った人材が揃っているからである。近時は，東京地裁に事件が集中する傾向が顕著である。

　申立てのあった裁判所に管轄がない場合には，申立てを却下するのではなく，管轄違いに基づく移送をする（民再18条，民訴16条1項）。また，著しい損害または遅滞を避けるため必要であると認められるときは，再生事件が係属する裁判所は，職権で，当該事件を7条の1号から5号に挙げられた裁判所に移送することができる（民再7条）。

　(3) **審理・裁判**　再生手続に関する裁判は，口頭弁論を経ないですることができる（民再8条1項）。したがって，再生手続開始手続も同様である。すなわち，書面審理を基本とし，必要に応じて，審尋（民再18条，民訴87条2項），職権による調査（民再8条2項。監督委員を選任して調査・報告させることもある）などにより資料を収集して，決定の裁判をする。

　審理の対象は，手続の適法要件，再生手続開始の要件，申立棄却事由である。このうち，適法要件については証明が必要である。再生手続開始原因につ

いては，疎明で足りるとする見解と，証明が必要であるとする見解が対立する。決定手続であるから疎明で足りるとする見解も成り立つが，再生債務者や利害関係人の権利に重大な影響を及ぼす上，申立ての適法性を基礎づけるために開始原因の疎明が要求されている（民再23条1項）こととの調和を考えるなら，証明が必要であると解すべきである。

裁判所は，手続の適法要件，手続開始原因が存在し申立棄却事由が存在しないと判断した場合には，決定の形式で再生手続開始の裁判をする（民再33条1項）。手続は確定を待たずに開始される（同条2項）。また，同時処分として再生債権の届出期間と一般調査期間が決定される（民再34条）。他方，民事再生法25条の申立て棄却事由が備わっていると判断するなら，手続開始申立てを棄却する決定をし，適法要件が備わっていると判断できない場合には，申立てを却下する決定をする。

再生手続開始前の保全処分　(1) はじめに　再生手続開始の申立てから再生手続開始決定までの間は，再生債務者による財産減少行為や再生債権者の満足の取得は実質的には禁止されているにもかかわらず（民再127条ないし127条の3を参照），再生債権者は競って満足を得ようとし，債務者も偏頗行為や財産減少行為を行うことが多い（第2章Ⅳを参照）。これにより，債務者の財産は減少し，債務者の事業価値が損なわれることもあり，そうなれば，民事再生手続の成功は望めない。そこで，民事再生法は，極めて充実した債務者財産の保全の制度を，規定している。ただ，手続開始申立てから手続開始決定までに1週間しか要しないという近年の実務からすれば，保全処分の必要性は相当程度低くなっていると考えることが許されよう。保全処分については，第2章Ⅳも参照。

(2) 他の手続の中止命令　裁判所は，必要があると認めるときは，申立てまたは職権により，①再生債務者についての破産手続，特別清算，②再生債権に基づく強制執行，仮差押え，仮処分，再生債権を被担保債権とする民事留置権による競売，③再生債務者の財産関係の訴訟手続などの中止を命ずることができる（民再26条1項本文）。ただし，②については，中止命令を受けて当該手続が中止されると，再生債権者（当該手続の申立人）に不当な損害（例，連鎖倒産）が生ずるような場合でないことが，必要である（同条1項但書）。

また，②の場合には，再生債務者の事業の継続のために必要であれば，担保を立てさせた上で，その取消しを命ずることも可能である（同条3項）。たとえば，家電量販店を営むA社の債権者BがA社の倉庫にある電気製品を差し押さえた後で，A社が再生手続開始の申立てをした場合，倉庫内の電気製品を販売できなければ，A社の事業継続は困難であるなら，当該強制執行を中止するだけでなく，Bのために担保を立てさせた上で，差押え自体を取り消して，A社が倉庫内の電気製品を自由に販売できるようにする保全処分も，可能である。

(3) **包括的禁止命令**　民事再生法26条の他の手続の中止命令は，いずれも当該手続が既に係属している場合に認められるものであり，将来の手続を阻止するために発令することはできない。また，手続開始までに多数の強制執行が予想される場合に（再生債務者財産の主要な部分が債権である場合など），個々の強制執行がなされる度に中止命令を申し立てるのでは，煩雑なだけでなく，再生債務者の事業継続にも支障が生ずる。そこで，現在および将来の全ての強制執行等の手続を一括して禁止する手続が創設された。再生債務者財産を保全するために再生債権者の権利を著しく制約するので，禁止の要件を設定するに当たっては，再生債権者全体の利益・再生債務者の利益と，個々の再生債権者の利益の，公平で合理的な調整が，図られている。

　すなわち，民事再生法26条の他の手続の中止命令では再生手続の目的（事業の再生）を十分に達成することができないおそれがあると認めるべき特別の事情があるときは，利害関係人の申立てにより又は職権で，全ての再生債権者に対し，再生債務者の財産に対する再生債権に基づく強制執行等（上述(2)の②に該当する）の禁止を命ずることができる（民再27条1項）。ただし，事前にまたは同時に，再生債務者の主要な財産に関し，民事再生法30条1項の保全処分（仮差押え・仮処分その他の保全処分），54条1項の監督命令，または79条1項の保全管理命令が発令されている場合に限る（民再27条1項但書）。一方で，再生債権者の取立てを全面的に阻止しておきながら，他方で，債務者が不当な処分をして債務者財産を減少させるのを放置するのは，不公平で不合理だからである。また，強制執行等の取消しも認められる（民再27条4項）。その趣旨は，民事再生法26条3項と同じである。

また，再生債権者に不当な損害が生ずるおそれのある場合には，強制執行を中止できないこととの均衡上（民再26条1項但書），包括的禁止命令も個別的に解除される（民再29条）。「不当な損害」は，債権者の連鎖倒産などを指す。

(4) **仮差押え・仮処分その他の保全処分**　弁済禁止の保全処分を明文で規定し，その効力（相手方債権者が善意の場合に限り効力を有する）を明らかにしている点などを除けば，基本的には破産法や会社更生法などと同様である（民再30条）。詳細は第2章・Ⅳ・処分禁止の仮処分その他の必要な保全処分を参照されたい。

(5) **担保権実行の中止命令**　民事再生手続において，担保権は，別除権として再生手続によらずに行使することが認められている（民再53条）。しかし，再生債務者の事業の継続に不可欠な財産上に担保権が設定されている場合，その実行により再生手続の目的の達成は不可能となり，再生債権者の一般の利益を著しく損なう。これを回避するため，再生債務者は，当該別除権者と交渉し，期限の猶予を得るなどして（一部免除を得る事例もあるようである。再生債務者と別除権者の間のこのような合意を「別除権協定」という），支払いを続け（つまり債務不履行を除去し），担保権の実行を免れるのが，実務である。

　そこで，①再生債権者の一般の利益に適合し，②競売申立人に不当な損害を及ぼすおそれのない場合には，裁判所は相当の期間を定めて担保権の実行としての競売手続の中止を命ずることができる（民再31条1項）。この制度は，担保権消滅許可の制度（民再148条以下）と相まって，別除権協定の成立を支援する機能を有しているのである。

　担保権実行中止命令は，再生手続開始申立ての後であれば，再生手続開始後であっても，申立て及び発令が可能である。そして，取消しの場合のほか（民再31条3項），再生手続終了により効力を失うものと解される。

(6) **保全管理命令**　再生債務者が法人である場合に，再生債務者の財産の管理または処分が失当であるときなど，再生債務者の事業の継続のために特に必要があると認めるときは，裁判所は，利害関係人の申立てまたは職権により，再生債務者の業務および財産に関し，保全管理人による管理を命ずる処分（保全管理命令）をすることができる（民再79条1項）。保全管理命令が発せられたときは，再生債務者の業務の遂行や財産の管理・処分をする権利は，保全管

理人に専属し，再生債務者はこのような権利を失う。再生債権者の再生債務者に対する信頼が低く，DIPを認めたのでは民事再生は成功し難いと思われる場合等に，保全管理命令は発令される。

　(7)　**否認権行使のための保全処分**　　破産法における説明に譲る（第8章・Ⅲ・否認権のための保全処分を参照）。

> 裁判所の許可による共益債権化

　債務者の事業の継続のためには，再生手続開始の申立て後も，債務者が信用供与を必要とする場合がある。しかし，再生手続開始申立てがされると，債務者の経済的窮境が表面化するので，このような信用の供与を受けることは一般に困難である。そこで，民事再生法120条は，裁判所の許可（または権限ある監督委員の承認）により，再生手続開始の申立て後再生手続開始前にされた債務者の事業に不可欠な行為によって生じた相手方の請求権を，再生手続において共益債権とすることができるものとした。これにより，再生債務者は事業の継続に不可欠な信用供与を受けやすくなる。

　たとえば，A社が，手続開始申立て後，①商品を仕入れる際，引渡しを受けてから1ヶ月後に代金を支払いたい場合（現金で支払うとなれば額が多い取引なら資金繰りが厳しくなる），あるいは，②事業を再構築するための資金を金融機関から借りる際（DIPファイナンスと呼ばれる）場合に，この規定により相手方の債権を共益債権化する。これにより，与信に応じてもらえるわけである。

Ⅲ　民事再生手続開始決定

> 再生債権の弁済禁止

　(1)　**原　　則**　　民事再生手続が開始されると，再生債権については，民事再生法に特別の定めがある場合を除き，再生計画の定めるところによらなければ，弁済をし，弁済を受け，その他これを消滅させる行為（免除を除く）ができなくなる（民再85条1項）。

　(2)　**例　　外**　　このような再生債権弁済禁止の原則に対し，再生債務者を主要な取引先とする中小企業者が有する再生債権と，少額の再生債権（民再85条5項）に関する例外がある。

(a) 中小企業者が有する再生債権

　中小企業者の再生債権の弁済は，その中小企業者が弁済を受けなければ事業の継続に著しい支障を来すおそれがある場合に，再生債務者等の申立てによりまたは職権で，裁判所がこれを許可できるというものであり，主要取引先である再生債務者から弁済を受けられない中小企業者が連鎖倒産するのを防止することを目的とする。「中小企業者」の該当性や「主要な」取引先かどうかについては，当該企業者と再生債務者の規模や，当該企業者の取引高に占める再生債務者との取引高の比率（依存度）等によって相対的に決せられる。

(b) 少額再生債権

　少額再生債権については，①これを早期に弁済することで再生手続を円滑に進行できるとき，または，②これを早期に弁済しなければ再生債務者の事業の継続に著しい支障を来すときに，再生債務者等の申立てによりまたは職権で，裁判所による弁済の許可がなされる。その趣旨は，経済合理性である。

　まず，①に関しては，再生計画案の可決には債権額のみならず議決権者の頭数の過半数の同意も要件とされていること（民再172条の３第１号）などから，債権者数が多いと事前折衝や債権者集会への呼出し等の手間や費用がかさむので，債権者数を減らすために少額債権の弁済が認められる。つまり，少額債権の弁済に要する総額より，その弁済で債権者数が減ることによる経済的効果の方が大きい場合に，認められる。

　また，②に関しては，少額債権を早期に弁済しなければ再生債務者の事業の継続に著しい支障を来すときとはどのような場合かが問題となる。単に，再生債権者が「弁済しなければ取引を継続しない」と主張しているというだけでは足りず，その取引先が事業の再生のために不可欠であって，当該弁済をすればその取引先の協力が得られる見込みがあり，その弁済をすることが，事業再生への寄与，手続の平等性，公正等の観点から合理性があることといった要件が必要である。

　当該債権額が「少額」であるかどうかは，各場合の趣旨に照らして，再生債務者の規模，債務の総額，弁済能力，弁済の必要性等を考慮して決せられる。一般に，②の方が①より多額になる。

|再生債務者の事業遂行権・財産管理処分権| **(1) 原　　則**　再生債務者は，再生手続開始後も，業務を遂行し，財産を管理・処分する権利を失わない（民再38条1項）。これが原則である。このように，再生手続開始後も管理処分権・事業遂行権を失わず保持し続ける債務者を，DIPと呼ぶ。例外は，(2)以下で説明する場合のほか，管理命令が発令された場合である（民再64条参照）。

(2) 裁判所による許可・監督委員による許可　しかし，一定の重要な行為について，再生債権者等の利益を保護するため，裁判所が，その行為をするには裁判所の許可を得なければならないものとすることができる（民再41条1項）。裁判所が監督命令を発令し監督委員を選任した場合には，監督委員の同意を得なければ再生債務者がすることができない行為を指定しなければならない（民再54条1項・2項）。

裁判所（監督委員）の許可が必要な場合に許可を得ないでした行為は，無効であるが，その無効をもって善意の第三者に対抗することができない（41条2項，54条4項）。

(3) 再生計画によらない事業譲渡　事業譲渡型の民事再生では，再生債務者の事業を譲渡し，その対価を再生債権者間で分配し，法人の再生債務者は消滅する。また，自主再建型の民事再生においても，非採算部門や本業と関連の薄い部門を切り離して売却することがある。事業の劣化（企業価値の低下）は再生手続開始申立ての時から始まるので，高い値段で売却するためには，可及的速やかに事業を譲渡することが望ましい。ただ，再生債務者の譲渡を無制約に認めると，不当な廉売が行われるなど，再生債権者一般の利益が害されるおそれもある。そこで，民事再生法は，事業の全部または重要な一部の譲渡については，再生債務者の自由な管理処分権に一定の制約を課している。

すなわち，再生債務者の営業又は事業の全部又は重要な一部の譲渡については，裁判所の許可を得なければならない（42条1項。その手続について同条2項・3項参照。民再42条4項が41条2項を準用しており，許可を得ないでした譲渡は無効であるが，善意の第三者には対抗できない）。同項にいう「営業又は事業の全部又は重要な一部の譲渡」とは，営業ないし事業を遂行するために有機的に組織された財産の集合体の一体的な譲渡を意味する。

許可の要件は、「当該再生債務者の事業の再生のために必要である」ことである（民再42条1項後段）。再生債務者自身が経済的に再生するために当該事業を譲渡することが必要である場合、再生債務者から当該事業を切り離すことによって、当該事業が譲受人の下で再生することが見込まれる場合を含む。

次に、株式会社である再生債務者が債務超過にある場合の事業譲渡手続の特則として、民事再生法43条がある。会社法上の原則では、株式会社が事業の全部または重要な一部の譲渡をするには株主総会の決議による承認が必要であるが（会社467条1項1号・2号）、経済的に窮境に陥った株式会社の株主は、その会社の経営や再生に関心を失っているため、株主総会決議の成立が困難となる場合が多く、他方、債務超過会社の株主の株主権は実質的に価値を失っているのでこれを尊重する要請が低いといえる。そこで、民事再生手続では、事業の価値を維持しながら、適時適切に事業譲渡を行うことができるようにするため、当該事業譲渡が事業の継続のために必要であることを要件として、裁判所が、株主総会の決議による承認に代わる許可（代替許可）を与えることができる（民再43条1項）。代替許可の決定に対して、株主は、即時抗告をすることができる（同条6項）。

民事再生法42条の許可と43条の許可とは、趣旨を異にするものであり、同法43条の許可がされたからといって同法42条の許可が不要となるものではない。

担保権消滅請求制度

（1）はじめに　事業を継続する上で不可欠な財産の上に担保権が設定されている場合、それが実行されるなら債務者の再生は不可能になる。しかし、担保権には別除権が付与されており、その行使は自由である。そこで、このような財産上の担保権を消滅させる必要がある。その方法として、被担保債権全額を支払い担保権を消滅させる担保目的物の受戻し（民再41条1項9号参照）が存在する。しかし、被担保債権額が担保目的物の価値を上回る場合にこれを利用するのは、被担保債権全額を支払わねば担保権を消滅させることができない点で問題である。別除権者にはその目的物を、無担保債権者には残余の財産を各々優先的に割り当てて双方の公平を図るという倒産処理法の基本原則からは、支払われる金額のうち担保目的物の価値を上回る部分は本来無担保債権者の配当に充てるべき（あるいは配当を作り出すための原資となるべき）財産であるため、このような弁済は無担保

債権者に保障すべき利益を侵害することになるからである。そこで，再生債務者の事業の継続に欠くことのできない財産に関し，裁判所の許可を得て，その財産の価値に相当する金銭を納付することにより，その財産上のすべての担保権を消滅させ（再生債務者等は担保権者との法律関係を変更する実体法上の形成権（消滅請求権）を付与されると解される），当該財産の確保を図る制度が，導入された（民再148条以下）。これが担保権消滅請求制度である。担保権消滅請求の対象とならない財産については，担保権の受戻しをする必要性に乏しいことから，担保権の実行が予想され（不足額は再生債権として処理される。88条本文），弊害は少ないと思われる。第9章・Ⅳ・担保権消滅請求，第15章・Ⅳ・(3)・担保権消滅の請求も参照。

　(2) 要　　件　　担保権消滅請求の要件は，①再生手続開始時に再生債務者財産上に，特別の先取特権，質権，抵当権，または商事留置権が存在すること，②当該財産が債務者の事業の継続に欠くことができないものであること，である（民再148条1項）。

　①については，制度の趣旨に鑑み，譲渡担保権，留保所有権，リース目的物上の担保権などの非典型担保権も含むと（これらの担保権も担保権消滅請求の対象となると），解すべきである。

　②は，事業の継続に不可欠であるという意味であり，事業譲渡がなされ再生債務者は消滅する場合であっても，担保権消滅請求は可能である。また，当該財産は，事業の継続に用いられることが前提とされているので，多数説は，売却を前提とした財産につき担保権消滅請求を利用する（例，再生債務者である不動産会社が，宅地を売却するため，その上の抵当権につき担保権消滅請求をする）ことは許されないとするが，反対の見解も有力である。

　(3) 手　　続　　消滅許可申立てをする再生債務者等は，担保権，被担保債権額，担保の目的，その価額，事業の継続に欠くことができない事由などを記載した書面を，裁判所に提出する（民再148条2項，民再規70条，71条）。裁判所は審理の上，決定で許否の裁判をする。裁判所は，上述①，②の要件を審理し，これらが備わっていれば，担保目的物の価額を決定して，担保権消滅の許可決定を出す。許可決定があった場合，申立書と許可決定が担保権者に送達される（申立書の送達が形成権行使の意思表示となる）（同条3項）。

許可決定（つまり上述①，②の要件が具備されているという判断）に対しては，担保権者は即時抗告ができる（民再148条4項）。裁判所が決定した担保目的物の価額に異議ある場合には，許可決定自体は争わずに，申立書の送達を受けた日から1ヶ月以内に，再生裁判所（Ⅳ・裁判所を参照）に対して価額決定の請求ができる（民再149条）。この場合，裁判所は，公正を期すため，評価人を選任して財産評価を命じた上で（民再150条1項），その評価に基づき価額を定める決定を行う（同条2項・5項も参照）。

価額が決定されれば，再生債務者等はその価額に相当する金銭を，裁判所に納付する（民再152条1項）。これにより担保権は消滅する。納付された金銭は，裁判所による配当手続により，その順位にしたがって各担保権者に分配される（民再153条）。なお，消滅する担保権は申立書に記載されたものに限定される（民再148条3項，152条2項）。

<u>他の手続に対する効果</u>　(1) **倒産処理手続・強制執行手続等**　民事再生手続開始決定があると，破産手続，再生債務者財産に対する債権債権に基づく強制執行手続等は中止し，特別清算はその効力を失う。また，破産手続，再生手続，特別清算の開始申立てや，再生債務者財産に対する債権債権に基づく強制執行の申立ては，許されない（以上，民再39条1項・2項）。他の倒産処理手続との関係についてはⅠの解説を参照。強制執行等についての取扱いは，再生債権への弁済禁止の原則（民再85条1項）に基づくものである。

(2) **再生債務者の財産関係の訴訟手続**　再生債務者は，再生手続開始後も，業務を遂行し，財産を管理・処分する権利を失わない（民再38条1項）。したがって，再生債務者の財産関係の訴訟手続は，以下で解説するもの以外は，従前どおり追行される。

再生手続開始決定があると，再生債務者の財産関係の訴訟手続のうち再生債権に関するものは中断する（民再40条1項）。再生債権には民事再生法独自の確定方法が定められているからである（Ⅳ・「再生債権届出・調査・確定」を参照）。これに対し，一般優先債権（民再122条）に基づく訴訟は中断しない。一般優先債権は，再生手続によらずに随時弁済され（民再122条），その確定も一般原則に従って行われるからである。

再生債権者が提起した債権者代位訴訟や債権者取消訴訟も，中断する（民再40条の2第1項）。これらの訴訟は，再生債権者の債権の効力を基礎とするが，再生債権者は個別的な権利行使を禁止されるからである（民再85条1項）。中断した債権者代位訴訟は，再生債務者等及び相手方により受継される（民再40条の2第2項）。また，中断した債権者取消訴訟は，否認訴訟となり，否認権限を有する監督委員，管財人，及び相手方により受継される（140条1項）。（第5章Ⅱ，第9章Ⅳ，第15章Ⅳ更生担保権(2)を参照）。

Ⅳ 民事再生手続の機関

<はじめに>　再生型倒産処理法の一般法である民事再生手続では，対象となる債務者は多種多様である。大企業の場合でも，中小企業の場合でも，管財人を置かず債務者に手続の遂行を委ねながら，監督機関を置いて債権者の利益を守るのが，合理的である。しかし，より小規模な企業の場合には，管財人も監督機関も設置せず，裁判所の監督や申立代理人の助言の下で債務者が手続を遂行するのが，費用対効果の観点から優れている。反対に，会社更生手続を利用できない医療法人や学校法人などの場合，経営陣に問題があるなら，会社更生手続同様に管財人を選任し旧経営陣を一掃して手続を遂行しなければならない。このように多種多様な要請に応ずべく，民事再生法上の機関は任意的とされ，柔軟な機関構成になっている。

<裁判所>　民事再生事件を担当する裁判所を，（狭義の）再生裁判所という。再生裁判所は，再生手続の開始・終了に関する裁判，再生債務者，監督委員，管財人の監督，再生手続に付随する事件の裁判，再生手続自体の実施などを，担当する。

なお，民事再生法は，上述の意味での「再生裁判所」を単に「裁判所」と呼んでいる。そして，「再生裁判所」を，「裁判所」が所属する官署としての裁判所という意味で用いている（たとえば，「裁判所」が東京地裁民事20部であれば「再生裁判所」は東京地裁となる）。これは管轄を定める便宜上の理由に基づく。たとえば，民事再生法106条1項は，査定の申立てについての裁判に不服ある者は異議の訴えを提起できる旨を規定し，同条2項が，この訴えは再生裁判所が管

轄すると規定する。これは，たとえば，民事再生事件が大阪地裁第6民事部に係属していれば，第6民事部が出した査定の申立てについての裁判に対する異議の訴えは，大阪地裁の管轄となるという意味である。民事再生法135条1項，137条1項，145条1項，149条1項も，同様の趣旨で「再生裁判所」の文言を用いている。

再生債務者　その者につき，再生手続開始の申立てがなされ，再生手続開始決定がなされ，あるいは再生計画が遂行されている債務者を，再生債務者という（民再2条1号）。再生債務者は，手続開始後も原則としてその業務遂行権と財産の管理処分権を失わない（民再38条1項）。このように手続開始後も財産の管理処分権を失わない再生債務者を，DIP（debtor in possession）と呼ぶことがある。倒産し取引先に損失を与えた債務者は業務遂行を継続すべきでないという考え方もあったが，民事再生法が主な対象と想定する中小企業の場合，費用の点からも人材確保の点からも現在の経営陣に代えて管財人を経営責任者に当てるのは合理的でないこと，経営権を失わないこととすれば経営困難に陥った企業の早期の手続申立てが促進されると期待されることなどが理由で，DIP制度が導入された。DIP制度には，経営（経営陣）の連続性を確保し，事業再生を促進するという利点もある。

　DIP制度では，手続開始決定により，再生債務者財産上の管理処分権や業務遂行権は再生債権者全体の利益のために行使されねばならないという拘束を受けたものに変容し，それが，原則として再生債務者に，管理命令があれば管財人に付与されることになると，理解できよう。このような意味で再生債務者は再生手続上の機関であり，その権限や義務は原則として管財人のそれと同様でなければならない。また，再生債務者には，破産管財人と同様，第三者性が認められる（第3章Ⅳ破産管財人の実体法上の地位）。ただし，再生債務者は否認権の行使ができない（これは監督委員又は管財人により行使される。民再56条，135条1項）。再生債務者が，債権者に対し，公平かつ誠実に，業務遂行や財産の管理・処分権を行使し，再生手続を追行する義務を負うことや（民再38条2項），再生債務者が一定の行為をするには裁判所や監督委員の許可が必要である旨の制限を付し得ることも（民再41条・54条1項・2項），以上のような観点から理解されるべきである。また，以上の観点からは，再生債務者の権限を代理行使す

監督委員 監督委員とは，裁判所が指定した一定の行為に関する同意権限の行使を手段として（民再54条2項。Ⅳ・2・(2)参照），再生債務者の事業および手続遂行を監督する機関である。裁判所は，手続開始申立後，必要があると認めるときは，監督委員による監督を命ずる処分を行うことができる（監督命令。民再54条1項）。実務上は，再生手続開始申立てがあった日に，弁済禁止の保全処分と共に管理命令が発令されるのが，一般的である。

手続開始前の保全処分だけで不十分と思われる場合，手続開始後裁判所による監督だけで不十分と思われる場合などに，再生債務者が行う一定の範囲の法律行為につき，その適否を判断することが，主要な職務である（民再54条2・4項）。適否の判断の対象となる法律行為は裁判所が裁量により指定する（同2項。指定にあたっては41条1項に列挙された事項が参照されよう）。このほか，業務・財産の状況等の調査（民再59条），裁判所による権限付与に基づく否認権行使（民再56条），再生計画の履行の監督（民再186条2項，188条2項）などの職務を行う。

調査委員 裁判所は，手続開始の申立て以後，必要があると認めるときは，調査委員による調査を命ずる処分を行うことができる（調査命令。民再62条1項）。調査命令は，①裁判所が再生手続開始決定の判断をする際，申立人が提出した資料や裁判所書記官による事実調査では不十分な場合，②裁判所が再生計画認可の判断をする際，再生債務者の報告では不十分な場合などに，発令される。監督委員や管財人が選任されているときでも，専門家による調査が必要な場合がある（監督委員や管財人が法律家である場合公認会計士や税理士による調査は有益であろう）。これに対処するのが，調査委員による調査である。

債権者集会・債権者説明会・債権者委員会 (1) 債権者集会・債権者説明会　裁判所は，再生債権者等または債権者委員会の申立て，または総再生債権の10分の1以上に当たる債権を有する再生債権者の申立てがあった場合，債権者集会を招集せねばならず，相当と認めるときは職権で招集することもできる（民再114条）。裁判所は，債権者集会を主宰し，債権者集会の期日には，再生債務者，管財人，届出再生債権者等の利害関係人を呼び出さなけれ

ばならない（民再115条1項本文）。

　財産状況報告集会と（民再126条），再生計画案決議のための債権者集会は（民再169条2項1号・3号，170条，171条を参照），個別に規定されているが，これらの場合以外にも招集は可能である。債権者集会には，再生債権者の権限行使の場となる，再生債権者に情報を提供する，再生債権者に討論の場を保障し意見集約を可能とする等の機能がある。詳細は該当箇所で説明する。

　債権者説明会は，裁判所ではなく，再生債務者等が開催する集会で，再生債権者に情報を提供する，再生債権者に討論の場を保障し意見集約を可能とする等の機能がある（民再規61条）。裁判所が主宰しない点で自由で柔軟な運用が可能となるので，近時は債権者集会に代わって用いられている。

　(2)　**債権者委員会**　　債権者が自主的な組織として委員会を設け，これを通じて債権者が意思を表明するという趣旨の制度である。①委員の数が3名以上10名以下であること，②再生債権者の過半数が当該委員会の手続関与に同意していること，③再生債権者全体の利益を適切に代表していると認められることという要件を満たせば，裁判所より債権者委員会として承認される（民再117条1項，民再規52条）。

> 管財人

　民事再生法は再生債務者自らが手続を遂行することを基本としている。しかし，再生債務者の業務遂行や財産管理処分が失当である場合，その他再生債務者の事業の再生のため特に必要がある場合には，手続開始と同時に，またはその後で，再生債務者の業務および財産に関し，管財人による管理を命ずる処分をすることができる（管理命令。民再64条1項）。再生債権者が再生債務者を信頼していない場合，管理処分・事業遂行を別の者に委ねない限り，再生手続は成功しないからである。

　管理命令が発令されると，再生債務者の業務遂行権および財産管理処分権は，当該管理命令において選任された（民再64条2項参照）管財人に専属することになり（民再66条），再生債務者はその権限を喪失し（民再38条3項参照。DIPとしての地位そのものを喪失することになる），すでになされていた監督命令は取り消されねばならない（民再54条5項参照）。なお，再生債務者と管財人を合わせて「再生債務者等」という（民再2条2項）。

　管理命令の発令は再生債務者が法人である場合に限られる（民再64条1項括弧

書)。再生債務者が自然人の場合，事業者でないなら管理命令発令の必要がないし，事業者の場合でも，管理命令発令の際，債務者自身の再生への配慮から（すでに述べたように事業の再生と債務者自身の再生は区別しなければならない），再生債務者財産から生活資産を管財人の権限の及ばぬところに除外することが絶対の前提であったが，除外のための基準の定立が立法技術的に困難であったためである。

保全管理人　法人である再生債務者につき，申立てから決定までの間，業務遂行権，管理処分権を行使して事業を継続する，機関である（民再79条以下参照）。選任の趣旨は管財人と同様である。やはり，再生債務者が自然人の場合には選任されない（民再79条1項括弧書）。

V 倒産実体法

はじめに　倒産処理法のうち，倒産実体法と呼ばれる部分は，基本的に，破産法，民事再生法，会社更生法で，同じ（共通）である。すなわち，全ての手続に共通の倒産実体法の基本原則があり，それぞれの手続で異なる規律をせねばならない部分につき，基本原則が修正されていると，見ることが可能である。このような基本原則の詳細な説明は，破産法の該当箇所に委ね，第13章のVでは，民事再生手続において基本原則が修正されていると見るべき点を中心に，解説したい。なお，倒産解除特約についてはコラム5-1を参照。

取戻権　再生手続の開始は，再生債務者に属しない財産を再生債務者から取り戻す権利に影響を及ぼさない（民再52条1項）。再生債権の引当ては再生債務者の責任財産に限定される以上，再生債務者に属さない財産が再生手続の基礎とされず取り戻されるのは当然である。また，民事再生法52条2項は，破産法88条から91条を準用している。

別除権　再生債務者の財産の上に存する特別の先取特権，質権，抵当権または商法の規定による留置権を有する者は，その目的である財産について，別除権を有する（民再53条1項）。別除権者は，再生手続によらないで，行使することができる（同条2項）。また，その別除権の行使により弁

済を受けることができない債権の部分についてのみ、再生債権者として権利を行使できる（民再88条本文）。このように、民事再生手続においては、担保権には別除権という法的地位が与えられている（別除権構成）。別除権は破産法上の概念であるから（破92条以下）、破産法上当然の前提とされているもののほか、判例や学説により付加された別除権の意味・内容は、民事再生手続においても原則として妥当しよう。ただし、前述した担保権実行中止命令や担保権消滅請求制度があることに注意すべきである。

特別の先取特権、質権、抵当権、商事留置権のほか、仮登記担保（仮登記担保19条3項）が、明文を以て別除権とされる。このほか、見解の対立はあるが、譲渡担保、所有権留保などの非典型担保権も、別除権とされるべきである（第6章を参照）。

> 相殺権

相殺権は再生手続上尊重されるが、その範囲は破産手続の場合と異なっている。すなわち、再生債権者が再生手続開始時に再生債務者に対して債務を負担し、当該債権・債務が民事再生法94条1項の債権届出期間満了までに相殺適状になった場合には、再生債権者は、当該債権届出期間内に限り、再生手続によらずに、相殺することができる（民再92条1項）。ただ、民事再生法には、破産法67条2項、70条に相当する規定がないので（民再92条1項後段を除く）、手続開始の時点で債権または債務に期限または停止条件が付いており、債権届出期間内に期限が到来し条件が成就したときに、相殺が認められるか否かは、問題である。破産手続で保護される相殺期待（期限付・停止条件付債権・債務の対立）は民事再生手続でも保護されるべきである点を重視するなら、相殺を認めることになるし、破産法67条2項、70条に相当する規定がない点を重視するなら、相殺は認めないことになる。

AがBにある物を賃貸し、BがAに対し金銭債権（「B・A債権」という）を有し、Aが民事再生手続開始決定を受けた場合、Bは、B・A債権を、手続開始時後に履行期の到来する賃料債務と、賃料の6ヶ月分に相当する額（「6ヶ月分」は手続開始時を基準とする）に限り、再生債権届出期間内に相殺できる（民再92条2項）。賃料債務の履行期は到来していなくても（B・A債権は届出期間内に履行期が到来しなければならない）、届出期間内に相殺の意思表示をすればよい。

同じ場合に、B・A債権が敷金返還請求権であったときは、Bが賃料債務を

履行期に弁済すれば，その6ヶ月分に相当する額の範囲内で，当該敷金返還請求権は共益債権となる（民再92条3項）。届出期間内に当該敷金返還請求権の履行期は到来しなくても（つまり停止条件付きであっても），民事再生法92条2項の場合と同様の保護を付与する趣旨である。共益債権化される範囲は，民事再生法92条2項で相殺が認められた場合と合算して，決定される（第7章Ⅰを参照）。

>双方未履行双務契約

再生手続開始時に，再生債務者もその相手方も未だその履行を完了していない双務契約については，再生債務者等は，契約を解除するか，再生債務者の債務を履行して相手方の債務の履行を請求することができる（民再49条1項）。双務契約における対価的牽連関係の保護を目的とする制度である。再生債務者等が履行を請求する場合，相手方の債権は共益債権になる（同条4項）。また，相手方は催告権を有する（同条2項）。

再生債務者に対して継続的給付の義務を負う双務契約の場合も，再生債務者当は，契約の解除をするか，債務の履行を請求するかを選択する（民再49条1項）。解除の場合，未だ履行されていない部分は消滅し，既に履行された部分には解除の効果は及ばない。そして，相手方が先履行して代金債権を有している場合，①先履行が再生手続開始申立て前になされたときは，当該代金債権は再生債権となり，②申立て後になされたときは，共益債権になると解される。したがって，再生債務者等が履行を請求した場合には，相手方は，①のときには，手続開始後，弁済がないことを理由に，その義務の履行を拒むことはできないが，②のときには，弁済と引き換えでなければ，義務の履行を拒むことができる（民再50条1項）。

民事再生法49条1項・2項，および50条1項・2項は，労働協約には適用されない（民再49条3項，50条3項）。労働協約を双務契約の一種と見てこれらの規定を適用できるかという疑問が生ずる余地があるため，これを明確に否定したものである。このほか，破産法60条，61条，63条，66条などが，準用されている（民再51条1項）。（第5章Ⅰ双方未履行双務契約を参照）。

>共益債権

民事再生法119条，120条，39条3項，49条4項，50条2項などが，共益債権を規定する。共益債権の性質を一義的に明ら

かにすることは困難であるが，基本的には再生債権者全体の利益に資する出費に関わる債権だといえよう。共益債権は，再生債権に先立ち，再生手続に服することなく，その履行期に弁済される（民再121条1項・2項）。強制執行も可能であるが，一定の制約に服する（同条3項）。

一般優先権　一般の先取特権その他一般の優先権ある債権を，一般優先権という（民再122条1項）。労働債権（民306条2号，308条，商295条など），租税債権（税徴8条，地税14条など）などが，その典型である。再生債権に先立ち，再生手続に服することなく，その履行期に弁済され，一定の制約に服しつつも強制執行が可能である点で，共益債権と同じである（民再122条2項・4項）。（第4章Vを参照）。

再生債権　再生債務者に対し再生手続開始前の原因に基づいて生じた財産上の請求権は再生債権とされる（民再84条1項）。手続開始後の利息（民再84条2項1号），不履行による損害賠償債権（同項2号），手続参加費用（同項3号）は，手続開始後に生じたものではあるが，その付随的一体性に鑑み，再生債権とされる（民再46条も参照。なお，155条1項但書は84条2項各号の再生債権の劣後的取扱いを認める趣旨である。第4章IIを参照）。

　再生債権については金銭化も現在化も行われない（ただし民再第13章の個人再生の特則手続は別である）。非金銭債権についても金銭化することなく一部免除や期限の猶予が行われることになる。しかし，議決権は債権額に応じて決定されるため，87条1項各号の基準に従って金銭評価される（第4章IIIを参照）。

　約定劣後再生債権は，その弁済の順位（プライオリティー・ルール）からは，再生債務者が債務超過の場合，配当を受けることはできない。したがって，この場合，議決権を有さないなど（民再87条3項），手続上も基本的に保護されない（民再35条4項，37条，42条2項本文括弧書き，175条2項）。再生債務者が債務超過でない場合には，弁済を受ける可能性があるので，議決権は認められ（民再87条1項），一般の再生債権者とは別の組で決議し（民再172条の3第2項本文），再生計画では一般の再生債権者に劣後する扱いを受けることになる（民再174条の2）。（第4章Vを参照）。

否認権・相殺禁止　民事再生法は破産法や会社更生法と同様の否認権の制度を導入している（民再法第6章第2節を参照）。これ

は，清算価値保障原則からの当然の帰結である。否認の類型は，破産法，会社更生法と同様で，財産減少行為否認（127条，127条の2），偏頗行為否認（127条の3）などがある。このほか，対抗要件否認（民再129条），執行行為の否認（民再130条），手形支払いの特則（民再128条），危機否認の除斥期間（民再131条），転得者に対する否認（民再135条）なども規定されている。否認権行使の効果も，破産法や会社更生法などと同様である（民再132条，133条）。

相殺禁止の要件・効果も破産法・会社更生法のそれと同様である（民再93条・93条の2を参照）。相殺禁止は，再生債務者等が債権を行使し（支払いを求め），相手方が相殺の抗弁でこれに対抗した場合に，当該相殺権行使を封ずるために用いられよう。

否認権の行使方法は，他の倒産処理手続とは，若干異なる。すなわち，否認権は，裁判所による個別の授権に基づき監督委員が行使し，管理命令が発令された場合には管財人が行使する（民再135条，56条）。再生債務者が行った行為を再生債務者自身が否定することに対する違和感が，このような制度を創り出したようである（機関である以上理論的には再生債務者は否認権を行使しうる）。監督委員が行使する場合，再生債務者財産に関する訴訟で抗弁として否認権を行使すべきときは問題である。このような訴訟は再生債務者と相手方の間で係属し，監督委員には当事者適格がないからである。そこで，民事再生法は監督委員による訴訟参加を規定し，同時に債務者財産をめぐる紛争の一回的解決も図っている（民再138条）。（第7章Ⅱ，第8章を参照）。

損害賠償の査定　再生債務者が法人である場合，その役員が当該法人に対し委任契約上の損害賠償責任を負っていることが少なくない（会社法423条1項）。そこで，責任追及を適切に行い，もって再生債務者財産を充実しモラル・ハザードを防止するため，損害賠償請求権の査定の制度が導入され，これを実効あらしめるため役員の財産の保全の制度が設けられた。すなわち，裁判所は，法人である再生債務者について，再生手続開始決定があった場合に，必要があると認めるときは，再生債務者等の申立てにより又は職権で，役員の責任に基づく損害賠償請求権の査定の裁判をすることができる（143条1項）。再生裁判所は，却下する場合を除き，役員を審尋した上で決定により裁判する（民再144条）。損害賠償の支払いを認める決定（査定の裁判）に対

しては，異議の訴えを提起することができる（民再145条）。そして，このような損害賠償請求の実効性を確保するため，同様の場合に，裁判所は，再生債務者等の申立てにより又は職権で，役員の財産に対する保全処分（仮差押えなど）をすることができる（142条1項）。責任追及終了までの間役員の個人資産の散逸を防止することがその目的である。この保全処分は，緊急の必要がある場合には，手続開始前でも発令できる（民再142条2項）。

Ⅵ　民事再生手続の進行

財産状況等の調査　再生債務者等は，手続開始後遅滞なく，再生債務者に属するいっさいの財産につき手続開始の時における価額を評定せねばならない（民再124条1項）。評価の基準は原則として清算価値であるが，必要な場合には併せて全部または一部の財産を継続企業価値で評価できる（民再規56条1項）。清算価値保障原則が遵守されているか否かなどを判断するための評定であるので，その基準は原則として清算価値であるが，事業や営業の一部または全部の譲渡の場合に備えて，継続企業価値による評価も可能とされているわけである。再生債務者等は，財産評定完了後直ちに手続開始時における財産目録，貸借対照表を作成して，裁判所に提出せねばならない（民再124条2項）。

財産状況等の報告　再生債務者等は，手続開始後遅滞なく，手続開始に至った事情，再生債務者の業務および財産に関する経過と現状，法人の役員の責任に関する142条1項の保全処分，143条1項の査定の裁判を必要とする事情の有無などを記載した報告書を，裁判所に提出せねばならない（民再125条1項。2項も参照）。裁判所は，開始決定と同時に財産状況報告集会を招集することができる（民再規60条1項・2項参照）。ここで，再生債務者等は，裁判所に提出した右報告の要旨を報告せねばならない（民再126条1項）。裁判所は，一定の事項につき，再生債務者，管財人，届出再生債権者から意見を聞かねばならず（同条2項），労働組合等は意見を述べる権利を有する（同条3項）。実務上は，財産状況報告の債権者説明会が開かれることが多い。

財産状況報告集会も債権者説明会も開催されない場合は，再生債務者等は右

民事再生法125条の報告書の要旨を記載した書面を知れている債権者に送付する等の適切な措置をとらねばならない（民再規63条）。

事件に関する文書等の閲覧　利害関係人は，裁判所書記官に対し，この法律の規定に基づき，裁判所に提出され，または裁判所が作成した文書その他の物件の閲覧を請求することができる（民再16条）。再生手続を公正で透明性あるものとするためには，手続に関与する利害関係人が事件記録に記載された情報に接する機会を保障する必要があるからである。ただし，請求できる範囲は，申立人，再生債務者以外の利害関係人，申立てをしなかった場合の再生債務者ごとに，手続の進行度に応じて，異なってくる（同条1項・4項を参照）。また，利害関係人による閲覧等が行われると，再生債務者の事業の維持再生に著しい支障を生じ，または再生債務者の財産に著しい損害を与えるおそれのある部分を含んだ文書等も，存在しよう。このような文書について，裁判所は，当該部分の閲覧等を請求できる者を，当該文書を提出した本人と，再生債務者等に限定することができる（民再17条1項）。

債権届出・調査・確定　(1) **債権届出**　再生手続に参加しようとする再生債権者は，債権届出期間内に，その債権につき，内容，原因，議決権の額その他最高裁判所規則で定める事項を裁判所に届け出なければならない（民再94条1項，民再規31条）。別除権者は，不足額を再生債権として行使するためには，別除権の目的，別除権行使により弁済を受け得ないと見込まれる債権の額も，届け出なければならない（民再94条2項）。届出により，当該再生債権につき，再生債権者は手続参加が可能となり，取下げや却下がない限り時効中断効力が生ずる（民再98条）。

(2) **債権調査**　再生債務者等は，届出があった再生債権につきその内容や議決権の額について認否（認めるか認めないか）を記載した認否書を作成し，裁判所の定める期限までに裁判所に提出せねばならない（民再101条1項・2項・4項）。認否の記載がない場合には認めたものと見なされる（同条5項）。届出のない再生債権についても，その存在や内容を知っている場合には，認否書に記載せねばならない（同条3項）。

裁判所書記官は，届出のあった再生債権および再生債務者等が自認して認否書に記載した再生債権につき，一覧表を作成する（再生債権者表）（民再99条1

項)。届出再生債権者は，一般調査期間内に (手続開始決定と同時に定められる)，裁判所に対し，届け出られた再生債権の内容，議決権，認否書で自認された再生債権の内容について，書面で異議を述べる (民再102条1項, 103条も参照)。このようにして，再生債権者表の記載事項につき，争いの有無が明らかにされるわけである。破産法や会社更生法上の債権調査期日の制度が形骸化しているので，書面審査を中心としたこのような制度が導入されたのである (民事再生法上は債権調査期日の制度は存在しない)。

(3) **再生債権確定手続** 再生債務者等が認めず，または届出再生債権者が異議を述べた場合には，当該再生債権は債権確定手続によりその存在や内容が確定される。

(a) 再生債権の調査において，再生債務者等が認め，かつ届出債権者の異議もない場合には，当該再生債権の内容，議決権の額は，確定する (民再104条1項)。

(b) 再生債務者等が認めず，または届出債権者が異議を述べた場合には，当該再生債権者は，再生債務者等 (認めなかった場合)，異議を述べた届出再生債権者の全員に対して，裁判所 (民事再生事件が係属する裁判所) に査定の申立てをする (105条1項)。そして，査定の裁判に不服のある者は，再生裁判所に，異議の訴えを提起する (106条1項・2項)。異議の訴えの判決は，再生債権者全員に効力を及ぼす (111条1項)。所定の期間に異議の訴えが提起されなかった場合，提起されても不適法却下された場合には，当該査定の裁判が同様の効果を及ぼす (同条2項)。

(c) しかし，(2)のルールは，①異議等のある再生債権に関し再生手続開始当時に訴訟が係属する場合 (中断している。40条1項。Ⅲ・「他の手続に対する効果」も参照)，②異議等のある再生債権に執行力ある債務名義または終局判決がある場合には，適用されない。

①の場合，当該再生債権者は，異議者等の全員を相手方として，訴訟手続の受継を申し立てる (107条1項)。この訴訟は，「再生債権の確定に関する訴訟」となるので，その判決は再生債権者全員に効力を及ぼす (111条1項)。

②の場合，異議者等は，再生債務者がすることのできる訴訟手続 (例，請求異議の訴え，再審の訴え) によってのみ，異議を主張できる (109条1項)。また，

そのような再生債権につき訴訟が係属する場合には，異議者等が当該再生債権者を相手方として，訴訟手続を受継する（同条2項）。

Ⅶ 再生計画の作成・認可

再生計画の作成・提出

(1) **はじめに** 再生債権への弁済が禁止されている間に（民再30条，85条），再生債務者は，事業再構築（過剰在庫，遊休資産の処分，店舗や工場の統廃合，不採算部門の清算や事業譲渡，人員整理，中核的部門の事業計画の練り直しなど）により，事業自体の収益力の向上に努め，手続が開始されれば信用もある程度回復するので，現金取引からの脱却などを図る。再生債務者は，以上を，申立代理人の指導，裁判所や監督委員の監督の下で，行うことになる。このような中で，再生計画案が作成される。

(2) **提出者・時期** 再生計画の作成・提出の義務を負うのは再生債務者等である（民再163条1項）。届出再生債権者，管財人が選任されている場合の再生債務者，外国管財人も提出は可能である（同条2項，209条1項。第16章・Ⅱ・外国倒産処理手続との関係(2)も参照）。再生債務者等が提出すべき時期は，債権届出期間満了後裁判所が定める期間内である（民再163条1項）。ただし，手続開始の申立て後であれば債権届出期間満了前でも提出することは許される（民再164条1項）。

(3) **再生計画の条項** 再生計画においては，再生債権の権利を変更する条項を定め（民再154条1項），そのような条項においては，債務の減免，期限の猶予，その他の権利変更の一般的基準を定めなければならない（民再156条）。その上で，各再生債権者の権利のうち，変更されるべき権利を明示し，かつ右一般的基準にしたがって変更された後の権利の内容を定める（民再157条1項）。

権利変更の内容は，再生債権者間では平等でなければならない（民再155条1項本文）。ただし，不利益を受ける再生債権者の同意がある場合，少額の再生債権，84条2項の再生債権に別段の定めをし，その他これらの者に差等を設けても衡平を害しない場合には，この限りでない（同条同項但書）。再生計画は原則として10年で終了せねばならない。（第15章Ⅵ(ii)を参照）。

再生計画には，以上のほか，共益債権と一般優先債権の弁済に関する条項を定めねばならない（民再154条1項）。これらの債権は，その履行期に全額支払わねばならないだけに，弁済に充てる資金の調達方法などを明らかにし，手続の遂行に支障のないことを明確にするわけである。

　また，債務超過の株式会社の場合，裁判所の許可を得れば，再生債務者の株式の取得に関する条項，株式の併合に関する条項などを再生計画に定めることができる（民再154条3項，166条1項・2項）。再生計画が効力を生じれば，これらも株主総会の決議（会社180条，447条，466条など）なくして効力を生じる。同様の条件の下で，再生債務者は，再生計画において募集株式を引き受ける者の募集に関する条項を定めることができる（民再154条4項，166条の2）。

　　決　議　　再生計画案が提出されると，裁判所は，再生計画案を決議に付す旨の決定をする（民再169条1項）。ただし，一般調査期間が終了し，財産状況の報告がされていることを要する。決議の方法は，債権者集会による決議（民再171条）か，書面による決議（民再172条）である。併用も可能である。決議要件は，出席債権者の過半数または書面を提出した債権者の過半数，かつ議決権総額の2分の1以上である（民再171条4項，172条3項）。取引先の支持なくして再生はできない以上，頭数の要件も重要なのである。

　　再生計画の認可　　再生計画案が可決された場合，裁判所は，次に述べる事由がある場合を除き，再生計画認可の決定をする（民再174条1項）。これは反対した少数債権者を保護する趣旨である。多数決である以上，このような債権者はその意に反して権利変更を強制されるのだから，再生計画の内容がそのような強制を正当化し得るか否かを審査するのである。

　(1) **再生手続または再生計画の違法**（同条2項1号）　　再生手続や再生計画が法律の規定に違反し（債権者集会の招集手続の違法，計画案作成手続の違法，計画案の権利変更が公平でない（民再法155条1項参照）など），不備を補正できない場合のことである。

　(2) **再生計画が追行される見込みがないとき**（2号）　　このような場合に計画を遂行すれば，債務者は破産を余儀なくされ，債権者の利益はよりいっそう侵害されることになるからである。

　(3) **再生計画の決議が不正の方法により成立したとき**（3号）　　再生債権

者に対する詐欺，脅迫，再生計画外での利益供与などにより，決議が成立した場合である。

(4) 再生計画の決議が再生債権者一般の利益に反するとき（4号）　倒産処理法には，民事再生，会社更生，特別清算においては，当該債務者につき破産手続を実施したとすれば各債権者が得たはずの配当額は，保障されなければならず，保障されない場合には，再生計画，更生計画，あるいは協定は，認可されない，という原則がある。これを清算価値保障原則という。これらの倒産処理手続が，各倒産債権者の最低限保障されるべき配当（破産配当）を侵害しないよう配慮する趣旨である。本号は，清算価値保障原則を規定したものであると解される。（第15章Ⅵ更生計画の内容(1)(a)(ii)，本章Ⅱ再生手続開始の要件(2)を参照）。

> 再生計画の効力

認可決定に対しては即時抗告が可能である（民再175条1項）。不服申立手段が尽きると認可決定は確定し，これにより再生計画は効力を生じる（民再176条）。再生計画は，再生債務者，再生債権者（届け出たか否かは問わない），再生のため債務を負担し担保を提供する者のために（再生計画により保証人，物上保証人などになった者），かつそれらの者すべてに対して，効力を生ずる（民再177条1項）。これに対し，別除権者の担保権，手続開始前から再生債務者とともに債務を負担する者（例，保証人）に対して再生債権者が有する権利，手続開始前に第三者が再生債権者に設定した担保権には，効力は及ばない（同条2項）。

再生計画認可決定の確定により，再生計画の定めまたは民事再生法により認められる権利を除き，再生債務者はすべての再生債権者に対して免責される（民再178条本文）。再生計画における配当は，確定された債権の総額と予想される再生債務者の収益とをにらみ合わせて算定されているので，確定後に想定外の再生債権が出現し，支払うべき総額が増えるなら，計画の遂行は挫折してしまうからである。同様に，認可決定の確定により，届出再生債権や認否書に記載された再生債権は，再生計画の定めに従い変更される（民再179条1項）。

なお，不認可決定がなされた場合，民事再生手続は終了し，裁判所は破産原因がある場合職権で破産を宣告する（民再16条）。

Ⅷ　再生手続の終結

再生手続の終結　再生計画認可決定が確定したときは、再生債務者等は、速やかに再生計画を遂行しなければならない（民再186条1項）。監督委員も管財人も選任されていない場合は、再生計画認可決定をもって再生手続は終結する（民再188条1項）。

これに対し、監督委員が選任されている場合には、再生手続が遂行されたとき、または再生計画認可決定確定後3年が経過したときに、再生手続終結決定がなされる（民再188条2項）。この間監督委員による履行の監督に服するわけである。経験則上3年間無事に計画を遂行できた債務者は計画を完遂する蓋然性が高いことが、この制度の根拠である。また、管財人が選任されている場合には、会社更生法と同様、再生計画が遂行されたとき、または再生計画が遂行されることが確実になったときに、終結決定がなされる（同条3項）。

再生計画の取消し　再生計画認可決定確定後でも、再生計画が不正の方法で成立したことが判明した場合、再生債務者等が再生計画の履行を怠った場合、再生債務者が裁判所などの同意を得てしなければならない行為を同意を得ずに行った場合には、裁判所は再生債権者の申立てにより再生計画を取り消すことができる（民再189条1項。「決定をすることができる」とあるように、1号ないし3号の事由が存在しても、申立てを棄却することもできる）。再生計画取消しの決定が確定した場合には、再生計画によって変更された再生債権は原状に復する（同条7項本文）。ただし、再生債権者は再生計画により得た権利は保持することが認められる（同項但書）。

再生手続の廃止　その目的を達することのないまま、再生手続が将来に向って終了することを、再生手続の廃止という。民事再生法191条ないし194条は、再生手続廃止の事由を、以下のように定めている。①再生計画認可前に、再生計画案の作成、提出、決議ができないことが明らかとなった場合、再生計画案が否決された場合などには、裁判所は職権で再生手続廃止決定をする（191条）。②債権届出期間経過後再生計画認可決定の確定前に再生手続開始原因のないことが明らかとなった場合には、裁判所は、再生債

務者，管財人，または届出再生債権者の申立てにより，再生手続廃止決定をする（192条）。③再生債務者が再生手続中に法律や裁判所の命令に違反する一定の行為をした場合には，裁判所は，監督委員若しくは管財人の申立てによりまたは職権で，再生手続廃止決定をすることができる（193条1項）。④再生計画認可決定確定後に，再生計画が遂行される見込みがないことが明らかになったときは，裁判所は，再生債務者等若しくは監督委員の申立てによりまたは職権で，再生手続廃止の決定をする（194条）。

再生手続廃止決定が確定すれば，再生手続は終了するが，再生計画による権利変更は維持される。再生手続終了後は，破産手続に移行することが予定されている（牽連破産）。

破産手続への移行（牽連破産）　再生手続が廃止などにより目的を達成せずに終了した場合，事後処理として，破産手続への移行が予定されている（248条ないし254条）。これにより，濫用的な再生手続開始申立てを防止したり，再生計画の履行を促したりすることができよう。このようにして開始される破産手続を，牽連破産という。

牽連破産には，以下のような場合がある。①破産手続開始前の再生債務者につき，再生手続開始申立てが棄却されたり再生手続が廃止されたりして，再生手続がその目的を達成することなく終了した場合には，破産手続開始原因が存在するなら，裁判所は，職権で，破産手続を開始することができる（250条1項）。②破産手続開始決定を受けた債務者に民事再生手続が開始され，再生計画認可決定の確定により破産手続が失効した後，再生手続廃止決定や再生計画取消決定が確定した場合，裁判所は職権により破産手続を開始せねばならない（250条2項本文）。③破産手続開始前の再生債務者につき，再生手続開始決定の取消し，再生手続廃止決定，再生計画不認可決定，もしくは再生計画取消決定（再生手続終了前に申し立てられた場合に限る）がなされた場合，それらが確定する前であっても，再生裁判所に破産手続開始申立てをすることが認められる（249条1項）。ただし，この申立てによる破産手続開始決定は，各決定の確定後でなければできない（同条2項）。

IX 簡易再生および同意再生に関する特則

簡易再生　簡易再生とは，相当数の債権者の同意を要件として，再生債権の調査および確定の手続を省略して，簡易・迅速に再生計画を定める手続のことである。再生債権の調査および確定の手続は，多くの時間と費用を要するため，一部の債務者にとっては，費用対効果の点で問題がある。たとえば，私的整理が行われ，一部の債権者だけが整理案に反対しているため，民事再生の多数決を利用したい場合，債権調査・確定は不要であるといえよう。このような問題に対処するため作られたのが，簡易再生である。簡易再生の決定があれば，民事再生は再生債権の調査・確定の手続を経ないで行われる。

簡易再生の決定は，債権届出期間経過後再生債権調査期間開始前に，再生債務者等の申立てに基づいて行う（211条1項前段）。決定をするための要件は，①届出再生債権者の総債権について裁判所が評価した額の5分の3以上に当たる債権を有する届出再生債権者が，書面により，再生債務者等が提出した再生計画案に同意し，かつ，再生債権の調査・確定の手続を経ないことに同意していること（同項後段），②再生計画案につき不認可事由がないこと（211条3項・4項）である。簡易再生の決定に対しては，利害関係人は即時抗告ができる（213条）。

同意再生　再生手続に参加している全ての債権者が，再生債務者等の提出した再生計画案に同意し，かつ再生債権の調査・確定の手続を経ないことにも同意している場合には，再生債権の調査・確定手続に加え，再生計画案の決議も経る必要はないとしたのが，同意再生である（217条1項）。同意再生の決定が確定したときは，当該再生計画案について，再生計画認可の決定が確定したものと見なされる（219条1項）。

第14章

民事再生法（その2）——個人再生手続

I 個人再生手続の概要

個人再生手続を選択する理由 個人が経済的に破綻した場合，私的整理や特定調停手続を利用したり，破産手続を利用し，免責許可決定を得ることが，わが国の法制では認められている。しかし，私的整理等では，債権者の個別の同意が必要となるし，破産免責では，住宅等を保持できなかったり，専門資格を喪失する等の不都合があった。通常再生手続を利用することも考えられるが，個人債務者にとっては手続の負担が重く，また担保権は別除権とされるため，ここでも住宅等を保持することができない。

　これらの点を踏まえれば，住宅等の財産を保持したまま，簡易な手続で，債権者の全員の同意がなくとも，生活の再建を図ることのできる手続が必要となる。個人再生手続は，こうしたニーズに応える手続であり，現在の資産ではなく，将来の収入から債務の弁済を図る手続である。債権者にとっても，十分な資産は有しないが，一定の将来収入が見込まれる個人債務者から債権の回収が可能となる点で，利益となる。

個人再生手続の種類 個人再生手続は，小規模個人再生（民再第13章第1節221条～238条）と給与所得者等再生（民再第13章第2節239条～245条）の2つの手続からなる。2つの手続を置いたのは，「個人」の中に，サラリーマンのような可処分所得を把握しやすい者だけでなく，商店主のような収入の不安定な自営業者等を含めることが考えられたからである。

　立法時には，将来収入の額を確実かつ容易に把握できる者については給与所得者等再生を，それ以外の定期収入を持つ個人債務者については小規模個人再

> **❖コラム14-1　破産免責との関係**
>
> 　債務者にとって個人再生手続を利用するメリットが大きいのは，①住宅を債務者が維持したい場合，②借金の原因がすべてギャンブルである等破産免責の不許可が見込まれる場合，③債務者が生命保険外交員や警備員の職にあって破産によって資格を喪失する場合，④債務者が零細事業の経営者であって，その経営を続けていく以外に生活の糧を得る見込みがない場合などであるとされる。また，債権者の側からみれば，破産になればほとんどの事件で配当はゼロになるのに対し，個人再生では最低弁済額分の弁済はされることになり，とりわけ将来収入額の多い債務者の場合にはメリットが大きい。
>
> 　しかし，債権者と債務者双方の利害が常に一致するとは限らない。将来収入が多く現在資産が少ない債務者の場合，債務者にとっては破産免責を選択する方が有利であり，反対に，債権者にとっては個人再生の方が有利となる。現行法は手続につき自由選択制を採っており，かつ，手続の選択権を債務者に付与しているため，このような場合，債務者はおそらく破産手続を選択するであろう。
>
> 　このような選択を認めるのが相当であるか否かについて，2005年の法改正によって，いわゆる「資力基準（means test）」を採用したアメリカの動向が参考となる。アメリカ倒産法では，従来，実質的濫用（substantial abuse）に該当すれば，清算型手続である第7章手続の申立てを棄却することができた（連邦倒産法旧707条(b)）。その「濫用」について，資力基準によるみなしが生じる場合を改正において規定したのである（同707条(b)(2)参照）。具体的には，生活費等の控除後の収入と総負債額との比較によって濫用の有無が決まる。たとえば，控除後収入の5年分が6000ドル（約54万円）〜9000ドル（約81万円）である場合において債権総額が2万4000ドル（約220万円）以下のときは，濫用とみなされる。また，控除後収入5年分が1万ドル（約90万円）を超える場合は，常に濫用とみなされる。一定の将来収入が見込める場合に，個人再生の選択を義務づけてよいか，今後問われるべきであろう（以上につき，山本和彦「個人再生手続の現状と課題」髙木新二郎＝伊藤眞編集代表『講座　倒産の法システム第2巻　清算型倒産処理手続・個人再生手続』（日本評論社，2010年）269頁，273頁〜276頁。）（第12章Ⅴ免責を参照）。

生を利用することが前提されていたようである。

　両手続の違いとして，たとえば，給与所得者等再生では，可処分所得が容易に把握できることが前提となるため，当該所得の一定割合の弁済を要件とすることで，再生計画案に対する債権者の同意要件を不要としている。これは，可処分所得を問題とせず，債権者の多数の同意を必要とする小規模個人再生とは一線を画するものである。

　しかし，現実の運用では，給与所得者等再生はあまり利用されていないとされる。その理由として，最低弁済額が生活保護の基準に依拠してる（民再241条3項）ため，それに基づく再生計画による弁済は債務者にとって過酷なものと

なること，免責等の申立ての制限が厳しいこと（破産252条1項10号ロ，民再239条5項2号イ）等が挙げられる。

また，再生法には，住宅資金貸付債権に関する特則（民再第10章196条～206条）が存在する。この特則は，いわゆる住宅ローンを対象としたものであり，上記小規模個人再生手続や給与所得者等再生手続だけではなく，通常の民事再生手続でも適用される。この特則により，住宅ローン債務については，期限の利益の回復だけではなく，債務返済のリスケジューリングが可能となっている。

II 小規模個人再生手続

ここでは，まず，小規模個人再生手続を取り上げ，手続の流れに即して，検討を進める。

手続の申立てと開始要件 債務者は，書面によって，再生手続の申立てを行うが（再生手続の申立ての項参照），小規模個人再生を希望する場合には，申立てに際し，小規模個人再生を求める申述をしなければならない（民再221条2項）。一般に，小規模個人再生手続が認められない場合には通常の再生手続を求めない旨の申述が申立書に記載されている（民再221条6項，7項参照）。債権者申立ての民事再生事件においては，債務者は，手続開始決定までに，上記申述をしなければならない（同条2項括弧書）。なお，債権者から，小規模個人再生の申述をすることはできない。申立てに際しては，債権者一覧表を作成し添付しなければならない（民再221条3項）。また，債務者の財産の存否や額を記載した財産目録も，申立時に提出しなければならない（民再125条）。

まず，手続開始要件として，債務者に，「将来において継続的に又は反復して収入を得る見込み」が必要である（民再221条1項）。これは，保有する資産を清算して弁済に充てる破産手続とは異なり，個人再生手続は，将来収入を弁済原資とするため，手続利用者を，再生計画遂行可能性のある者に限定する趣旨である。しかし，給与所得者等再生手続のように，「額の変動の幅が小さい」ような「定期的な収入を得る見込み」までは必要とされない（民再239条1項参照）。自営業者や農業・漁業従事者だけでなく，アルバイトや派遣社員等のよ

うな，収入額の振り幅が大きく，あるいは収入の時期的な偏りのある者をも，手続の対象とするためである。

次に，「再生債権の総額（略）が5000万円を超えない」（民再221条1項）ことが要件とされている。個人債務者でも，債権総額が大きい場合，債権者に与える不利益を考慮し，簡易な手続を認めない趣旨である。再生債権の総額から，住宅資金貸付債権の額は除かれる。多額の債務を負担する住宅ローン債務者であっても，住宅資金特別条項の有無にかかわらず，この要件によって，申立てができる。また，同様に，別除権の行使によって弁済を受けることができると見込まれる再生債権の額，および再生手続開始前の罰金等の額も控除される（民再221条1項括弧書）。別除権の行使によって弁済を受ける額は，優先権が認められることで，また，罰金等は，再生計画期間中は弁済をうけることができず（民再181条3項），いずれも一般の債権者と競合しないからである。

手続の開始決定　裁判所は，申立書類等の審査を行い，予納金の納付を確認した後，書面による審尋を行い，通常の再生手続の開始要件とともに（第13章Ⅱ再生手続開始の要件を参照），上記小規模個人再生手続の開始要件が備わっていれば，開始決定をする（民再規116条1項1号）。申立てから2週間程度で開始決定がなされることが多いとされる。

特則の要件を欠いていても，通常の再生手続の開始要件をみたす場合には，再生手続開始を求めないという別段の意思表示がない限り，通常の再生手続の開始決定をなす（民再221条6項・7項）。

小規模個人再生手続開始後，当該特則の要件の欠如が明らかになれば，裁判所は，再生計画案の可決前であれば手続を廃止し（民再191条1号・2号，230条2項），可決後であれば再生計画不認可の決定を行う（民再231条2項1号・2号）。

開始決定に伴い，債権届出期間とともに，通常手続における一般の債権調査期間（民再通常手続の債権調査の項目参照）の代わりに，一般の異議申述期間を定め（民再222条1項前段），併せて，再生計画案の提出期限を定める。

裁判所は，開始決定後，その主文と債権届出期間及び異議申述期間を官報で公告し，知れている債権者に対しては，官報の内容を通知する（同条2項～4項）。

第14章　民事再生法（その2）

個人再生委員の選任　再生手続の開始決定において，個人再生委員が選任されることがある。通常の再生手続とは異なり，小規模個人再生手続では，監督委員や調査委員は選任した場合にかかるコストの面から設置されず（民再238条参照），その代替として，こうした手続機関が存在する。この機関には，費用の面から，必要最小限の職務を果たすことが期待される。

　裁判所は，原則として，裁量によりこの委員を選任するが（民再223条1項本文），再生債権の評価をする場合には，必ず選任しなければならない（同条項ただし書）。たとえば，利息の引直し計算が必要な場合に，裁判所は個人再生委員を選任して，意見を聴かなければならない（民再227条8項）。どのような場合に，個人再生委員を選任するかは，実務上，裁判所によって異なるといわれており，申立代理人が弁護士であるかどうかや，負債の規模などが勘案されるようである。

　個人再生委員の職務は，(1)債務者の財産や収入状況の調査，(2)再生債権の評価に関する裁判所の補助，(3)再生計画案作成のために必要な債務者に対する勧告に限定されている（民再223条2項）。裁判所は，選任の際に，これらすべてを個人再生委員に負担させるのではなく，事件に応じて，必要なものを指定する。これは，個人再生委員の負担軽減をはかり，その報酬を低額に抑えるためである。

再生債権の届出・調査確定手続の簡略化　小規模個人再生においては，通常の再生手続の債権の届出，調査，確定に関する諸規定の多くが適用除外され（民再238条参照），手続が簡略化されている（通常の再生手続については，該当部分参照）。

　債務者は，小規模個人再生の申述に際し，再生債権者の氏名，再生債権の額・原因等を記載した債権者一覧表を提出しなければならない（民再221条3項）。この一覧表の記載事項は，知れている再生債権者に通知されるが（民再222条4項），その内容に異議のない債権者は，通常の手続のように，自ら債権を届け出る必要はない。届出をしなくとも，一覧表の記載事項と同一内容の届出を届出期間初日にしたものとみなされる（民再225条）。こうして債権者の負担軽減が図られている。もっとも，再生債権者が異なる内容の届出をすれば，

いわゆるみなし届出の効力は生じない。また，一覧表に記載のない債権者は，通常の手続と同様に，届出をしないと手続に参加する資格を失う。届出期間経過後であっても，再生計画案の付議決定の前であれば，届出の追完が可能である（民再95条）が，それ以降，届出はできない。

　小規模個人再生では，前述した最低弁済額要件（民再231条2項3号）の判断を行うため，すべての再生債権について，金銭的に評価して届出をする必要がある（民再224条2項，221条5項等）。たとえば，条件付債権や非金銭債権も，通常の再生手続とは異なり，金銭的評価を受けて届出がされるため，議決権額と届出額の不一致はなく，別途，議決権額を届け出る必要もない（民再224条1項）。

　債権調査は，通常再生と異なり，再生債務者による認否等の手続は予定されず，代わって一般異議申述期間が設けられ，届出債権に対する再生債務者および再生債権者の書面による異議（民再226条）の手続が設けられている。ただし，再生債務者が債権者一覧表に記載した事項に異議を述べる場合，異議を述べることがある旨を予め一覧表に記載しておく必要がある（民再221条4項，226条1項但書）。

　異議申述がなされた再生債権者は，異議申述期間の末日から3週間の不変期間内に，裁判所に対して，再生債権の評価の申立てをすることができる（民再227条1項本文）。この再生債権に債務名義があれば，評価申立てを行うのは，異議を述べた再生債務者や届出再生債権者となる（同条項但書）。小規模個人再生では，通常の再生手続と異なり，手続内での確定にとどまるため，異議から査定決定，その後の訴訟，という流れにはならない。

　評価申立てがなされると，裁判所は，個人再生委員を選任しなければならない（民再223条1項但書等）。選任された個人再生委員は，調査を行い，裁判所はこの者の意見を聴いて（民再227条8項），再生債権の存否や額を定めることになる（同条7項）。

再生債務者財産の調査と確保　小規模個人再生では，再生債務者の財産情報の開示について，簡略化がなされている。たとえば，貸借対照表の作成・提出は不要とされている（民再228条）。小規模個人再生の対象は，消費者や小規模個人事業者であるため，そもそも貸借対照表を作成していないこと

も多く，また，手続開始後に債務者の財産状況が大きく変動する可能性も低い。そのため手続申立時に提出している財産目録と債権者一覧表で十分であると考えられるからである。もっとも，財産目録に不実の記載をしたような場合には，裁量的な手続廃止事由となる（民再237条2項）。

小規模個人再生では，手続上の過大な負担を回避するために，財産報告のための債権者集会や再生計画決議のための債権者集会も開催されない（民再238条参照）。

倒産手続開始後，債務者の財産を取り戻し，債権者間の公平を確保する手段として，否認権が存在する。しかし，小規模個人再生では，否認権規定の適用が排除されている（民再238条参照）。それは，否認権行使の可否を争い，訴訟にまでなれば，時間と費用が増大し，簡易迅速な手続を指向する小規模個人再生の趣旨が没却されるからである。もっとも，否認権行使を認めなくても，とくに不都合はない。個人再生手続においても，清算価値保障が必要的であるが，ここでいう清算価値には，破産手続において否認権行使がされた場合に得られるであろう利得を含めた価値が含まれる。この点を前提としなければ，清算価値保障原則違反として，再生計画の不認可事由となるからである（民再231条1項，174条2項4号）。

なお，相殺制限の規定（民再93条，93条の2）は適用排除とされておらず（民再238条参照），理論的に見ると興味深い。

再生計画の内容　小規模個人再生手続の再生計画における権利の変更は，通常の再生手続とは異なり，形式的平等でなければならない（民再229条1項）。通常の再生手続では，実質的平等が認められているが（民再155条1項参照，通常の再生手続の再生計画の部分参照），小規模個人再生においては，消費者信用取引に基づく同種の債権が多数を占めるため，通常の手続と同様に，実質的な権利変更を行うことは，かえって手続を煩雑にするおそれがあるからである。もっとも，消費者金融業者の与信態様に応じて権利変更に差等を設ける立法論が提示されている。

また，債務の弁済方法についても制限がある（民再229条2項）。それは，弁済期が3ヶ月に1回以上到来する分割払いであること，および弁済期間は原則3年間ということである。3年未満の弁済計画は許容されない。債務者の収入

が少なく，3年では最低弁済額の要件を充たさないといった特別の事情がある場合には，弁済期間を5年まで延長できる（民再229条2項2号括弧書）。

[再生計画案の提出と決議] 実務上，債権の異議申述期間の末日から数日後に，再生計画案の提出期限が設定されているようである。この期限内に提出されなかった場合には，手続を廃止することになる（民再191条2号，243条2項）。

裁判所は，異議申述期間の経過後提出された再生計画案を，財産状況等の報告書（民再125条1項）の提出があった後，決議に付す（民再230条1項）。しかし，再生計画案につき，後述する不認可事由があると認められる場合，裁判所はその案を決議に付することはできない（同条2項）。債権者にその意思を問うこと自体無意味であるからである。

この決議は，常に書面等投票によらなければならない（民再230条3項）。債権者の負担軽減を図る趣旨である。また，再生計画案に同意しない場合にその旨を回答するという消極的同意の方法でなされる（民再230条4項）。これは，個人債務者に債権者の同意を調達させることは事実上困難であり，かえって債権者からの圧力を受けるおそれがあり，また，債権者は通常事業者であることが多く，書面通知によって過大な負担を負わせることにはならないことによる。再生計画案に同意しないと回答した議決権者が頭数要件で半数に満たず，かつ，その議決権額が議決権総額の半分を超えなければ，再生計画案の可決がなされたとみなされる（民再230条6項）。この要件を満たさなかった場合には，裁判所は職権で再生手続の廃止を決定しなければならない（民再237条1項）。

[再生計画の認可とその要件] 再生計画案が可決された場合，再生計画が認可されるには，まず，通常の再生手続における認可要件（民再231条1項，174条2項）を満たす必要がある（第13章Ⅶ再生計画の認可を参照）。たとえば，重要な不認可事由として，「再生計画が遂行される見込みがないとき」（民再174条2項2号，該当部分参照）という要件がある。遂行可能性の考慮事由として，親族の援助等を含めてもよく，その判断方法として実務では，認可に至る手続段階で積み立ての指導がなされているとされる。

そのほか，小規模個人再生手続の開始要件である収入の見込みがないこと

（民再231条2項1号），負債限度額を超えていること（同項2号），すでに述べた最低弁済額の基準を下回ること（同項3号・4号），住宅資金特別条項を定める意思がある旨を債権者一覧表に記載したのに，再生計画の中に当該条項の定めがないこと（同項5号）がある。

　個人再生において特有の認可要件として注目するべきは，最低弁済額要件（民再231条2項3号・4号）である。債務者が資産をほとんど持たない場合，清算価値保障原則だけでは，ほとんど0パーセント弁済に近い再生計画が認められる可能性がある。このような計画を認めることは，債権者にとって，その債権管理コストをいたずらに増大させるだけでなく，債務者にとっても，モラル・ハザードを引きおこすおそれがある。こうした事態を回避するために，最低弁済額の要件が設定されている。

　最低弁済額の規律は複雑であるが，以下に簡潔に述べる。まず，再生手続内で確定した無異議債権と評価済債権（民再230条8項参照）から，住宅資金貸付債権，別除権の被担保債権や劣後的債権（民再84条2項）を除き（これを便宜上「無異議債権等」と呼ぶ），これが3000万円を超える場合，無異議債権と評価済債権から，別除権行使により弁済を受ける額や劣後的債権（民再84条2項）を除いた債権（これを便宜上「基準債権」と呼ぶ。）の総額の10分の1が計画による最低弁済総額となる。つぎに，無異議債権等の総額が3000万円以下の場合，基準債権の額が100万円未満のときは，基準債権額の総額が計画における最低弁済額となる。同様に，基準債権の額が100万円以上，500万円未満のときは，100万円が，基準債権の額が500万円以上，1500万円未満のときは，基準債権の5分の1が，基準債権の額が1500万円以上のときは，300万円が最低弁済額となる。

　再生計画認可の効果　再生計画の認可決定が確定した場合，すべての再生債権者の権利は，一般的基準（民再156条）に従い変更される（民再232条2項）。通常の再生手続とは異なり，個人再生における債権確定は，手続内確定の効果を有するに留まるため，再生債権は実体的に確定されない。そのため，争いがあれば訴訟手続において確定されることになる。期限未到来の債権や条件付債権も，現在の金銭債権に変容した上で，上記変更の効果を受ける。

小規模個人再生手続においては、手続内で確定しなかった債権について、特則を設けている（民再232条3項）。届け出られなかったことについて債権者に帰責事由がある場合や再生債権について異議が出されたにもかかわらず、評価申立てをしなかった場合、当該債権者は、計画弁済期間が満了するまで弁済を受けることができない。

2004（平成16）年改正により、再生計画において権利変更ができない債権が規定された（民再229条3項）。それは、(1)悪意の不法行為に基づく損害賠償請求権、(2)故意または重過失に基づく人の生命・身体を害する不法行為に基づく損害賠償請求権、および(3)子の監護費用・扶養料等請求権である。こうした規律は、破産法253条1項の非免責債権の規定と同趣旨のものである（非免責債権の部分参照）。これらの債権については、弁済期間中は権利変更の一般的基準に従った弁済がなされるが、弁済期間満了後は残額の一括弁済がなされることになる（民再232条4項）。

再生計画認可後の手続

再生計画認可決定が確定すれば、小規模個人再生手続は、当然に終結する（民再233条）。手続の簡易化のため、通常の再生手続とは異なり、監督委員のような手続機関による履行の監督は予定されない。かりに個人再生委員が選任されていても同様である。それゆえ、弁済は債務者の自助努力に委ねられる。また、認可決定が確定しても、債権者一覧表の記載や裁判所による再生債権の評価に執行力は認められない（民再238条による同180条、185条の適用除外）。このように、小規模個人再生手続では、履行確保のための直接的な手段が存在しない。

再生計画認可確定後、やむをえない事由で再生計画を遂行することが著しく困難になった場合、再生債務者の申立てにより、弁済計画の期限を最大2年間延長することができる（民再234条1項）。弁済総額を減少させることは認められていない。再生計画変更の手続は、「再生計画案の提出があった場合の手続」と同一とされるが（同条2項）、個人再生では再生計画の認可によって手続が終了しており、具体的にどのような手続がとられるのか、必ずしも明確ではない。

一方、再生債務者が計画に従った弁済をしなければ、通常の再生手続と同じように、再生計画の取消事由となる（民再189条1項2号）。債務者の財産隠匿が

❖コラム14-2　ハードシップ免責

　個人再生では，計画弁済が完全に履行できない場合であっても，一定の要件を満たせば残額分の責任免除が認められる。これは，アメリカ法の同種の制度に倣い，ハードシップ免責と呼ばれる。その要件は，①再生計画の遂行がきわめて困難であること，②弁済期間中に弁済すべき再生債権の4分の3以上の弁済をしていること，③清算価値保障原則を満たしていること，④再生計画の変更がきわめて困難であること（民再235条1項）である。これら要件が満たされる場合，裁判所は，届出再生債権者の意見を聴いて（同条2項），免責の決定をする。免責決定がされると，履行済みの再生債権及び権利変更できない再生債権を除き，再生債権に係る債務者の責任が免除される（同条6項）。
　しかし，利用件数がかなり少ないといわれており，制度の利用を困難にしている要素を見直すことが考えられる。そのためには，たとえば，②の弁済要件を緩和することが検討されるべきであろう（以上につき，山本和彦「個人再生手続の現状と課題」高木新二郎＝伊藤眞編集代表『講座　倒産の法システム第2巻　清算型倒産処理手続・個人再生手続』（日本評論社，2010年）269頁，292頁。）

再生計画認可決定後に明らかになった場合，清算価値保障原則違反が明らかになった場合にも，再生債権者の申立てにより，裁判所は再生計画の取消しを裁量的に決定することができる（民再236条）。

　このように，再生計画の遂行が著しく困難になり，計画の変更では対応できない場合，当該計画は取り消され，牽連破産となるが，一定の要件を満たせば，免責を得ることができる。これをハードシップ免責という（民再235条1項）。これは，それまで誠実に債務を弁済してきた債務者が，不慮の事故等により，弁済をすることができなくなった場合，厳格な要件の下に免責を認めることで，小規模個人再生手続の選択のインセンティブを高めることを趣旨としている。

III　給与所得者等再生手続

手続の意義　　小規模個人再生手続では，債権者の同意を得ることが要件とされていた。しかし，サラリーマンのように，定期収入がある者については，可処分所得の見込みが立ちやすく，その一定部分を債権者への弁済にあてることで，債権者の同意を一切不要とし，簡易かつ迅速に個人債務者の再生を企図したのが，小規模個人再生手続の特則である給与所得者等再

生手続である。小規模個人再生手続と異なるのは，手続の開始要件，再生計画案に対する債権者の決議の不要性，再生計画認可の際の可処分所得要件の必要性であり，それ以外の事項は同様であるため（民再244条参照），ここでは手続の全体構造について記述せず，2に委ねる。

定期収入があるサラリーマンのような個人債務者は，給与所得者等再生手続を申し立てることができる一方，同時に，小規模個人再生手続を申し立てることが可能となっている。そのため，両者の選択の問題が生じるが，当初は，債権者の同意調達は困難と思われ，給与所得者等再生手続の利用が多くなると思われていた。しかし，実際上，個人再生事件において債権者の同意調達は比較的容易になされる一方で，可処分所得要件は債務者にとって酷な場合もあり，給与所得者等再生手続はそれほど利用されていないといわれる。また，この手続では，債権者の決議なしに裁判所が再生計画を認可するため（民再240条），破産免責と同様に考えられ，手続をあらためて利用する場合に期間制限があり（民再239条5項2号），また，破産手続における免責不許可事由ともなっている（破産252条1項10号ロ）。こうした点は，債務者が給与所得者等再生手続を選択するインセンティブを減殺することになっている。

> 手続開始の要件

給与所得者等再生手続の開始要件として，通常の手続と，小規模個人再生手続の要件に加え，債務者が給与等の定期的な収入を得る見込みがあり，かつ，その変動の額が小さいと見込まれることが定められている（民再239条1項）。定期的な収入の見込みがある者としては，いわゆるサラリーマンが典型例として挙げられるが，年金生活者なども含まれる。また，収入額の変動の幅については，年収の変動が5分の1に満たないことを意味すると解されている（民再241条2項7号イ参照）。

このような要件を満たせば，債務者の可処分所得の算定は困難を伴うこともなく，確実になされることになり，当該可処分所得の一部が定期的な弁済に充てられるのであれば，債権者の同意を求める必要もない，ということになる。

> 再生計画案についての決議の不要

給与所得者等再生手続では，再生債権者は再生計画案について決議をする必要はない。債務者に収入が安定的にあり，またその把握が容易である場合に，可処分所得要件を設け，その2年分以上の弁済を前提に，債権者保護はそれで十分と考えるのである。

可処分所得要件によれば，再生債務者は，過去の2年間の平均収入額から，税金と社会保険料を控除し，さらに債務者と被扶養者の最低限度の生活を維持するために必要とされる費用額を控除した額を3年間の再生計画で弁済しなければならない（民再241条2項7号）。

しかし，控除される費用額が低額であるとの指摘もあり，また，小規模個人再生手続のように，弁済額について債権者らとの交渉の余地もないため，多くの債務者にとっては，これまでの生活水準を落とさなければならず，かなり厳しい要件となっている。その結果，債権者の同意を一切必要としない簡易な個人再生手続であるにもかかわらず，小規模個人再生手続を選択する事例が多いとされている。

債権者の同意が不要であるため，裁判所は，ただちに，再生計画の認可・不認可を決定により判断することになる。もっとも，再生計画案に関して，債権者の意見聴取は必要的とされている（民再240条）。小規模個人再生手続において，再生計画案を決議に付する段階，すなわち，一般異議申述期間が経過し，再生債務者による報告書の提出があったときに，再生計画案を認可するべきかどうかについて，裁判所は，届出再生債権者の意見を聴く旨の決定を行う（同条1項）。

Ⅳ 住宅資金貸付債権に関する特則

制度の意義 住宅を購入する場合，金融機関からの融資に依存することが多く，その場合，金融機関は当該住宅に担保権を設定することが通常である。しかし，こうしたいわゆる住宅ローンは，借入額の大きさに応じて，長期の返済期間が設定されるため，住宅ローンの債務者に不測の事態が起き，返済が滞ることもある。このような場合に，破産や再生手続を利用しても，担保権の実行を止めることは容易ではない。そこで住宅ローンの債務者が住宅を手放すことなく経済的再生を果たすため，住宅ローンの弁済計画等について，特別な取り扱いを認めたのが，ここでとりあげる特則である（民再196条4号，199条）。この特則により，債務者は，再生計画に「住宅資金特別条項」を定めることができる。なお，この特則は，小規模個人再生や給与所得者等再

❖**コラム14−3　住宅ローンの担保割れ部分についての弁済**

　住宅資金特別条項の制度は，住宅ローンについてオーバー・ローンになっていても，住宅資金貸付債権の弁済をすることを前提とする。すなわち，担保割れしている再生債権に相当する債務も弁済期間内に（あるいは弁済期間終了後）弁済されることになる。その理由として，①住宅は，事業継続に不可欠の資産とは異なり，債権者の弁済を増加させるような性質のものではなく，その保護法益は債務者の利益に限定されること，②住宅の場合には，事業譲渡やスポンサーのような一括弁済は期待できず，借換えによらざるをえないこと，③担保権を消滅させる厳格な手続が個人再生の構造と相容れないことなどが挙げられている。

　しかし，立法論として，なお住宅ローンの付された住宅について，担保権消滅の制度を適用する余地が提案されている。理論的には，担保権の不可分性という実体法上の基本的原理をどのように考えるかという問題となる。担保権の不可分性の実体法上の根拠が間接強制機能および実行時期選択機能にあるとすれば，それは一般に倒産手続の下では十分な正当性をもち得ないとも解され，他方で不可分性によって帰結する債権者平等に対する侵害には倒産手続の正統性の観点から看過し難いものがあるとの指摘がなされている（以上につき，山本和彦「個人再生手続の現状と課題」高木新二郎＝伊藤眞編集代表『講座　倒産の法システム第2巻　清算型倒産処理手続・個人再生手続』（日本評論社，2010年）269頁，294頁〜295頁）。

生だけでなく，通常の再生手続にも適用されることに注意が必要である。

　　適用対象　　この特則の対象となるのは，「住宅資金貸付債権」（いわゆる住宅ローン）である（民再198条1項）。この債権は，住宅の建設もしくは購入に必要な資金，住宅の用に供する土地又は借地権の取得に必要な資金，または住宅の改良に必要な資金の貸付けに係る分割払の定めのある再生債権であって，当該債権または当該債権を保証した保証会社の求償権を担保するための抵当権が住宅に設定されているものをいう（民再196条3号）。

　　抵当権の実行手続の中止命令　　再生債務者が住宅資金貸付債権にかかる債務の返済を遅滞している場合，住宅資金貸付債権者は，住宅や敷地上に設定している抵当権を実行する可能性がある。住宅資金特別条項の目的は，債務者の本拠となる住宅を保持することにあるため，かかる条項を規定する再生計画を実効的にするためには，再生計画の効力が生じる前の抵当権実行を封じる必要がある。そこで，再生債務者は，競売手続の中止命令を申し立てることができ，住宅資金特別条項を定めた再生計画の認可の見込みがあると認められる場合，中止命令が発令される（民再197条1項）。しかし，実際上，債

> **❖コラム14-4　ペアローン**
>
> 　民再198条1項但書前段によれば，住宅の上に196条3号に規定する抵当権を除く担保権（民再53条1項）が存するとき，住宅資金特別条項を定めることはできない。それは，かかる特別条項を定めても，他の別除権者が担保権を実行すれば，債務者は住宅を保持することができないからである。
> 　しかし，この条文を形式的に適用した場合，問題となるのがいわゆる夫婦のペアローンである。これは，夫婦が住宅を共有し，それぞれが借り入れた住宅ローンを被担保債権として，当該住宅上にそれぞれ抵当権を設定している場合である。この場合，他方の債務を被担保債権とする抵当権は，民事再生法198条1項但書前段に該当し，住宅資金特別条項を定めることができないように見える。
> 　東京地裁や大阪地裁では，夫婦双方が個人再生を申し立てた場合，住宅資金特別条項を含むそれぞれの再生計画認可の効力によって，担保権の実行が回避されることを理由に，住宅資金特別条項の利用を認めている。
> 　難しいのは，一方のみが個人再生を申し立てている場合である。この場合でも，他方の債務の履行の蓋然性が高い場合には，民事再生法198条1項但書前段の趣旨から，住宅資金特別条項を認めてもよいと解される。

務者は消費者金融からの借入れを焦げつかせても，住宅ローンについては弁済を継続していることが多く，この中止命令の利用は少ないとされる。

　住宅資金特別条項　住宅資金特別条項の制度は，再生債務者が経済生活の再生の基礎となる住宅を保持することを可能にするため，一般のリスケジュール等の交渉で任意に行われている条件変更と同様の形で住宅ローン債権者の同意なしに再生計画を成立させることを可能にしたものである。この制度は弁済猶予を基本とするものであり，元利金について減免は認められず，全額を弁済するものである。この制度は，個人再生事件において，活発に活用されているようである。

　住宅資金貸付債権については，再生計画において，住宅資金特別条項を定めることができる（民再198条1項）。住宅資金特別条項とは，再生債権者の有する住宅資金貸付債権の全部または一部を，民再199条1項から4項までの規定するところにより変更する再生計画の条項をいう（民再196条4号）。このように債務者が弁済しやすい分割払いの条項を定めるなどして，その条項に基づき弁済が継続される場合，抵当権の実行を許さないというスキームになる。

　この条項により認められる権利変更には，(1)期限の利益回復型，(2)リスケ

ジュール型, (3)元本猶予期間併用型, (4)合意型の各種類が規定される。これらのうち, (1)から(3)については, (1)が適用できない場合にはじめて補充的に(2)が適用され, (2)が適用されない場合にはじめて(3)が適用されるという補充関係に立つ。

(1) 期限の利益回復型（民再199条1項）は, 遅滞に陥っている債務の元本, 利息, 損害金の期限の利益を回復させ, 再生計画期間内に, 本来契約により払うべき弁済額と, 遅滞した額を弁済し, 計画弁済終了時に, 遅滞部分をなくすようなスキームであり, その意味で, もっとも基本的な弁済方法となる。

(2) リスケジュール型（民再199条2項）は, 前項の規定による住宅資金特別条項を定めた再生計画の認可の見込みがない場合に, かかる条項において, 住宅資金貸付債権にかかる債務の弁済期を住宅資金貸付契約において定められた最終の弁済期から後の日に定めるものである。債権者の同意なく, こうした権利変更を行うため, その変更の内容は, 次に掲げる要件のすべてを満たさなければならない。まず, 元本, 利息, 遅延損害金全額は全額弁済しなければならない。住宅資金特別条項による変更により, 約定最終弁済期を最大10年まで後にずらすことができるが, 変更後の最終弁済期における再生債務者の年齢が70歳を超えてはならない。また, リスケした後の弁済額や弁済の間隔については, 住宅資金貸付契約において定められた基準におおむね沿うものでなければならない。

このようにリスケジュールを試み, 月毎の弁済額の負担を軽減しても, 債務者が別途弁済しなければならない一般債権を有していれば, 再生計画の遂行可能性が失われる。そこで, (3)元本猶予期間併用型（民再199条3項）は, 一般債権の弁済期間内において, 住宅ローン元本の一部の弁済を猶予し, 月毎の弁済額の負担を低減することを可能としている。

こうしたスキームでも, 元本すべてを猶予されるわけではなく, 猶予された元本に対する利息も弁済しなければならず, 債務者の負担の軽減にも限界がある。そこで, (4)合意型の活用が企図されるのであり, 債権者の同意があれば, どのような変更も可能となる。現実に(1)から(3)のスキームですべて処理できるわけではなく, このような合意ベースでスキームを構築することはきわめて重要である。

再生計画　住宅資金特別条項を定めた再生計画案は、再生債務者のみが提出することができる（民再200条1項）。自己の住居を保持するために、住宅ローン債権者の同意なく、一定の不利益を課すものであるから、あくまでも債務者の自由意思を尊重するものである。しかし、一方で、住宅ローンのリスケなどは、複雑な専門的計算を必要とし、そのため、住宅ローン債権者との間で、事前の協議が必要となる（民再規101条1項）。

　再生計画案については、通常の再生手続と小規模個人再生手続では、債権者の決議が必要である。特別条項を定めた再生計画案の場合、決議の方法や可決要件については変わらないが、住宅資金特別条項によって権利の変更を受けることとされている者および保証会社は、住宅資金貸付債権または住宅資金貸付債権に係る債務の保証に基づく求償権については、議決権を有しない（民再201条1項）。こうした規律となるのは、これらの債権者の債権額は、債務者の債務総額に対して、大きな割合を占めるため、一般の債権者と同じように議決権を認めると、事実上、住宅ローン債権者のみの同意によって決議がなされる可能性があるからである。こう解しても、住宅ローン債権者の利益は、特別条項の規律により保護されており、また、意見を述べる機会も保障されている（同条2項）。

　裁判所は、住宅資金特別条項を定めた再生計画案が可決された場合に、次の不認可事由があれば、再生計画不認可の決定をする。まず、一般の不認可事由（民再202条2項1号）の他に、再生計画が遂行可能であると認めることができないとき（同項2号）、再生債務者が住宅の所有権または住宅の用に供されている土地を住宅の所有のために使用する権利を失うことになると見込まれるとき（同項3号）、再生計画の決議が不正の方法によって成立するに至ったとき（同項4号）といった不認可事由が規定されている。

　再生計画の基本的効力（民再177条以下）については、通常の再生計画と、住宅資金特別条項を定めた再生計画とで異なるところはない。ただ、債務者に住宅を保持させるという目的を達成するために、177条2項の効力の範囲については、特則が置かれている。

　住宅資金特別条項を定めた再生計画認可決定が確定したとき、再生計画の効力範囲を限定する規定（民再177条2項）は適用されず（民再203条1項前段）、住

宅およびその敷地の上の抵当権（民再196条3号），住宅資金貸付債権者が保証人に対して有する権利に効力が及ぶ。このようにしないと，住宅資金貸付債権者によって抵当権が実行されたり，保証債務を弁済した保証人が，代位債権者として抵当権を実行すれば，住宅資金特別条項を定めた意味が没却されるからである。

　住宅資金特別条項を定めた再生計画の認可決定が確定したとき，住宅資金貸付契約の内容は，自動的に，住宅資金特別条項の内容になることが擬制される（民再203条2項）。たとえば，期限の利益喪失条項，遅延損害金の定めが適用され，また火災保険への加入を条件とする条項も有効となるので，住宅ローンの繰延べに合わせて火災保険契約の期間を延長する必要がある。様々な条項を有する複雑詳細な住宅資金貸付契約をあらためて書き直すことは煩瑣なだけであり，かつ書き落としの問題も生じうる。同条項の擬制によって，既存の契約を原則として引き継がせることは，契約当事者の期待を損なうことにもならないといえる。

　多くの住宅資金貸付契約においては，通常，保証会社によるローン保証が付されている。このとき，債務者が当該住宅ローン債務のデフォルトに陥ったとき，保証会社は代位弁済することになる。しかし，こうした保証会社は，一般に，競売を利用して短期間で求償権を回収することを基本としており，長期の債権管理のノウハウや人的資源等を有しない。そのため，代位弁済の効力を認めてしまうと，保証会社が住宅資金特別条項の相手方となり，長期の分割弁済を予定する債務者に酷な結果となる可能性が高い。そこで，204条は代位弁済の効力を否定することにより法律効果をいわば巻き戻して，住宅ローン債権者を住宅資金特別条項の相手方としている。すなわち，当該保証債務の履行はなかったものとみなされ（民再204条1項），住宅資金貸付債権者は，代位弁済された金銭を不当利得として保証会社に返還し，再生債権者として，住宅資金特別条項に従い弁済を受けることになる。

　もっとも，代位弁済した保証会社が一般の再生債権について異議を述べ，それに基づく確定手続が終了している場合，異議の効力は失効しない（同条項但書）。このような効力まで遡及的に消滅させることは，手続の安定を著しく損なうからである。

第15章
会社更生法

Ⅰ　会社更生手続の概要

　会社更生手続とは，株式会社のみを対象とした再建型の倒産処理手続である。更生手続は，比較的規模の大きい会社の倒産処理を行うことを想定したものとされており，同じ再建型の倒産処理手続である民事再生手続と比べると，①株式会社のみを対象とし，更生計画中で会社の組織変更を行うことも可能である，②手続の拘束を受ける者の範囲が広く，一般債権者だけでなく担保権者や株主も手続に組み込まれる，③常に管財人が選任され，管財人が手続の中心的機関となるといった点に特徴がある。

　たとえば，A社に更生手続開始決定がなされた場合を想定してみよう。A社の更生手続開始決定と同時に裁判所によって選任される管財人が，A社の財産管理処分権・事業運営権を一手に掌握する。管財人は，一方で担保権者や一般債権者，株主らの権利を把握し，他方でA社の事業や財産状況を考慮して適切な処理を行いながら，担保権者や一般債権者の権利の減免や期限の猶予，会社の組織変更などの事項を定めた更生計画案を作成する。管財人が作成した更生計画案が権利の種類ごとに組み分けされた関係人の決議により可決され，裁判所の認可決定を受けると，当該更生計画が管財人により遂行され，担保権者や債権者は更生計画の定めにより弁済を受けることになる。

II　会社更生手続の開始申立てから開始決定

更生手続開始の申立て

(1)　**申立権者**　更生手続は申立権を有する者の申立てにより始まる。更生手続の申立権は，当該株式会社（会更17条1項柱書），当該株式会社の資本金の額の10分の1以上に当たる債権を有する債権者（同条2項1号），当該株式会社の総株主の議決権の10分の1以上を有する株主（同条2項2号），当該株式会社に対し破産手続又は特別清算開始の申立義務を負う場合の株式会社の清算人（会更18条），外国管財人（会更244条1項）に認められる。

(2)　**更生手続開始原因**　更生手続開始によって，更生会社（会更2条7項）の財産管理処分権や事業運営権は管財人に専属することになり（会更72条1項），また，債権者等は更生手続によらなければ弁済を受けることができず（会更47条1項，135条1項），更生計画による権利変更を受ける。このように更生手続の開始は利害関係人の権利に大きな影響を及ぼすため，その開始にあたっては，更生手続を開始するに十分であると法が判断するに足る財産状態の悪化を示す事由，すなわち更生手続開始原因が必要となる。更生手続開始原因は手続開始要件であると同時に，申立て時にその疎明が要求される事由である。

更生手続は，2つの手続開始原因となる事実を定めている。1つは，「破産手続開始の原因となる事実が生ずるおそれがある」ことである（会更17条1項1号）。これは，支払不能および債務超過という破産手続開始原因となる事実（破産法15条1項，16条1項。第2章II参照）が将来発生すると客観的に予想できることを意味する。もう1つは，「弁済期にある債務を弁済することとすれば，その事業の継続に著しい支障を来すおそれがある」ことである（会更17条1項2号）。これは，支払不能には至っていないが，工場や原材料といった事業の継続に必要な財産を売却したり，高利での貸付を受けなければ債務の弁済ができず，以後の事業運営に支障が生じる場合を指す。更生手続が，破産手続よりも財産状態の悪化が軽微な段階での申立てを認めているのは，あまりに厳格な財産状態の悪化を求めると，事業の維持更生という更生手続の目的（会更1

条参照）を達することができなくなるためである。

　株式会社が更生手続の開始を申し立てる場合は，①破産手続開始原因事実が生じるおそれがある場合，および②弁済期にある債務を弁済すれば事業の継続に著しい支障を来すおそれがある場合のいずれを理由とすることもできる（会更17条1項）。これに対し，債権者や株主が申し立てる場合は，①の場合にのみ，申立てが可能とされている（会更17条2項）。

(3) 申立ての手続
(a) 方　　式

　更生手続開始の申立ては書面で行う（会更規1条1項）。申立書には，申立人の氏名や住所，会社の商号や本店所在地・代表者氏名，更生手続開始原因事実等を記載しなければならず（必要的記載事項。会更規11条各号），加えて，資産・負債その他財産の状況，開始原因が生ずるに至った事情等（訓示的記載事項。会更規12条1項各号）を記載する。必要的記載事項を欠く申立ては不適法で補正命令の対象となり，補正に応じない場合には申立ては却下される（会更13条，民訴137条）。

　申立ての際には，申立人は更生手続開始原因事実を疎明しなければならず（会更20条1項），債権者又は株主が申し立てるときには，自らの債権額又は議決権数の疎明も要する（会更20条2項）。

(b) 予納金・申立手数料

　更生手続の遂行に要する費用は共益債権であるので，手続外で随時弁済をすることになるが（会更127条3号，132条1項），手続費用すら支払えない場合には手続の円滑な遂行が見込めない。そこで，当面の支出に備え，申立人は裁判所が定めた額（資産や負債の状況，更生債権者等の数等を考慮の上決定する（会更規15条1項）。）を予納しなければならない（会更21条1項）。予納がない場合には申立ては棄却される（会更41条1項1号）。また，申立人には2万円の手数料の納付が求められる（民訴費3条1項，別表第1第12項）。

(4) 管轄・移送，申立ての取下げ
　更生事件については，地方裁判所が職分管轄を有する（会更5条）。土地管轄・移送については概ね破産事件の場合と同様である（第2章Ⅰ参照）が，更生手続の場合には一般的な土地管轄のほか，東京地方裁判所及び大阪地方裁判所にも競合管轄が認められる（会更5条

6項)。更生手続開始の申立ては，更生手続開始決定まではいつでも取り下げることができる（会更23条前段）が，各種保全処分発令後に申立人が手続開始の申立てを取り下げるには裁判所の許可が必要となる（同条後段）。

保全処分 **(1) 保全処分概説** 更生会社の財産管理処分権・事業運営権が剥奪されそれらが管財人に専属すること，および債権者等の自由な権利行使が制限されることは更生手続開始決定の効果であって，手続開始申立てがなされてもかかる効果は生じない。更生手続開始申立てを受けた裁判所は，会社に更生手続開始原因事実があるか，費用の予納があるか等を審理するため，申立後手続開始決定までには一定の時間を要するのが通常である。その間の債務者による財産隠匿や放漫経営あるいは債権者による抜け駆け的権利行使を防止するために，各種保全処分が用いられる。

保全処分に関しては，破産手続・再生手続にも同種の規定があり（破24条以下，民再26条以下参照），各倒産手続の間で概ね平仄を合わせている。他の手続の中止命令等（会更24条1項），包括的禁止命令（会更25条～27条），開始前会社（会更2条6項）の業務および財産に関する保全処分（会更28条），保全管理命令（会更30条～34条）については，破産法・民事再生法の該当箇所を参照してほしい（第2章Ⅳ，第13章Ⅱ参照）。会社更生法において特筆すべき点は以下のとおりである。更生手続は他の倒産処理手続に優先して適用されるため，更生手続開始申立て後は破産手続や再生手続は中止の対象となり（会更24条1項1号），また，更生手続は担保権者の権利行使も制限することから，担保権実行も中止の対象となる（同項2号括弧書）。更生手続上の包括的禁止命令は，担保権者や租税債権者の権利行使も制約する（会更25条1項本文）点で破産法や民事再生法の場合よりも強力である（破25条，民再27条参照）。以下では，更生手続における監督命令と調査命令について触れるにとどめる（第2章Ⅳを参照）。

(2) 各種保全措置

(a) 監督命令

監督命令とは，更生手続開始申立後開始決定があるまでの間，裁判所が更生手続の目的を達成するために必要があると認めるときに監督委員を選任し，さらに監督委員の同意を得なければ開始前会社がすることのできない行為を指定することにより，開始前会社の事業運営や財産管理処分を監視・監督する処分

である（会更35条1項・2項）。会社の管理処分権を制約する点で保全管理命令と同様権の機能を持つが，保全管理命令の場合は，保全管理人が開始前会社の事業運営権及び財産管理処分権を専属的に有するのに対し（会更32条1項），監督命令の場合は，裁判所が監督委員の同意なしには開始前会社が行うことのできない行為を指定することにより（会更35条2項），監督委員が後見的に手続を監督するにとどまる。監督委員の同意を得ずに開始前会社がした行為は無効となるが（同条3項本文），取引の安全を保護する必要から善意の第三者には対抗できない（同項但書）。開始前会社が手続申立後開始決定までの間に資金の借入れや原材料購入などの事業継続に必要な行為を行った場合には，監督委員の承認により相手方の請求権を共益債権とすることができる（会更128条2項・3項）。また，現行会社更生法は経営責任を負わない開始前会社の取締役等を管財人に選任できることを明確にしたことから（会更67条3項参照），裁判所は，監督委員に開始前会社の取締役等が管財人の職務を行うに適した者であるかどうかの調査を命じることもできる（会更37条）。

(b) 調査命令

調査命令は，専門的知識や知見に基づいて更生手続の遂行に必要となる判断材料を裁判所に提供することにより，裁判官を補助するために設けられた制度である。調査委員は，更生手続開始決定前（会更39条），あるいは更生手続開始決定後に（会更125条），裁判所が必要があると認めるときに，利害関係人の申立てによりまたは職権で選任される。開始決定前の調査命令の場合には，更生手続開始原因事実や申立棄却事由の有無，開始前会社の業務や財産の状況，更生手続開始の当否，さらに各種保全処分発令の要否等が調査事項とされている（会更39条1号・2号）。

更生手続開始決定

(1) **更生手続開始申立ての審理の方法** 更生手続開始の申立てを受けた裁判所は手続を開始するか否かの審理を行う。裁判所が審理する手続は破産の場合と同様である（第2章Ⅱ参照）が，次の点で異なる。すなわち，①更生手続は労働者に大きな影響を与えることから，裁判所は開始申立ての裁判をする前に労働組合等の意見を聴かなければならず（会更22条1項），また，②債権者又は株主による申立ての場合には，開始前会社の内部状況に関する判断資料が十分に提出されているとはいえず，

手続保障の観点からも開始前会社の代表者に反論の機会が与えられてしかるべきであるから，裁判所は開始申立ての裁判をするにあたり開始前会社の代表者を審尋しなければならない（同条2項）ものとされている。

(2) **更生手続開始決定の要件**　裁判所は，株式会社に更生手続開始原因があると判断した場合，原則として手続開始決定を行うが，これらの原因が存在しても，以下の4つの申立棄却事由（更生手続開始障害事由）のいずれかが存在する場合には更生手続を開始することができない（会更41条1項柱書）。

①更生手続の費用の予納がないとき（会更41条1項1号）。

②「裁判所に破産手続，再生手続又は特別清算手続が係属し，その手続によることが債権者の一般の利益に適合するとき」（会更41条1項2号）。

更生手続は，破産手続や再生手続といった他の倒産処理手続よりも優先される地位にある（会更24条1項1号・50条1項参照）。しかし，企業の規模・形態・業種や財産状態，先に係属している手続の進捗状況等から，新たに更生手続を開始するよりも既に係属中の手続による方が債権者一般の利益となる場合には，そちらの手続が進められ，更生手続開始申立ては棄却される。

③「事業の継続を内容とする更生計画案の作成若しくは可決の見込み又は事業の継続を内容とする更生計画の認可の見込みがないことが明らかであるとき」（会更41条1項3号）。

再建手続は事業の維持更生に資するということができるが，他面で債権者に多くの犠牲を求めるものでもあり，失敗した場合には多くの損失を生じるため，成功の見込みがない場合にまで手続を開始することは適切ではない。旧会社更生法は，「更生の見込み」があることを要求していたが，現会社更生法は「更生計画案の作成若しくは可決の見込み」という外形的事項を裁判所の判断対象とし，しかもこのような見込みがないことの明白性を要求して，旧法よりも要件を緩和している。

④「不当な目的で更生手続開始の申立てがされたとき，その他申立てが誠実にされたものでないとき」（会更41条1項4号）。

真に更生手続を進める意思がないのに，専ら一時的に債権者からの取立てを回避して時間稼ぎを図る等の目的で申立てを行った場合や，一時的に保全処分や他の中止命令を得てその間資金繰りを付けて申立てを取り下げる意図を有す

る場合などがこれに該当する。

(3) **更生手続開始申立てについての裁判**　適法な更生手続開始申立てがあり，更生手続開始原因事実が認められ，申立棄却事由が認められない場合には，申立てを受けた裁判所は更生手続の開始を決定する（会更41条1項）。更生手続開始決定は，その決定のときから効力を生じる（同条2項）。裁判所は，開始決定と同時に，管財人を選任し，更生債権等の届出期間を定めなければならず（会更42条1項），また，開始決定に付随して管財人の氏名や更生債権等の届出期間等を公告しなければならない（会更43条1項）。

(4) **更生手続開始決定の効果**

(a) 事業運営権・財産管理処分権の管財人への移転

更生手続開始決定があると，更生会社の財産管理処分権・事業運営権は裁判所が選任した管財人に専属する（会更72条1項）。会社はこれらの権限を更生手続との関係で失い，結果として取締役等もこれを失う。更生会社の財産管理処分権が失われるため，手続開始決定後に更生会社が会社財産に関して行った行為は，更生手続との関係では効力を主張できず（会更54条1項），これらの効果は，原則として相手方や第三者の更生手続開始に関する善意・悪意を問題としない。ただし，債務者は自己の債権者の財産状態には注意を払わないのが一般的と考えられるため，更生手続開始後にその事実を知らずに更生会社に債務を弁済した者は弁済の効果を主張することができる（会更57条1項）。この場合には，更生手続開始決定の公告以前は，更生手続開始決定についての弁済した者の善意が，公告後は悪意が推定される（会更59条）。

管財人に属する権限を差し引いた残りの権限，いわゆる組織法上の権限は株主総会，取締役会，代表取締役等に帰属するものとされている。多くの権限が管財人に掌握されるため取締役等の権限は限られたものとなる。従前の取締役等が更生手続の開始により当然にその地位を失うわけではないが，更生手続開始から手続終了までの取締役等の報酬請求権は否定される（会更66条1項）。もっとも，会社の基礎に関わるような事項，株式の消却，併合若しくは分割，新株発行，資本金の減少，会社の解散，会社の合併又は会社分割等は，事業の維持更生という更生手続の目的（会更1条）と密接に関連するため，更生計画の定めによらなければ行うことができない（会更45条1項各号）。また，定款変

更は，更生計画の定めによるか裁判所の許可を得なければ認められない（同条2項）。

(b) 更生債権・更生担保権への弁済禁止

更生手続においては，更生債権だけでなく更生担保権（両者を併せて，「更生債権等」という。）を有する債権者も個別の権利行使を禁じられ，更生計画の定めにより弁済を受ける（会更47条1項）。破産手続や再生手続では担保権は別除権として扱われ，手続によらない権利行使が認められるのに対し，更生手続では，担保権者は担保権の実行を禁止され，更生担保権者として，手続開始時の目的物の時価に対応する当該担保権によって担保された範囲で優先的な扱いを受けるにとどまる。

ただし，更生債権等に対する弁済禁止には例外がある。1つは中小企業者の連鎖倒産防止を目的とした規定であり，更生会社を主要な取引先とする中小企業者がその有する更生債権等の弁済を受けられないと事業の継続に著しい支障を来すおそれがあるときは，管財人は，更生計画認可決定前でも裁判所の許可を受けて弁済をすることができる（会更47条2項）。もう1つは少額債権に関する規定であり，①少額債権の早期弁済により更生手続の円滑な進行が見込まれるとき，または②少額債権を早期に弁済しなければ更生会社の事業の継続に著しい支障が生じるときに，更生計画によらない弁済が認められる（同条5項）。

(c) 他の手続の中止等

更生手続開始決定により，破産手続開始，再生手続開始，特別清算開始の申立ては禁止され，また既に係属している破産手続，再生手続は中止し，特別清算手続は失効する（会更50条1項）。これは，更生手続が事業再建手段として最も強力なものと位置づけられ，他の倒産処理手続との関係では優先的な地位に置かれていることによる。開始決定により，更生会社の財産に対する強制執行等（会更24条1項2号括弧書参照），企業担保権の実行，更生債権等に基づく財産開示手続の申立てはすることができず，既にされている手続は中止する（会更50条1項）。また，更生手続開始決定日から1年間は更生会社の財産に対する国税滞納処分はすることができず，既にされている手続は中止する（同条2項）。

更生手続開始決定により管財人に更生会社の財産管理処分権が専属するため，更生会社の財産関係の訴訟手続は中断し（会更52条1項），そのうち更生債

権等に関しないものについては，当事者適格を有する管財人が受継することができる（同条2項）。（第5章Ⅱを参照）。

Ⅲ 会社更生手続の機関等

裁判所　更生手続において裁判所は，手続開始申立ての審理・裁判（会更41条1項），保全処分の発令（会更24条以下），管財人の選任・監督（会更67条1項，68条1項），関係人集会の招集・指揮（会更114条1項，116条），債権届出の受理（会更138条），更生計画の認可（会更199条），手続終結の宣言（会更239条1項）およびこれらに関する多くの事項につき権限を有する。この中には手続開始申立てについての裁判といった司法的性質を有するものもあれば，管財人の選任・監督といった行政的要素の強いものもある（会社更生法中では，以上のような職務を担当する一人の裁判官または裁判官の合議体のことを単に「裁判所」と呼ぶ）。さらに，裁判所は，否認の訴えおよび否認の請求（会更95条2項），否認の請求を認容する決定に対する異議の訴え（会更97条2項），役員等責任査定決定に対する異議の訴え（会更102条2項），更生債権等査定申立てについての決定に対する異議の訴え（会更152条2項）等の派生的な手続も担当する（会社更生法中ではこれらの事件が係属する地方裁判所を「更生裁判所」と呼ぶ。これは更生事件が係属する裁判体が帰属する官署としての裁判所（会更2条4項）を指す）。

管財人　**(1) 管財人の選任**　更生手続は債権者等への弁済の基礎となる債務者財産の維持・管理を管財人に委ねている（会更72条1項）。裁判所は，更生手続開始決定と同時に，その職務を行うに適した者を管財人として選任する（会更42条1項，67条1項，会更規20条1項）。法人も管財人となることができ（会更67条2項），管財人が複数選任された場合は共同でその職務を行う（会更69条1項本文）。管財人は更生手続の中心的機関であり，その職務は手続開始から更生計画の遂行に至るまで長期かつ広汎・多岐にわたる。管財人に適任者を得られるかどうかに更生手続の成否がかかっているといっても過言ではない。

かつては倒産事件に精通した弁護士の中から法律家管財人が，さらに事業内容の改善・再構築を図る事業家管財人が選任され，それに伴い従前の経営者は

> ❖ **コラム15　管財人の選任と経営者の処遇**
>
> 　なぜ更生手続では管財人の選任が必要とされるのか。その理由は会社更生法の母法である1938（昭和13）年アメリカ連邦倒産法第Ⅹ章手続「Corporate Reorganization」にみることができる。この手続は，1929（昭和4）年の世界大恐慌とそれに続くニューディール政策の影響を強く受けたものであった。当時のアメリカ合衆国では，投資の世界に足を踏み入れた大衆の利益をいかに保護するかが問題となり，大規模な倒産処理に対しても，投資銀行等が手続を支配し自己の利益のみを追求しているとの批判が強かった。そこで，大恐慌後の倒産法改正の中で，従来倒産処理手続を支配してきた者を手続から排除し，倒産処理を裁判所や証券取引委員会（SEC）の監督下に置くことが試みられた。管財人の必要的選任もその表れの1つである。
>
> 　かかる歴史的背景を持つ管財人選任制度にも，時代の流れと共に変化が生じている。1978（昭和53）年アメリカ連邦倒産法第11章手続「Reorganization」では管財人の選任は必要的とされず，債務者が手続の中心的機関となる，いわゆるDIP型が採用された。
>
> 　わが国の会社更生法では，管財人の必要的選任という基本構造に変化はないが，経営責任追及のおそれのない従前の経営陣を管財人に選任することもできる。最近では実際に，現経営陣に経営責任がなく，主要債権者が現経営陣の経営関与に反対していない場合には，従前の経営者を管財人に選任するいわゆる「DIP型」更生手続の運用も見られる。今後も注目していく必要があろう。

会社を追われることが多かった。現会社更生法の下では，裁判所は，更生会社の取締役等であっても役員等責任査定決定を受けるおそれがない者については，管財人に選任することができる（会更67条3項）。これは，従前の経営者等を管財人に選任することにより，彼らの経営手腕を事業の維持更生に活用したり，早期の手続申立てを促して事業価値の毀損を防止したりすることが可能と考えられたためである。

　(2)　**管財人の職務・権限・義務等**　　管財人は着任後直ちに更生会社の業務および財産の管理に着手する（会更73条）。更生手続の開始から終了までを担当する管財人の職務を大別すると，更生会社の財産管理，業務運営，更生計画の作成およびその遂行に分けることができる。

　管財人は，まず更生会社が経済的窮境に陥った原因を明らかにするとともに，更生会社の財産および負債状況を把握する必要がある。そのために管財人は，更生会社の取締役やその他の従業者等に対して更生会社の業務及び財産の状況につき報告を求めるとともに，更生会社の帳簿・書類等を検査することができ（会更77条1項），必要がある場合には，更生会社の子会社に対してもその

業務及び財産状況に関する報告を求め，その帳簿・書類等を検査することができる（同条2項）。また，管財人は，更生会社の財産の価格を評定し（会更83条1項），更生会社の負債につき債権調査を行う（会更146条1項）。さらに，調査の結果，更生手続開始決定前の不当な財産処分行為が明らかになれば否認権を行使し（会更86条以下），あるいは，更生会社の取締役等に損害賠償請求をする必要があると判断すれば（会更84条1項3号），役員責任等査定決定を申し立てることができる（会更100条）。調査結果は，手続監督機関である裁判所，及び更生債権者，更生担保権者，株主に広く開示される（会更84条1項・2項，85条1項，会更規25条1項）。これらの管財人の職務は更生計画案の作成に向けられている（更生計画につき，Ⅵ参照）。管財人は，債権届出期間満了後の裁判所の定める期間内に更生計画案を作成し，裁判所に提出しなければならない（会更184条1項）。裁判所による更生計画認可決定後は，管財人は速やかに更生計画の遂行に取りかからなければならない（会更209条1項）。

その他，管財人は，更生会社の適切な事業運営及び手続遂行のため，財産の処分や譲り受け，双方未履行双務契約の処理（会更61条），共益債権又は取戻権の承認等（以上の行為については裁判所の許可を要する。会更72条2項）や，一定の要件を満たした場合には，更生会社を主要な取引先とする中小企業者への更生計画外での弁済（会更47条2項）などを行う。また，管財人が財産管理処分権を有することから，更生会社の財産関係の訴えは管財人を原告又は被告として行うことになる（会更74条1項）。

管財人はその職務遂行にあたり裁判所の監督を受ける（会更68条1項）。管財人は善管注意義務を負い，この義務を怠った場合には利害関係人に対し連帯して損害を賠償する義務を負う（会更80条）。

> 関係人集会

一般債権者や担保権者，株主は，更生手続において，個別的権利行使の制約や更生計画による権利変更など手続的にも実体的にも多くの影響を受ける。そこで，これら利害関係人の意見を手続に反映させるために，更生手続においては関係人集会という機関が設けられている。関係人集会の機能は，関係人に対する情報提供や関係人からの意見の聴取，更生計画案の審理と決議，その他手続上の重要事項に関する決定にある。

もっとも，多くの者が一堂に会するのはコストがかかる上，情報開示や決議

は必ずしも集会を招集しなくても実施することができる。加えて旧会社更生法下の実務では、第一回関係人集会への関係人の出席や質疑は稀であったといわれている。そこで、現行会社更生法においては、関係人集会は、管財人や関係人委員会（後述）、一定の要件を満たす更生債権者等や株主の申立てがあった場合や、裁判所が相当と認めた場合に招集される（会更114条1項）ものとされた。

主要な関係人集会には次の2つがある。1つは、①財産状況報告集会であり、そこで管財人は、更生会社が更生手続開始に至った事情、現在の業務及び財産の状況等を報告し（会更85条1項）、更生債権者等や株主は、管財人の選任や更生会社の業務及び財産管理に関する事項につき意見陳述を行う（同条2項）。なお、財産状況報告集会が開催されない場合には、管財人は、手続開始に至った事情や更生会社の業務や財産に関する報告書を関係人に送付するなどして周知に努める（会更規25条1項本文）。もう1つは、②更生計画案決議のための関係人集会（会更189条2項1号）である。これは、更生計画案の決議に関する議決権行使方法のうち、関係人集会の期日において議決権を行使する方法が選択された場合に、裁判所によって招集される。

> **更生債権者委員会等**　更生債権者委員会とは、更生債権者をもって更生手続外で任意に構成された委員会で、裁判所の承認により更生手続に関与する一定の権限を付与されたものをいう（会更117条1項）。更生債権者は、債権者の意見を手続に反映することを目的とする。委員は3人以上10人以内とされており、更生債権者の過半数が当該委員会が更生手続に関与することについて同意しており、当該委員会が更生債権者全体の利益を適切に代表すると認められるときに、裁判所は、当該委員会が更生手続に関与することを承認することができる（会更117条1項）。破産法における債権者委員会について、第4章Ⅱコラム4-1を参照、民事再生法における債権者委員会については、第13章Ⅳを参照。更生手続の場合には、更生担保権者や株主も手続への参加を強制されるため、更生担保権者委員会や株主委員会の選任も認められている（同条6項・7項）。

> **その他**　その他、更生手続の機関としては、保全管理人、監督委員、調査委員（以上につき、保全措置を参照）、代理委員がある。代理委

員とは，自らを選任した更生債権者等や株主のために，更生債権等の届出や届出更生債権等に対する異議申立て，議決権行使など更生手続に属する一切の行為を行うことができる機関である（会更122条3項）。これは，手続の迅速性を確保しつつ，利害を共通にする更生債権者等および株主が一体として行動することを可能にして，その意見を更生手続に反映することを目的とした制度である。更生債権者等または株主が，裁判所の許可を得て，共同してまたは各別に1人または数人の代理委員を選任することができるほか（同条1項），裁判所の側で債権者等に代理委員の選任を勧告することも（同条2項），職権で選任することもできる（会更123条1項）。

IV 更生債権その他の権利

はじめに　倒産処理手続は，債務者の清算あるいは再生を基礎に債権者等への弁済をどのように行うかを定めたものである。いかなる権利が手続に服するかは各倒産処理手続により異なるが，更生手続では更生債権者のみならず，更生担保権者や株主も手続への参加を強制され，その有する権利につき更生計画による変更を受ける。その他，同じく更生会社から弁済を受けうる権利として共益債権と開始後債権がある。ここでは，更生手続における各権利について確認していこう。

更生債権　(1) **更生債権の意義**　更生債権とは，基本的に「更生会社に対し更生手続開始前の原因に基づいて生じた財産上の請求権」であって，「更生担保権又は共益債権に該当しないもの」をいう（会更2条8項柱書）。これに加えて，会社更生法2条8項各号が更生債権に該当する請求権を個別に定めており，更生手続開始後の利息の請求権（同項1号），更生手続参加の費用の請求権（同項3号）等も更生債権となる。「更生会社に対し更生手続開始前の原因に基づいて生じた財産上の請求権」とは，破産債権の要件と基本的に同じである（第4章II参照）。もっとも，更生手続では更生債権者等への弁済は更生計画の定めに基づき行うため，手続開始による債権の等質化（破産手続における現在化・金銭化につき，第4章III参照）は生じない。（第4章II・III・IVを参照）。

(2) **更生債権の取扱い**　更生手続開始決定後は，更生債権等については，個別に弁済をし，弁済を受け，その他債権等を消滅させる行為をすることはできない（会更47条1項）。また，更生債権に基づく強制執行も禁止される（会更50条1項）。更生債権者はその有する更生債権をもって更生手続に参加することにより（会更135条1項），権利を行使する。手続への参加を表明した更生債権者は，更生計画案に対する議決権行使を始めとした手続上の権限を有し，また更生計画の定めによる権利変更を受け，計画に基づいて弁済を受ける地位を有する。なお，更生会社を主要な取引先とする中小企業者の有する更生債権や少額の更生債権は，更生計画によらない弁済が認められうる（会更47条2項・5項）。

(3) **更生債権の届出・調査・確定**　更生債権の届出・調査・確定の手続は，破産債権や再生債権と共通する部分が多い。すなわち，更生手続に参加しようとする更生債権者は，まず債権届出期間内に債権の届出を行う（会更138条1項）。届け出られた債権につき管財人が認否を行い（会更145条，146条），さらに更生債権者等，株主及び更生会社に，一般調査期間における異議申述の機会が与えられる（会更145条，147条）。管財人が認め，更生債権者等及び株主から調査期間内に異議が述べられなかった場合には当該更生債権は確定し（会更150条1項），異議等が述べられた場合（管財人が認めなかった場合あるいは更生債権者等や株主が異議を述べた場合）には，当該更生債権等は更生債権等の査定決定手続（会更151条），さらに不服がある場合には査定申立てについての異議の訴えを経て確定する（会更152条）。

　更生債権の債権確定手続と破産債権・再生債権のそれとは以下の点で異なる。破産手続では，債権調査方法として書面による期間方式（破116条1項，117条〜120条）と期日方式（破116条2項，121条〜123条）が用意されているのに対し，更生手続では，再生手続と同じく書面による期間方式しか設けられていない（会更145条）。また，再生手続では，再生債務者等は届出のない再生債権があることを知っている場合には，当該再生債権を自認する義務があるが（民再101条3項），更生手続にはこのような制度はない。

(4) **更生債権の優先順位**　更生手続では，更生債権者や更生担保権者，株主といった異なる権利を持つ関係人間の優先順位が定められており，さらに更

生債権の中にも優先劣後の関係がある。一般の先取特権や一般の優先権がある更生債権は，一般の更生債権より優先的な取扱いが認められている（会更168条3項後段・同条1項）。また，一般の更生債権のうち，①更生手続開始後の利息の請求権，②更生手続開始後の不履行による損害賠償又は違約金の請求権，③更生手続参加の費用の請求権は，一般の更生債権であるが議決権は有せず（会更136条2項1～3号），さらに衡平を害しない場合には，更生計画で同一の種類の権利を有する者との間に差を設けることができるとされ（会更168条1項但書），実質的に劣後的に扱われうる（第4章を参照）。

| 更生担保権 | **(1) 更生担保権の意義**　担保は債務者の弁済能力に問題が生じた場合に効力を発揮するため，倒産手続において担保権をどのように扱うかは非常に重要な問題である。破産手続や再生手続では，担保権は別除権として扱われ，手続によらない権利行使が認められる（破65条1項，民再53条1項・2項）。それに対し，会社更生法は，担保権を更生担保権として手続に取り込み，担保権実行を禁止するとともに（会更50条1項），更生計画の定めによらなければ弁済を受けることはできないものとした（会更47条1項）。

更生担保権とは，更生債権または更生会社以外の者に対する請求権であって，更生手続開始当時更生会社の財産につき存する特別の先取特権，質権，抵当権，及び商法又は会社法の留置権によって担保された範囲のものをいう（会更2条10項）。別除権とは異なり，更生担保権とは担保権そのものではなく，あくまで特定の会社財産によって担保された債権を指す。その債権は多くの場合更生債権でもあるが，会社が物上保証人となっている場合には更生債権ではない。更生担保権者が同時に更生債権者でもある場合には，担保権で担保された範囲（目的物の価格）を上限とした額が更生担保権となり，残りの部分は更生債権となる。

更生手続における担保権者の優先的地位は更生手続の中で保障される。すなわち，更生担保権者は更生計画において最優先順位を与えられ，他の権利者との間に公正・衡平な差が設けられる（会更168条1項・3項）。また，更生計画案の決議は組毎に行われ（会更196条1項），更生担保権者は他の権利者とは異なる組で決議を行うとともに（同条1項・2項），可決要件が加重されている（同

条5項2号)。

(2) **更生担保権の行使** 更生担保権者は手続に参加するにあたり (会更135条1項)、債権届出期間内に更生担保権の内容および原因、担保権の目的である財産及びその価格、各更生担保権についての議決権の額等を届け出なければならない (会更138条2項、会更規36条2項)。届出がない場合には、更生計画認可決定により担保権は消滅する (会更204条1項柱書)。届出後の更生担保権の調査及び確定手続は、更生債権の場合と同じである (会更144条以下)。

更生担保権の範囲や額は目的物の価格を上限として決められるため、担保目的物の価格が重要な意味をもつ。目的物の価格は手続開始時の時価により定められる (会更2条10項本文)。その価格に争いがあると更生計画案の作成に支障が生じるため、このことが手続遅延の1つの理由となっていた。そこで法は、担保目的物の価格のみが争われている場合につき、特別に価格決定の手続を用意している (会更153条〜155条)。

(3) **担保権消滅の請求** 手続開始決定後も更生計画により担保権が変更あるいは消滅しない限り、管財人は、原則として担保権の設定された更生会社の財産を処分することはできない。しかし、手続を進める中で更生計画認可決定前に早期に事業譲渡を行う必要がある場合や、事業の再生に必要のない遊休資産等を早期に処分してコストを減らし運転資金を確保したい場合など、担保目的物の使用・処分が必要となることがある。このような場合に担保権者の利益を保護しつつ、更生計画外で担保権を消滅させることを認めるのが担保権消滅請求制度である (会更104条以下)。

更生会社の事業の更生のために必要な場合には、特別の先取特権、質権、抵当権、商事留置権の目的となっている更生会社の財産について、管財人が当該財産の価格に相当する金銭を裁判所に納付することにより、当該財産を目的とするすべての担保権を消滅させることできる (会更104条1項)。担保権の目的である財産の価格につき争いがある場合には、価格決定の請求制度が用意されている (会更105条〜107条)。

会社更生法における担保権消滅請求制度は、民事再生法における担保権消滅請求制度 (民再148条〜153条。第13章Ⅲ参照) に類似するが、要件や裁判所に納付された金銭の処理方法等につき差異がみられる。民事再生法上の要件である

「当該財産が再生債務者の事業の継続に欠くことができないものであるとき」（民再148条1項）に比べると、「更生会社の事業の更生のために必要であると認めるとき」（会更104条1項）という会社更生法上の要件は緩和されているといえよう。また、裁判所に納付された金銭は、民事再生手続では、金銭の納付後、直ちに配当手続又は弁済金の交付が実施されるのに対し（民再153条1項・2項）、更生手続では、更生計画認可決定があったときに管財人にこれを交付するのを原則としている（会更109条）。（第9章Ⅳ・第13章を参照）。

共益債権 　更生手続の遂行や事業継続のために優先的に弁済することが必要となる債権が共益債権として扱われるのは再生手続の場合と同様である（共益債権となる債権の範囲、行使方法（会更132条1項・2項）については民事再生手続の第13章Ⅴを参照）。

　更生手続で特徴的なのは租税債権及び労働債権の取扱いである。再生手続ではこれらの債権は一般優先債権となり（民再122条、民306条2号、国税徴収法8条）、更生手続ではその一部が共益債権となる。すなわち、更生会社に対して更生手続開始前の原因に基づいて生じた源泉徴収に係る所得税、消費税等で、更生手続開始当時未だ納期限の到来していないものは共益債権となる（会更129条）。また、更生手続開始決定前6ヶ月間の給料の請求権（会更130条1項）、及び計画認可決定前に退職した労働者の退職手当請求権のうち退職前6ヶ月間の給料の総額に相当する額又はその退職手当の額の3分の1に相当する額（同条2項）等が共益債権となる。

開始後債権 　更生手続開始後の原因に基づいて生じた財産上の請求権であって、共益債権または更生債権等でないものは開始後債権となる（会更134条1項）。開始後債権については、更生手続が開始されたときから更生計画で定められた弁済期間が満了するまでの間は、弁済をすることができない（同条2項）。

株　　主 　更生手続では株主も利害関係人と位置づけられており（会更1条）、その有する株式をもって手続に参加することができる（会更165条1項）。これは、更生会社の組織や資本の変更も予定した手続である（会更45条参照）、更生手続の特徴の1つである。もっとも、株主は更生債権者等よりも劣後的な地位に置かれ（会更168条3項後段・1項）、更生会社が債務超

過である場合には手続参加そのものが制限される（会更114条2項，166条2項，202条2項2号）。大半の更生事件は会社が債務超過状態であることが多いため，実際には株主の地位は大幅に制約される。

　更生手続における株主の地位は概略以下のとおりである。当該株式会社の総株主の議決権の10分の1以上を有する株主は更生手続開始の申立てをすることができる（会更17条2項2号）。更生手続開始決定があると，知れている株主のところに更生手続開始決定の主文，管財人の氏名又は名称等が通知される（会更43条3項2号）が，更生会社が債務超過状態にあることが明らかである場合にはこれらの通知は要しない（同条4項2号）。株主による手続参加は株主名簿の記載又は記録によって定められる（会更165条2項）。株主は，債権調査期間に裁判所へ更生債権等につき書面で異議を述べることができ（会更147条1項，148条4項），さらに株主委員会を組織することや（会更117条7項・1項），更生計画案を作成して裁判所に提出することもできる（会更184条2項）。関係人集会の期日には株主も呼び出されるのが原則であるが（会更115条1項），更生会社が債務超過状態にある場合には，株主は議決権を有しないので（会更166条2項），その場合は，株主を呼び出さないことができる（会更115条2項）。

　更生計画における株主の地位は更生債権者等の地位に劣後し，残余財産の分配に関して優先的内容を有する種類の株式とそれ以外の株式とで異なる組を形成する（会更168条3項，同条1項各号）。更生計画認可決定があると株主の権利も更生計画の定めに従い変更され（会更205条1項），更生計画の定め又は法で認められた権利を除き株主の権利は消滅する（会更204条1項1号）。

V　更生会社の事業・財産

財産管理と事業運営　更生手続では，更生手続開始決定後，管財人がただちに更生会社の事業運営および財産の管理処分に着手する（会更72条1項，73条）。管財人には更生会社の事業運営につき広範な権限が与えられるが，管財人は更生会社の代表者となるわけではなく，たとえば更生会社A株式会社管財人Bとの名義で更生会社の事業を運営する更生会社の事業経営者ならびに財産管理者となるにとどまる。なお，管財人が事業運営

のために第三者と取引を行った場合の第三者の有する請求権は共益債権となる（会更127条2号・5号）。

財産評定　(1) **財産評定の意義・目的**　管財人は，更生手続開始後遅滞なく，更生会社に属する一切の財産の価格を評価しなければならない（会更83条1項）。管財人は財産評定終了後，更生手続開始時における貸借対照表及び財産目録を作成し，裁判所に提出する（同条3項）。

　財産評定の趣旨は次の3つの点にある。①早期に更生会社の資産状態を正確に把握すること。倒産した会社の多くは粉飾決算があるか，そうでなくとも財産評価が甘く，公表されていた財務状況とはかけ離れている場合が多い。そのため管財人は独自に財産評定を行い，真の財務状況を把握する必要がある。②更生会社の会計の具体的基礎を与えること。更生会社の会計上の事業年度は従来の事業年度の途中であっても更生手続開始決定時にいったん終了し，新たな事業年度が開始され，それは更生計画認可のときに終了する（会更232条2項本文）。財産評定は，管財人の下で再出発する更生会社の会計の基礎を提供する。③利害関係人の権利の範囲を明確にすること。株主の議決権の有無は手続開始時に更生会社が債務超過状態にあるか否かにより異なり（会更166条2項），また，更生担保権の範囲は担保の目的物の時価によって画される（会更2条10項）ため，財産の評価を明らかにする必要がある。

　なお，管財人による貸借対照表及び財産目録のほか，裁判所は，更生計画案の提出者に対し，開始決定時における財産評定とは異なる評価の基準による財産評価，その他更生計画案の当否を判断するために参考となる事項を記載した書類を提出させることができる（会更規51条1項）。これにより，更生計画の遂行可能性や，権利分配の公平・衡平を判断するための資料が提供されることになる。

　(2) **評価基準**　更生手続における財産評定は，更生手続開始時における個別財産の時価による（会更83条2項）。なお，再生手続でも手続開始時に財産評定が行われる（民再124条1項）が，その評価基準は処分価格とされている（民再規56条1項本文。第13章Ⅵ参照）。旧会社更生法の下では，財産評定は継続企業価値に基づく時価によるとされていたが（旧会更177条1項・2項），その算定方法については学説・実務において見解が分かれ，特に担保権者との間で多くの

争いが生じ更生手続自体の迅速性を阻害する状況にあった。そこで現行法は，財産評定の基準としてより客観的な時価を採用した。時価による評価は原則として個々の資産毎になされる。

> その他——取戻権，否認権，相殺権，双方未履行双務契約

倒産した債務者の財産の適切な確保は，清算手続・再建手続を問わず重要な課題である。更生手続でも，破産手続や再生手続と同様，取戻権（会更64条）や否認権（会更86条以下），相殺権（会更48条〜49条の2）の制度が設けられている。取戻権および否認権の制度は基本的に各倒産処理手続において共通しているので，そちらを参照してほしい（取戻権につき第3章Ⅱ，否認権につき第8章参照）。また，双方未履行双務契約に関する処理（会更61条〜63条）も他の倒産手続の場合と概ね共通している（第5章Ⅰ参照）。

もっとも，相殺権については清算手続と再建手続とで規律が異なる。再建手続であまりに広く相殺権を認めると，事業の維持更生を妨げる可能性があり，また，債権債務内容の確定に時間がかかる結果，再建計画案の作成も遅れかねない。そのため会社更生法では，相殺権の行使には期間制限が設けられ（会更48条1項），また受働債権が賃料債務の場合に関しては特則が定められている（会更48条2項）。倒産処理手続における相殺禁止規定一般については，第7章参照。

Ⅵ 更生計画

> 更生計画案の作成・提出

更生手続は，一方で債務者の事業を再構築して収益力を向上させ，他方で関係人の権利行使を制約し更生計画による権利変更を行った上で，将来の収益から関係人へ弁済を行う手続である。債務者事業の再構築，関係人の権利変更や弁済といった要素は更生計画中に表れることになる。

更生計画案の作成及び提出は原則として管財人の責任とされている。管財人は，更生債権等の届出期間の満了後裁判所の定める期間内に，更生計画案を作成して裁判所に提出しなければならない（会更184条1項）。この期間は更生手続開始決定日から1年以内とされるが（同条3項），事件毎に経済情勢や更生会

社の状況，関係人の数等の事情は異なり，管財人がいくら努力しても1年以内に更生計画案を提出できない場合もありうる。そのため，特別な事情がある場合には，裁判所は更生計画案の提出期間を伸張することができる（同条4項）。ただし，期間の伸張は原則2回を超えてすることはできない（会更規50条2項）。更生計画案の作成は管財人の専権事項ではなく，更生会社や届出をした更生債権者等又は株主も更生計画案を作成し提出することができる（会更184条2項）。

> 更生計画の内容

更生計画とは，更生債権者等または株主の権利の全部又は一部を変更する条項その他会社更生法167条に規定する条項を定めた計画である（会更2条2項）。更生計画の条項には，それがなければ更生計画自体が無効となる必要的記載事項とその他の記載事項がある。

(1) 必要的記載事項

(a) 全部又は一部の更生債権者等又は株主の権利の変更（会更167条1項1号）

更生債権者等又は株主の権利変更に関する条項は更生計画の中核をなす。更生計画案には，届出をした更生債権者等及び株主の権利のうち変更されるべき権利を明示し，かつ変更後の権利の内容を定めなければならない（会更170条1項）。権利変更にあたっては次の点が考慮される。

(i) 平等の原則。同種の権利を有する者の間では更生計画の内容はそれぞれ平等でなければならない（会更168条1項本文）。各種権利は，①更生担保権，②一般の先取特権その他一般の優先権がある更生債権，③一般の更生債権，④約定劣後更生債権，⑤残余財産の分配に関し優先的内容を有する種類の株式，⑥それ以外の株式に分けられる（同条1項1号～6号）。もっとも，不利益を受ける者の同意がある場合や少額の更生債権等，同種の権利を有する者の間に差を設けても衡平を害しない場合は別段の定めを置くことが認められる（同条1項但書）。実際に，一般更生債権者間で，親会社の債権を劣後化する，一定の少額債権につき他の債権より弁済率を高める，支払時期を早めるといった扱いもなされている。

(ii) 公正・衡平の原則。更生計画は異なる種類の権利を有する者の間では，上記(i)の①から⑥の順位を考慮して，公正かつ衡平な差を設けなければならない（会更168条3項）。たとえば，株主の権利に全く変更を加えることなく，更

生債権者の権利の一部免除を行う計画は認められない。このように，劣位の権利は優位の権利より有利に扱われてはならないことは明らかであるが，「公正・衡平な差」の意義については議論があり，先順位の権利者の権利が完全な満足を受けない限り後順位の権利者は何ら弁済を受けることができないのか(絶対優先原則)，あるいは先順位の権利者の権利が後順位の権利者の権利より相対的に優先していればよいのか(相対優先原則)が問題となる。

(iii) 清算価値保障原則。清算価値保障原則とは，更生会社に破産清算が行われた場合の弁済額以上の弁済を，関係人が更生計画により得られることが必要であるとする原則である。民事再生法上はこの原則を再生計画不認可要件(民再174条2項4号)に一応みることができるのに対し，会社更生法上は明文の根拠は必ずしも明らかではない。しかし，清算価値保障原則は更生手続においても当然に適用されると解されている(会更185条1項但書，200条1項2号にその表れをみることができる)。

(iv) 遂行可能性。更生計画案が(i)から(iii)の条件を満たしていても，それが更生会社の事業の維持更生に資するものでなければ意味がない。そこで会社更生法は，更生計画が遂行可能であることを求めている。遂行可能性がなければ，裁判所は更生計画案を決議に付する旨の決定をすることができず(会更189条1項3号，199条2項3号)，更生計画案が可決されたとしても裁判所はそれを不認可とする(会更199条4項)。

(v) 弁済期間。権利変更として期限の猶予などを行う場合，更生計画の期間は，原則として担保物があるときは当該担保物の耐用期間又は15年のいずれか短い期間，それ以外の場合は15年とされている(会更168条5項)。ただし，更生計画の内容が更生債権者等に特に有利なものになる場合その他特別の事情がある場合には，20年までの期間を定めることができる。

(b) 更生会社の取締役，執行役および監査役(会更167条1項2号)

更生会社の従前の取締役・監査役は，更生計画認可決定時に退任するため(会更211条4項本文)，会社が存続する形での更生計画の場合には，計画中で更生会社の取締役，会計参与，監査役，執行役，会計監査人及び清算人を定め(会更167条1項2号)，これらの者の氏名や選任方法，任期を定めなければならない(会更173条1項)。これらの者は更生計画認可決定時にそれぞれ取締役等

になる（会更211条1項）。

　(c)　その他（会更167条1項3号～7号）

　その他更生計画には，①共益債権の弁済方法（会更167条1項3号），②債務の弁済資金の調達方法（同条同項4号），③更生計画で予想された額を超える収益金の使途（同条同項5号），④更生手続開始後続行を命じられた手続又は処分（会更51条1項本文）において配当に充てるべき金銭の額又は見込額及び使途（会更167条1項6号イ），⑤担保権消滅請求において裁判所に納付された金銭の額及び使途（同条同項6号ロ），⑥知れている開始後債権の内容に関する条項（同条同項7号）を定めなければならない。①・②・⑥は主に更生計画の遂行可能性を判断する資料提供として記載される。

　(2)　その他の記載事項　更生計画では，その他，更生会社以外の者で更生会社の事業の更生のために債務を負担し，又は担保を提供する者がいる場合にはその内容（会更171条1項），未確定の更生債権等がある場合にはそれに対する措置（会更172条），会社の組織変更等に関する事項がある場合にはその内容を記載しなければならない。更生会社の組織や構造の変更は重要性が高く，関係人に与える影響も大きいため，更生計画で行うことが原則とされている（会更45条1項）。具体的には，株式の消却，併合又は分割等（会更174条），更生会社による株式の取得（会更174条の2），募集株式を引き受ける者の募集（新株発行，会更175条），募集新株予約権を引き受ける者の募集（新予約権の発行，会更176条），募集社債を引き受ける者の募集（社債の発行，会更177条），更生債権者等又は株主の権利の消滅と引換えにする株式等の発行（会更177条の2），解散（会更178条），組織変更（会更179条），吸収合併（会更180条），新設合併（会更181条），吸収分割（会更182条），新設分割（会更182条の2），株式交換（会更182条の3），株式移転（会更182条の4），新会社の設立（会更183条）がある。

　(3)　清算的更生計画案　更生手続を進めてはみたが，さまざまな事情により，更生会社自身が事業を継続する計画案，または事業譲渡，合併，会社分割等により他の者が当該事業を継続することを内容とする計画案の作成が困難な場合も生じる。その際，更生手続を廃止して牽連破産に移行するよりも，更生手続を進めて更生手続内で会社を清算する方が合理的なこともある。かかる場合には，債権者一般の利益を害しない限り，更生会社の事業の全部廃止を内容

とする更生計画案の作成が認められる（会更185条1項）。（第13章Ⅱ再生手続開始の要件）。

> 更生計画案の決議

(1) **更生計画案決議のための準備**　更生計画案の決議は，更生計画案の賛否を関係人に問う重要な手続である。更生計画案が提出されると，裁判所は，一般調査期間が終了していないとき，管財人による更生会社の財産状況等の報告がなされていないとき，更生計画認可要件のいずれかを満たさないとき，提出された更生計画案が決議に付するに足りないものであるときを除き，提出された更生計画案を決議に付する旨の決定を行う（会更189条1項）。

更生計画は更生会社の従業員の地位や雇用条件に大きな影響を与える場合が多く，また，更生が成功するためには従業員の協力が不可欠なため，更生計画案が提出されると裁判所は労働組合等の意見を聴かなければならない（会更188条）。

(2) **決議の方法**　手続的要件及び一応の内容上の要件を充たしていると裁判所が判断した更生計画案は関係人による決議へと進む。裁判所は，決議に付する旨の決定において議決権行使の方法も定める（会更189条2項）。議決権行使の方法には，①関係人集会の期日において行使する方法（同条同項1号），②書面等投票により裁判所の定める期間内に行使する方法（同条同項2号），③関係人集会型と書面等投票型を併用する方法（同条同項3号）の3つがあり，裁判所が事案に応じていずれの方法によるかを定める。

①は，利害関係人が一堂に会し直接意見交換をした上で，議決権を行使する方法である。②は，関係人集会を開催せず書面投票のみで決議を行う方法であり，債権者の数が多く集会の開催が困難な場合や，関係人が遠隔地に散在している場合などに用いられることになろう。①・③の方法では，決議において更生計画案の可決に至らなかった場合でも，一定の関係人の同意が得られれば期日を続行することができ（会更198条1項），再度決議に付する道が残される。また①・③の場合は，更生債権者等および株主に不利な影響を与えない限り，関係人集会での更生計画案の変更も認められる（会更197条）。

(3) **組分け・議決権行使**　更生手続では，異なる権利を有する多数の者が手続の拘束を受け，更生計画による権利変更を受ける。権利変更は関係人の多

数決により行われるが、権利の種類により変更内容が異なるため、ある種類の権利変更が他の種類の権利者に決せられるのは適切ではない。そこで更生手続では、更生計画案の決議は異なる種類の権利を有する組ごとに分かれて行われる（会更196条1項）。

関係人は原則として、①更生担保権、②一般の先取特権その他一般の優先権がある更生債権、③一般の更生債権、④約定劣後更生債権、⑤残余財産の分配に関し優先的内容を有する種類の株式、⑥それ以外の株式を有する者の組に分かれる（会更196条1項、168条1項各号）。裁判所の判断で複数の組を1つにまとめ、あるいは1つの組を複数の種類の権利とすることもできるが（会更196条2項）、更生債権・更生担保権・株式は各々別の組としなければならない（同条同項但書）。

議決権を行使できる更生債権者等は、債権届出期間内に自己の債権等を届け出て手続に参加する意思を表明した者に限られる（会更135条1項、138条）。更生債権者等は原則として債権額に応じた議決権を行使する。非金銭債権や条件付・期限付債権については金銭化・現在化を行い、議決権行使の範囲を定める（会更136条1項各号）。ここでの金銭化・現在化はあくまで議決権行使のためのものであって、破産手続の場合のそれとは異なる。株主は特に届出を要せず（会更165条1項・2項）、その有する株式一株につき一個の議決権を有する（会更166条1項）。もっとも、更生会社は一般に債務超過状態にあることが多いため、株主が議決権を行使することはあまりないようである（同条2項参照）。議決権行使の機会を保障するため、代理人による議決権行使（会更193条1項）および議決権の不統一行使（同条2項）が認められる。

(4) 可決要件　更生計画案の可決要件は組ごとに異なる。権利の優先性に応じて差が設けられており、ここでも公平・衡平の理念が働いている。すべての組の同意が得られた場合に更生計画案は可決となる（会更196条5項柱書）。

更生債権者の組では、議決権を行使しうる更生債権者の議決権総額の2分の1を超える議決権を有する者の同意が必要である（会更196条5項1号）。更生債権者の組を複数に分ける場合には、各組でそれぞれこの要件を満たす必要がある。更生担保権者の組については、更生担保権者の権利変更の態様や更生会社の事業継続の有無といった更生担保権者の負う不利益の程度に応じて可決要件

が異なる。①更生担保権の期限の猶予を定める計画案の場合には、議決権を行使しうる更生担保権者の議決権総額の3分の2以上の議決権を有する者（同条同項2号イ）、②更生担保権の減免など期限の猶予以外の方法で更生担保権者の権利に影響を及ぼす計画案の場合には、議決権を行使しうる更生担保権者の議決権総額の4分の3以上の議決権を有する者（同条同項2号ロ）、③更生会社の事業の全部の廃止を内容とする計画案の場合には、議決権を行使しうる更生担保権者の議決権総額の10分の9以上の議決権を有する者（同条同項2号ハ）の同意が必要となる。計画の内容により可決要件が異なるため、ある条項がいかなる内容を持つ更生計画かが問題となる場合も出てくる。株主の組では、議決権を行使しうる株主の議決権総額の過半数に当たる議決権を有する者の同意を要する（同条同項3号）。

なお、更生計画案の可決要件を再生手続における再生計画案の可決要件（民再172条の3）と比較すると、①再生手続の場合には組分けがない、②再生手続では議決権額要件の他に頭数要件も必要である（民再172条の3第1項）といった違いが見られる。

> 更生計画の
> 認可・不認可

(1) 更生計画の認可要件 更生計画は、関係人が可決した更生計画を裁判所が認可することにより効力を生じる（会更201条）。更生計画の成立は、関係人に対し、その権利を自身の意思に関係なく変更するという重大な影響を及ぼす。そこで法は、更生計画の成立にあたり、手続の公正さや関係人の利益保護を裁判所が今一度審査するものとしている。

更生計画が会社更生法199条2項各号の要件をすべて満たしている場合には、裁判所は更生計画認可の決定をしなければならない（第13章Ⅶ参照）。その要件とは、①更生手続又は更生計画が法令及び最高裁判所規則の規定に適合していること（会更199条2項1号）、②更生計画の内容が公正かつ衡平であること（同条同項2号）、③更生計画が遂行可能であること（同条同項3号）、④更生計画の決議が誠実かつ公正な方法でされたこと（同条同項4号）、⑤会社の合併等会社組織に関する条項を含む更生計画の場合に相手方会社がそれらの行為を行うことができること（同条同項5号）、⑥行政庁の許認可等を必要とする条項を含む更生計画の場合に行政庁の意見と重要な点において反していないこと（同条

(2) **権利保護条項**　すべての組で可決要件が満たされると更生計画案は可決となり、裁判所の認可手続へと進む（会更199条1項）。すべての組が更生計画案に同意しなかった場合には、更生計画案は否決となり更生手続は廃止される（会更236条3号）。では、一部の組は同意したがそれ以外の組が同意しなかった場合にはどうなるのか。更生計画案の決議に至るまでには、管財人や関係人等多くの者が様々な努力を重ねており、一部の組の不同意が計画案の否決を導くとなればそれまでの手続は水泡に帰する。そこで、会社更生法はこのような場合に、裁判所が職権で更生計画案を変更し不同意の組に属する者の権利を保護する条項（権利保護条項）を定めて更生計画認可の決定をすることができるとした（会更200条1項）。

更生計画の効力　(1) **更生計画の効力**　更生計画は裁判所の認可決定時から、更生計画の確定を待たずに効力を生ずる（会更201条）。更生計画の認可または不認可の決定に対しては即時抗告ができるが（会更202条1項）、即時抗告は更生計画の遂行に影響を及ぼさない（同条4項本文）。

更生計画は、更生会社、すべての更生債権者等及び株主、更生会社の事業の更生のために債務を負担しまたは担保を提供する者、更生計画の定めにより新たに設立される会社（共同株式移転及び共同新設分割により設立されるものを除く）に対して効力を有する（会更203条1項）。更生債権者等が更生債権等を届け出たか、決議に参加したか、更生計画案に賛成したかは問題とならない。もっとも、更生計画は、更生債権等につき、更生会社の保証人や更生会社と共に債務を負担する者及び更生会社のために担保を設定した者等がいる場合、更生債権者等がこれらの者に対して有する権利には影響を及ぼさない（同条2項）。

更生計画認可決定がなされると、更生計画の定めまたは会社更生法で認められた権利等を除き、更生会社はすべての更生債権等につきその責任を免れ、株主の権利及び更生会社の財産を目的とする担保権はすべて消滅する（会更204条1項柱書）。更生会社は原則として更生計画で定められた権利のみを負担し、その余の権利については免責される。なお、共益債権は更生計画の定めによらず随時弁済を受けうる権利であるから免責の対象とはならない。この免責効と対になっているのが、更生債権等の権利変更である。更生計画認可決定がある

と，届出をした更生債権者等および株主の権利は更生計画の定めに従って変更される（会更205条1項）。また，更生手続開始決定により中止していた破産手続や再生手続（会更50条1項），強制執行等（会更24条1項2号）の手続などはその効力を失う（会更208条）。

(2) **認可決定確定の効果**　更生計画認可決定が確定すると，裁判所書記官は更生計画の条項を更生債権者表及び更生担保権者表に記載しなければならない（会更206条1項）。これにより，更生債権者等につき更生計画で認められた権利は，更生会社，更生計画の効力が及ぶ新会社，更生債権者等，更生会社の株主，更生会社の保証人等に対して確定判決と同一の効力を有する（同条2項）。したがって，更生債権者等は，更生計画で認められた権利につき更生債権者表又は更生担保権者表の記載に基づき強制執行をすることができるが（同条2項，民執22条7号），この強制執行は更生手続終結後に限られる（会更240条）。

> 更生計画の遂行・変更

(1) **更生計画の遂行**　更生計画認可決定がなされると，管財人は速やかに，更生計画の遂行又は更生会社の事業の経営並びに財産の管理及び処分の監督を開始しなければならない（会更209条1項）。更生手続開始決定後は財産管理処分権と業務遂行権が管財人に専属することから，管財人が更生計画の遂行にあたることになるが，更生計画の定めまたは裁判所の決定により，認可決定後の更生会社の事業運営権及び財産管理処分権を管財人の権限としない，つまりかかる権限を更生会社の取締役等に付与するとの定めを置くこともできるため（会更72条4項前段），この場合には管財人はこれらの者を監督する地位につく（同条同項後段）。更生債権者等は，記録閲覧謄写請求権の行使による情報収集（会更11条），関係人委員会等の設置（会更117条，121条），代理委員の選任により（会更122条），手続遂行を監督することができる。

(2) **更生計画認可後の更生計画の変更**　一般に経済情勢や市場の動向は流動的である上，更生計画は限られた時間で多くの不確定要素を含みつつ作成されるため，計画遂行中に更生会社の状況が悪化して計画の遂行が困難になることもありうる。このような場合には，直ちに更生手続を廃止するよりも（会更241条1項），遂行可能な計画に変更して更生手続を維持する方が更生会社にも利害関係人にもメリットが大きいと考えられることから，更生計画の変更の制

度が認められている。すなわち，更生計画認可決定後，経済情勢の急変や従業員の長期ストライキ，業績不振等のやむをえない事由により，更生計画の内容を変更する必要が生じたときは，裁判所は，更生手続終了前に限り，管財人，更生会社，届出をした更生債権者等または株主の申立てにより，更生計画を変更することができる（会更233条1項）。

更生計画変更の申立てをする者は，申立てと共に変更計画案を提出する（会更規56条1項）。権利の再縮減や弁済期の再延長といった更生債権者等や株主に不利な影響を及ぼす更生計画変更の申立ての場合には，更生計画案の提出があった場合の手続が準用される（会更233条2項本文）。ただし，不利な影響を受けない更生債権者等や株主は更生計画案の決議に参加させなくともよい（同条2項但書）。他方，変更後の更生計画が更生債権者等や株主に不利益を及ぼさない場合には，決議に付す必要はなく裁判所が更生計画変更の決定を行う。

Ⅶ 会社更生手続の終了

概　要　　更生手続は，①更生手続開始の申立てを棄却する決定の確定（会更234条1号），②更生手続開始申立ての裁判に対する即時抗告があった場合の更生手続開始決定を取り消す決定の確定（同条2号），③更生計画不認可決定の確定（同条3号），④更生手続廃止決定の確定（同条4号），⑤更生手続終結の決定（同条5号）により終了する。

更生手続の終結　　裁判所は，①更生計画が遂行された場合（会更239条1項1号），②更生計画の定めにより認められた金銭債権総額の3分の2以上の額の弁済がなされた時で当該更生計画に不履行が生じていない場合（同条同項2号），③更生計画の遂行が確実と認められる場合（同条同項3号）には，更生手続終結の決定をしなければならない（同条同項柱書）。更生手続の終結により管財人の任務は終了し，管財人はその権限を失う。それに伴い会社は本来の権限を回復し，通常の状態へと復帰する。

更生手続の廃止　　更生手続の廃止は将来に向かって手続を打ち切るものである。更生計画認可決定により更生債権等の権利変更が生じるため，更生手続の廃止は認可前の廃止と認可後の廃止に分けて規定され

ている。更生計画認可前の廃止については2つの手続廃止事由がある。第1に、決議に付するに足る更生計画案作成の見込みがないことが明らかになったとき（会更236条1号）、裁判所の定めた期間内に更生計画案の提出がないとき（同条2号）、更生計画案が否決されたとき（同条3号）には、裁判所は、更生は困難であるとして、職権で更生手続廃止の決定をしなければならない（同条柱書）。第2に、債権届出期間経過後更生計画認可決定前に更生手続開始原因事実が存しないことが明らかになったときは、裁判所は、管財人、更生会社または届出をした更生債権者等の申立てにより、更生手続廃止の決定をしなければならない（会更237条1項）。

　更生計画認可後は、更生計画遂行の見込みがないことが明らかになったとき、裁判所は管財人の申立てにより又は職権で更生手続廃止の決定をしなければならない（会更241条1項）。認可決定により更生債権等の権利変更が生じており、手続廃止によって関係人に大きな影響を与える可能性があることから、廃止決定をするにあたり、裁判所は予め管財人、更生会社、権利を行使できる知れている届出更生債権者等及び株主の意見を聴く必要がある（会更規57条）。

　廃止決定に対しては即時抗告が可能であり（会更238条2項、241条4項）、廃止決定は確定により効力を生じる（会更238条5項、241条2項）。廃止決定は将来に向かって手続を終了させるものであり、更生手続により生じた効力は維持される。よって、確定した更生債権等に関する更生債権者表または更生担保権者表の記載は、更生会社に対し確定判決と同一の効力を有し、更生債権者等は当該株式会社に対し強制執行をすることができる（会更238条6項、235条、241条4項、240条）。

第16章
国際倒産処理

I 国際倒産処理の意義

国際倒産とは何か　現在，世界経済はグローバル化しており，国境を越えて，物，人，サービス，資本が活発に移動している。その結果，企業や個人が行う経済活動は，今日では，一国内だけで完結する方がまれである。たとえば，営業所や支店が本店所在地国とは別の外国に所在する企業も多い。預金や工場設備などの資産が外国に所在することもある。また，株主や，取引活動の結果，債権者が，外国に所在することも多い。

以上のような，外国と関係する要素のことを渉外的要素と呼ぶが，上記のような企業が経済的に破綻した場合の倒産処理手続は，渉外的要素を持つことになる。このように，渉外的要素を含んでいる倒産処理のことを，国際倒産処理と呼んでいる。

また，このような国際倒産処理においては，純粋の国内倒産処理におけるのとは異なる特別の問題が発生する。たとえば，破産債務者の外国に所在する財産が破産財団に含まれるか，というような問題である。このような様々な特別の法律問題を規律する法規範の総体を，国際倒産法と呼ぶ。なお，純粋の国内事件における場合と同じように，国際倒産法は，手続上の問題だけでなく，否認権の準拠法など，実体法上の問題も対象とする。

国際倒産処理の理念型　上記のように，国際的に複数の国で経済活動を行っている債務者については，倒産処理手続が複数の国で行われる可能性がある。そこで第1に，複数の倒産処理手続が並行して行われることを認めるかが問題となる。第2に，倒産処理手続が，国境を越

えて倒産開始国の外でも効力を持つと考えるかが問題となる（倒産処理手続が国境を越えて有する効力のことを，倒産処理手続の域外的効力と呼ぶ。わが国の手続の持つ外国へも及ぶ効力を対外的効力，外国の手続の持つわが国へも及ぶ効力を対内的効力と呼ぶ）。以上の2点が，国際倒産処理手続の制度設計にあたっての，基本的な対立点である。

第1点については，単一主義と複数主義が対立する。

単一主義とは，ある債務者については，1国だけで，通常はその者の主たる経済活動が行われている国だけで，倒産処理手続が1つだけ行われて，当該債務者の他の国における活動に関係する問題についても，その国で一括して処理するという立場である。世界中で1つの倒産処理手続が行われるので，世界中に散らばる債務者の財産もその唯一の手続で管理され，世界中の債権者も全てその手続に参加することになる。

これに対して，複数主義とは，ある債務者について，本店所在地国，営業所所在地国，財産所在地国などの複数の国で，倒産処理手続が行われることを認める立場である。

第2点，すなわち，倒産処理手続の域外的効力の有無については，普及主義と属地主義が対立する。

普及主義とは，倒産開始国以外の国までも，倒産処理手続の対外的効力が及ぶとする立場である。第1点についての単一主義の立場では，当然にこの普及主義が前提となり，1つだけ行われる倒産処理手続の効力が，世界中に及ぶと考える。

これに対して，属地主義とは，ある国で行われる倒産処理手続はその国だけで完結して，その効力はその国だけに限られ，域外的効力は持たないとする立場である。

それでは，それぞれの点について，いずれの立場を採用するのが，基本的な態度として適切であろうか。また，わが国の国際倒産処理法制の基本構造は，いずれの立場を採用しているのであろうか。

債務者をめぐる様々な要素が日本国内だけに関係する，純粋の国内倒産処理手続の場合には，たとえ債権者や債務者財産が北海道や東京や沖縄など各地に所在していようとも，倒産処理手続は1つだけ行われ，その手続の効力は日本

全国に及ぶ。これと同じように，国際的な活動をしていた債務者についての倒産処理手続も，世界中で1つだけの手続で全てが処理され，その手続の効力は全世界に域外にも及ぶとする立場，すなわち単一主義でかつ普及主義が，債務者の財産状態全体から見れば，公平な倒産処理ができるので理想的であるのは確かであろう。

　ところで，日本国内において1つだけ倒産処理手続が行われるのは，日本国内であればどこでも，わが国の破産法などが全面的に妥当していて，統一的に規律しているからである。したがって，国際的な場面において，世界中のどこか1つの国だけで倒産処理手続が行われ，他の国では手続が行われないという単一主義を実現するためには，この点について定める，国際倒産処理手続に関する世界的な条約に，各国が参加しているという枠組みが必要となる。しかし，そのようなものはなく，各国はそれぞれ独自の倒産法を有している。このような理由から，単一主義ではなく，複数の倒産処理手続が行われること，すなわち複数主義を前提とせざるをえない。

　しかしながら，ある債務者について世界中で1つの倒産処理手続が行われることのメリットの1つである，関係する当事者全員にとっての，公平な倒産処理の実現は，やはり捨てがたい。とすれば，複数の倒産処理手続が各国で行われることを前提としつつも，自発的に各国は，他国の倒産処理手続との協力・調整を行うことが望ましいであろう。このような協力・協調を実現するためには，各国の倒産処理手続の対外的効力について，どのような立場を採用するべきであろうか。

　倒産処理手続の域外的効力を認めない属地主義にも，かつてはメリットがあった。経済交流が小規模な時代であれば，あえて閉鎖的に自国内だけに倒産処理手続の効力をとどめて手続を行うことで，手続が簡略・迅速にできたからである。日本もかつては，このような立場であった。

　しかし，経済がグローバル化している今日では，このような閉鎖的な立場には無理がある。また，域外的効力を認めないことを前提にしてしまうと，上記のような他国の倒産処理手続との協力・調整をすることがおよそできなくなるであろう。したがって，普及主義を採用して，ある国の倒産処理手続は他国へも及ぶと考えることから出発するべきであろう。もっとも，このような基本的

> ❖ **コラム16-1　かつての厳格な属地主義とその不都合**
>
> 　わが国ではかつて，1922（大正11）年制定の旧破産法旧3条が，1項でわが国の破産手続の対外的効力を否定し，さらに2項で外国破産手続の対内的効力も否定していた。このような破産法の規律は，和議法にもそのまま採用され（11条1項），1952（昭和27）年制定の会社更生法にも採用された（旧4条）。これは，厳格な属地主義と呼ばれた。
> 　しかし，経済活動が国際化するにつれ，実際の事件でも不都合が生じた。たとえば，一成汽船事件においては，日本の商船会社について，日本で更生手続が開始された。しかし，同社所有の船舶がカナダに入港中に，船舶抵当権者（更生担保権者として届出済み）によって差し押さえられて，競売の申立てがなされた。そこで，日本の更生手続が対外的効力をもたず，カナダで効力をもたなければ，カナダでのこの抵当権の実行は可能であるから，この点がカナダの裁判所で争いとなった。日本の学者・弁護士が，双方から申請されて鑑定証人として出廷して審理がされたが，結論としては抵当権者の主張が認められた。
> 　このように厳格な属地主義では，海外での抜け駆け的な債務の満足を阻止することはできない。本件のような国際的な商船会社では，事実上，再建型の倒産処理手続は非常に困難であった。

理解をしたとしても，ある国の倒産処理手続はその国の主権の行使であるから，条約の枠組みがない限り，それが他の国で効力を持つとは義務づけられない。したがって，各国は自発的な判断により，必要な場合には，他国の倒産処理手続の効力を認めていくことになろう。

　以上の理由から，最近の各国の国際倒産処理法制は一般的に，ある1名の債務者について，国際的に複数の倒産処理手続が，それぞれその国に限定されない効力を持ちながら行われることを前提として，各倒産処理手続間の協力・調整をはかって，全体として公平な処理を目指すものとなっている。

国際倒産処理法制の整備　厳格な属地主義の規定の見直しは，最近行われた。1996（平成8）年からの倒産処理法制を順次改正する作業において，当時の社会経済的要請から，中小企業向けの再建型手続の整備が先行し，その結果，1999（平成11）年に民事再生法が制定されたが，民事再生法では，対外的効力を否定する旧破産法3条1項に相当する規定は置かれず，対外的効力について属地主義を廃棄することが前提とされていた。また，外国倒産処理手続がある場合の特則についての第10章（現在は第11章）を設け，外国手続への協力などについて規定がされている。さらに，2000（平成12）年には，

> ❖**コラム16−2　UNCITRAL 国際倒産モデル法**
>
> 　国連国際商取引法委員会（UNCITRAL）は，国際取引における法の調和・統一に向けた活動を行っている。UNCITRAL は条約だけでなく，各国が立法時にモデルとして参照し，必ずしも全ての条項に拘束されない，モデル法という形での成果も発表している。その1つが，1997（平成9）年の国際倒産モデル法である。モデル法は，基本的に各国で複数の倒産処理手続が行われることを前提としながら，外国管財人と外国債権者の内国手続へのアクセス，外国倒産処理手続の承認，外国倒産処理手続への協力，並行倒産処理手続の規律に関する章を設けて，各国の手続の協力・協調をはかっている。すでにかなりの国でこのモデル法に沿った立法がされており，2000（平成12）年のわが国の承認援助法もそうである。

外国倒産処理手続の承認援助に関する法律（以下では，承認援助法と略称）が制定され，同時に破産法その他における国際倒産法関連規定が整備された。承認援助法は，1997（平成9）年の UNCITRAL 国際倒産モデル法を参考としたものであるが，民事再生法制定時にはわが国の再生手続の対外的効力についてのみ認めたのを，承認援助法制定に伴い，外国の倒産処理手続の対内的効力を否定する規定が民事再生法等から削除され，完全に，属地主義から決別した。このほか，外国人の倒産処理手続上の地位について，相互主義を定める旧破産法2条も削除され，現在では日本人又は日本法人と同一の地位を有するとされている（破3条，民再3条，会更3条）。以上は，新会社更生法や新破産法においても基本的な立場として引き継がれている。

II　内国倒産処理手続における国際倒産処理

　まず，日本で通常の倒産処理手続が行われる場合に生じる国際倒産処理特有の問題について説明する。たとえば，どのような場合にわが国に管轄があるか（国際倒産管轄），財団の範囲などの日本の倒産処理手続の対外的効力などである。このほか，わが国が前提とする複数主義では，基本的には，国際的に複数の倒産処理手続が行われるので，外国でも並行して倒産処理手続が行われている場合にどのように協力・調整するかも問題となる。

　　　　　　　　　　　国際的な倒産事件においては，手続開始の申立てがなされ
　国際倒産管轄　　　た裁判所は，そもそも，わが国で事件を処理すべきかを考

える必要がある。これは，国際倒産管轄と呼ばれる。上記の単一主義であれば，法人ならば本拠地国に，自然人ならば住所地国だけで，倒産処理手続が行われるべきであろうが，複数主義の下では必ずしも管轄原因を1つに限定する必要はない。このように広く管轄を認める結果，他国の倒産処理手続がわが国の手続と並行して行われる可能性がある。

かつては，国際倒産管轄について明文の規定がなかったが，国際倒産法制が整備され，現在では，明文の規定が存在する。

破産手続と再生手続については，債務者が法人その他の社団又は財団の場合には，営業所，事務所又は財産（債務者が個人の場合には営業所，住所，居所又は財産）が日本国内に存在することが，管轄原因となっている（破4条1項，民再4条1項）。当事者間の衡平や破産手続・再生手続の適正・迅速をはかるという見地からこれらの管轄原因を見ると，営業所，事務所（自然人の場合には住所，居所）については，債務者の経済活動がそこを中心に行われ，債権者その他の利害関係人や債務者の財産が集中していると考えられるので，管轄原因とすることに問題はない。これに対して，日本が単なる財産所在地に過ぎない場合はどうか。債務者の主たる経済活動が外国で行われている場合，その外国との協力関係が完全に構築されていれば，財産所在地に過ぎない日本では破産手続・再生手続を開始せずに，当該外国で一括して処理すればよいとも考えられる。しかし，現状では，そのような協力関係は構築されていない。また，日本国内の債権者は日本所在の財産を引き当てに与信しているとも考えられる。そこで，財産所在地に過ぎない日本で手続を行うことにも一応の理由があると思われる。

これに対して，更生手続については，株式会社が日本に営業所を有する場合のみが管轄原因とされている（会更4条）。更生手続は再建型の手続であり，会社の構成にも抜本的な変更を加えることが予定されており，手続開始の効力も強い。このような理由から，単なる財産の所在だけでは更生手続を開始させずに，営業所の所在を要求している。もっとも，営業所は主たる営業所に限定されていないから，従たる営業所だけが日本に所在する場合でも更生手続が開始される可能性がある。この点，確かに主たる営業所が存在しないと更生手続で行われる会社の組織変更は難しい。むしろ，主たる営業所が所在する外国で更

生手続に相当する再建型の倒産処理手続が開始され，それとの連携・調整をわが国において，担保権実行の包括的停止などを講じることにより図りつつ手続を進行させることを狙いとしていると考えられる。

わが国の倒産処理手続の対外的効力　(1) **原　則**　かつての厳格な属地主義は廃止され，現在では，わが国の倒産処理手続は対外的効力を有することが原則とされている。これは，破産手続における破産財団の範囲について，日本国内にあるかどうかを問わないと規定する破産法34条1項，再生手続における再生債務者（管理命令が出されている場合には管財人）と，更生手続における更生管財人等の，管理処分権の及ぶ財産について，日本国内にあるかどうかを問わないと規定する民事再生法38条1項，会社更生法72条1項に表れている。もっとも，日本の倒産処理手続の効力が外国にも及ぶというのは，日本からの見方に過ぎない。実際に外国で日本の倒産処理手続が効力を持つとして処理されるには，その外国がわが国の手続の効力を認めることが必要である。

以上のようにわが国の倒産処理手続が対外的効力を持つことから，破産管財人等は外国に所在する財産についても回収の対象とすることができることになる。また，破産管財人等の善管注意義務は，在外財産にも及ぶことになる。もっとも，在外財産についてはその管理処分には相当の費用がかかるので，費用倒れとなる回収までも，要求されるわけではないし，またすべきでもない。

(2) **配当・弁済調整**　わが国の倒産処理手続が対外的効力を持つと考える結果として，債権者にとっても，外国で抜け駆け的に満足を得ることは許されないとされる。これについて，配当・弁済調整を行う規定が設けられている。例を挙げて説明しよう。

債務者Aに対する破産手続が日本で開始され，手続開始時に債権者Bは1000万円の一般債権を有していたが，その後，外国で開始されたAに対する破産手続から，300万円の配当を受けたとする。

この場合でも，Bは1000万円の債権を届け出ることができる（破109条。民再89条1項，会更137条1項も同じ。なお，更生手続においては，更生担保権者も同様の規律に服しており，以下も同じ）。ただし，議決権については，300万円の配当を引いた残りの700万円分しか行使できない（破142条2項。民再89条3項，会更137

次に、Bは日本での破産手続で配当をどれだけ受けることができるだろうか。これについて定めるのが、破産法201条4項（民再89条2項、会更137条2項も同じ）であり、ホッチポットルールと呼ばれる。ホッチポット（hotchpot）とは、ごちゃ混ぜという意味であり、ここでは、外国の財産も内国の財産もすべて債務者の財産を全部ごちゃ混ぜにして、配当を調整するということである。具体的には、Bは国内倒産処理手続においては、他の債権者が同一割合の弁済・配当を受けるまでは、弁済・配当を受けることはできない。なお、外国で受けた満足には、外国での倒産処理手続、外国財産への強制執行手続いずれも含む。外国所在財産を原資に任意弁済を受けた場合については含まれるか争いがあるが、強制執行などの場合と区別するのは難しく、含めてよいのではないかと思われる。

したがって、上記の設例では次のようになる。Bは1000万円のうちすでに外国で300万円の配当を受けたから、30パーセントの配当率である。したがって、日本の手続での配当率が35パーセントの場合には、1000万円×（0.35-0.3）=50万円だけ配当を受けることができる。

問題は、日本の手続での配当率が20パーセントの場合である。この場合は、Bの配当額はゼロであることははっきりしているが、Bは日本での手続だけに参加した他の債務者よりも300万円-1000万円×0.2=100万円余分に満足を受けている。これを管財人は、不当利得としてBに請求することはできるであろうか。これについては、明文の規定は置かれずに解釈に委ねられた。国際的な事案であるので、この不当利得請求についていずれの国の法が準拠法となるかがまず問題となるものの、わが国で倒産処理手続が開始されているので、そこでの弁済・配当に関する規律が強行的に妥当すべきと考えれば、不当利得返還請求が認められるように思われるが、議論がある。

外国倒産処理手続との関係

(1) 総説 現行法は複数の国で、複数の倒産処理手続が並行して行われることを前提としている。これは、外国倒産処理手続が開始していることが、わが国の倒産処理手続の開始を妨げる事由とされていないことなどからもわかる。

外国で倒産処理手続が行われており、それに協力するための特別の承認援助

手続が日本で行われる場合については、次のⅢで説明する。それに対して、ここでは、わが国でも外国でも同時に並行して、倒産処理手続が行われる場合であり、手続間の協力関係を作り上げて、全体としてなるべく公平な倒産処理を行おうとするための規定について説明する。これについては主に、破産法第11章、民事再生法第11章、会社更生法第10章に「外国倒産処理手続がある場合の特則」と題する章で規定されている。

なお、外国倒産処理手続とは、わが国の倒産処理手続と内容的に見て同等の手続をいう。法文上は、外国で開始された手続であって、「破産手続又は再生手続に相当するものをいう」と定義されているが（破245条1項、民再207条1項、会更242条1項）、これは法的倒産処理手続一般を指すものであり、たとえば更生手続に類似する外国の手続を排除する趣旨ではない。したがって、承認援助法2条1項1号における定義（後述Ⅲ参照）と実質的な差異はない。外国管財人とは、外国倒産処理手続において破産者などの財産の管理処分権を有する者をいう。また、これらの協力については、外国倒産処理手続がわが国で承認されることは要件とされていない。

(2) **わが国での倒産処理手続の開始**　まず、外国倒産処理手続がある場合には、倒産処理手続開始の原因となる事実があるものと推定されている（破17条、民再208条、会更243条）。この規定の理由としては、外国倒産処理手続が開始している場合には、債務者についてわが国の倒産処理手続の開始原因も存在する可能性が高いということのほか、外国での手続と並行するわが国の倒産処理手続の開始を容易かつ迅速にして、国内債権者を保護するとともに、外国管財人等によるわが国の手続の利用による協力を容易にすることが挙げられよう。

なお、外国管財人は、わが国の倒産処理手続開始の申立てをする権限を有する（破246条1項、民再209条1項、会更244条1項）。外国管財人は、後述Ⅲのように、外国倒産処理手続への承認援助手続を申し立てることもできる。しかし、わが国で倒産処理手続が開始すると原則として、承認援助手続よりも優先する。このような理由もあり、わが国で倒産処理手続を開始することを選択することもあるだろう。そこで、外国管財人に手続開始の申立権を認めたものである。

(3) **外国管財人との協力**　わが国の倒産処理手続の機関と外国管財人は，相互に協力することが規定されている（破245条，民再207条，会更242条）。まず，破産管財人等は，外国管財人に対して，必要な協力及び情報の提供を求めることができる。次に，破産管財人等は，外国管財人に対して，必要な協力及び情報の提供をするようにつとめることとされている。提供される情報としては，それぞれの手続の進行具合や，破産者などの財産などに関する情報が考えられる。協力の具体的内容としては，再建型の倒産処理手続であれば再建計画案について相互に情報交換して調整することや，債権者集会などの時期について調整することが挙げられる。さらには，経営権や資産処分などについて調整のために，議定書（プロトコル）を締結することもできるのではないかとされている。

(4) **外国管財人のわが国の倒産処理手続における権限**　外国管財人は，上述(2)で説明した，わが国の倒産処理手続開始の申立権限のほかにも，わが国の倒産処理手続において，様々な権限が与えられている。外国管財人は債権者集会（更生手続では関係人集会）に出席して，意見を述べることができる（破246条3項，民再209条2項，会更244条2項）。これらの権限は債権者に認められており，外国管財人は外国手続に参加している債権者を代表する地位にあるからである。また，外国管財人は，再建型手続において，再建計画案を作成して裁判所に提出することができる（民再209条3項，会更244条3項）。

(5) **相互の手続参加**　外国管財人と，わが国の管財人・再生債務者等は，相互に相手方の手続に参加することができる。これは，クロス・ファイリングと呼ばれている。それぞれの手続において，外国への手続に参加することが実際上困難な債権者も外国手続からの配当を受けられるようにして，手続全体からみた債権者平等が実質的に確保できる。

具体的にはまず，外国管財人は，わが国の手続に届出をしていない債権者であって，外国倒産処理手続に参加している外国債権者を代理して，手続に参加することができる（破247条1項，民再210条1項，会更245条1項）。ただし，外国管財人が外国でこのような権限を当該外国法上有していることがこの規定の前提であるから，当該外国手続が対外的効力を認めないなど，当該外国の法令によりその権限を有しない場合には，認められない。

次に逆の場合として，わが国の管財人・再生債務者等は，届出をした債権者であって，外国倒産処理手続に参加していないものを代理して，当該外国倒産処理手続に参加することができる（破247条2項，民再210条2項，会更245条2項）。この場合に，管財人・再生債務者等は，代理した債権者のために，外国倒産処理手続に属する一切の行為をすることができる。ただし，届出の取下げ，和解その他債権者の権利を害する恐れがある行為をするには，当該債権者の授権がなければならない（破247条3項，民再210条3項，会更245条3項）。

III 外国倒産処理手続への承認援助手続

外国で倒産処理手続が行われている場合に，日本でも並行して倒産処理手続が行われる場合についてはIIで説明した。ここでは，外国での倒産処理手続に協力するための，特別の手続をわが国で行う場合を扱う。これが，承認援助法が規定する，外国で開始された倒産処理手続に対するわが国の承認援助手続である。以下では，承認援助法に基づく手続の進行の詳細などについて説明する。

基本原則 外国で倒産処理手続が行われている場合，すでに説明したように，わが国で並行して倒産処理手続を開始することもある。しかし，もう1つの選択肢としては，外国倒産処理手続に対する援助のための特別の手続を開始するというものがある。これは，2000（平成12）年の承認援助法で導入されたが，基本的に1997（平成9）年のUNCITRAL国際倒産モデル法によっている。この法律に基づく外国倒産処理手続の承認の決定は，2003（平成15）年にはじめてなされている（東京地決平成15・11・11官報平成15年11月25日第3738号24頁）。

この手続の目的は，「国際的な経済活動を行う債務者について開始された外国倒産処理手続に対する承認援助手続を定めることにより，当該外国倒産処理手続の効力を日本国内において適切に実現し，もって当該債務者について国際的に整合のとれた財産の清算又は経済的再生を図ること」（承認援助法1条）である。

この法律による承認・援助の基本枠組みは，次の通りである。まず，外国倒

産処理手続を承認するが，それだけではとくに効果は発生しない。執行禁止などの個別の効果については，各種の援助処分をするかどうかを個別に決定する。また，承認だけでは債務者の管理処分権に変更はなく，管理命令が個別の援助処分としてなされてはじめて，承認管財人に移転する。

　上記枠組みの最初の段階である，外国倒産処理手続の承認とは，「外国倒産処理手続について，これを日本国内において第3章の規定による援助の処分をすることができる基礎として承認すること」（承認援助法2条1項5号）である。外国判決の承認（民訴118条）の場合には，外国裁判所で下された判断，たとえば1万ドルを支払えとの命令や，親子関係の確認を，わが国で認めることである。これに対して，ここでの外国倒産処理手続の承認は，外国での手続開始により生じている個別執行禁止などの効果をわが国でも認めることではない。わが国で独自の観点から，外国倒産処理手続への援助を行う手続を開始するとの決定にすぎない。

　 承認決定 　承認の対象となるのは，外国倒産処理手続，すなわち，「外国で申し立てられた手続で，破産手続，再生手続，更生手続又は特別清算手続に相当するもの」（承認援助法2条1項1号）である。これにあたるかは，裁判所の関与，個別執行の制限などから総合的に判断される。なお，承認援助法では，外国倒産処理手続を，外国主手続と外国従手続に分けている。主手続とは，「債務者が営業者である場合にあってはその主たる営業所がある国で申し立てられた外国倒産処理手続，営業者でない場合又は営業所を有しない場合にあっては，当該債務者が個人であるときは住所がある国で申し立てられた外国倒産処理手続，法人その他の社団又は財団であるときは主たる事務所がある国で申し立てられた外国倒産処理手続」をいう（承認援助法2条1項2号）。債務者の最もメインとなる活動地で行われている手続である。これに対して，従手続とは主手続以外のものを指す（承認援助法2条1項3号）。承認援助法は，外国従手続についても援助を拒まず，承認することにしており，主手続か従手続かの区別は，他の倒産処理手続がある場合の取扱いについてのみ問題としている（後述）。

　外国倒産処理手続の承認の申立てがなされて，承認の決定がされるまでは，次のように進行する。外国管財人等（外国倒産処理手続において外国管財人がある

場合には外国管財人，外国管財人がない場合には債務者。承認援助法2条1項8号）が承認の申立てをするが，この手続は東京地裁の専属管轄である（承認援助法4条。ただし，移送の可能性あり，同5条）。なお，申立ては，外国倒産処理手続の申立てがされていれば足り，手続開始の判断前でもすることができるが（承認援助法17条2項），承認の決定までには手続が開始されていなければならない。外国管財人等は，外国倒産処理手続の進行状況その他裁判所の命ずる事項を裁判所に報告しなければならない（承認援助法17条3項）。

外国倒産処理手続の承認要件は第1に，その外国に債務者の住所，居所，営業所又は事務所があることである。すなわち，国際倒産管轄である（承認援助法17条1項）。承認援助法は，外国従手続も承認して協力する可能性を認めている。しかし，単なる財産所在地では関連性に乏しく，承認せず，援助しないことにしている。

承認要件はこのほか，承認援助法21条1号から6号までに定められている。そのうち，2号は，当該外国倒産処理手続が対外的効力を有しない場合を挙げる。その国がかつての日本のような属地主義を採用している場合や，一般的にはそうでなくても従手続は対外的効力を認めない場合には，援助の前提を欠き承認しないとの趣旨である。3号は援助処分をすることがわが国の公序良俗に違反する場合を挙げる。この承認援助法における承認は，この援助手続を開始させる決定に過ぎず，個々の援助処分は後に別に行われるから，承認自体が公序良俗違反となる場合はあまり考えられない。このほかに，費用の予納を欠くこと（1号。20条1項参照），援助処分をする必要がないことが明らかであること（4号），17条3号の定める報告義務に外国管財人等が違反したこと（5号），不当な目的で申立てがされたこと（6号）が要件とされている。

承認要件を満たしている場合には，裁判所は外国倒産処理手続の承認の決定をする（承認援助法22条1項）。

承認の効果（援助処分） すでに説明したように，承認の決定それ自体では，それほどの効果は生じない。個々の援助処分をしてはじめて，具体的な効果が発生する。これについては，承認援助法25条以下が定める。国内の倒産処理手続の開始決定に伴う諸効果におおむね対応する。以下の処分がある。

(a) 他の手続の中止命令　　承認援助法25条1項は，債務者の国内財産に対する強制執行等（強制執行・仮差押え・仮処分）の手続の中止命令（1号），債務者の財産に関する訴訟手続及び行政手続の中止命令（2号・3号）を定める。

　(b) 処分禁止，弁済禁止等の保全処分　　承認援助法26条1項は，債務者の日本国内における業務及び財産に関し，処分の禁止を命ずる処分，弁済の禁止を命ずる処分等の保全処分をすることができると定める。

　(c) 強制執行等禁止命令　　承認援助法28条は，包括的に全債権者に対して，債務者の財産に対する強制執行等の禁止を命ずることができると定める。この強制執行等禁止命令について，不当な損害が及ぶおそれがある個別債権者に対する解除の制度が承認援助法30条に規定されている。

　以上の(a)，(b)，(c)の処分については，承認援助手続の目的，すなわち国際的な経済活動を行う債務者について国際的に整合のとれた財産の清算又は経済的再生を図るという目的を達成するために，必要があると認められることが要件とされている。

　(d) 担保権の実行手続等の中止命令　　承認援助法27条は，債務者の財産に対して既にされている担保権の実行の手続又は企業担保権の実行手続の中止を命ずることができると定める。この場合の要件は(a)，(b)，(c)と異なり，「債権者の一般の利益に適合し，かつ，競売申立人又は企業担保権の実行手続の申立人に不当な損害を及ぼすおそれがないと認めるとき」であることである。担保権行使に対する制約であるために，他の援助処分より厳格な要件とされている。これを発令するには，競売申立人または企業担保権の実行手続の申立人の意見を聴取しなければならない（承認援助法27条4項）。また，この中止は相当の期間に限られる（同条1項）。

　(e) 債務者の国内財産の処分・国外への持出しについての許可　　承認援助法31条は，裁判所は必要があると認めるときは，債務者が日本国内にある財産の処分又は国外への持出しその他裁判所の指定する行為をするには裁判所の許可を得なければならないものとすることができると定める。債務者が援助処分により強制執行等を免れながら，財産を国外に持ち出して隠匿等することを防止するための処分である。したがって，国外持出し等を裁判所が許可できるのは，「日本国内において債権者の利益が不当に侵害されるおそれがないと認め

る場合」に限られる（同条2項）。なお，許可を得ないでした法律行為は，無効であるが，善意の第三者に対抗することができない（同条3項）。

　(f)　管理命令　　承認援助法32条1項は，「裁判所は，承認援助手続の目的を達成するために必要があると認めるときは，利害関係人の申立てにより又は職権で，外国倒産処理手続の承認の決定と同時に又はその決定後，債務者の日本国内における業務及び財産に関し，承認管財人による管理を命ずる処分をすることができる」と定める。これは管理命令と呼ばれる。選任される承認管財人は，必ずしも外国管財人でなくてもよいが，外国倒産処理手続が開始されている国で管理処分権を有している外国管財人に，日本でも同様の権限を付与するのが望ましいと思われるので，原則としては外国管財人が選任されるべきであろう。

　管理命令の制度は，かつての議論および裁判例を覆しているので，重要である。旧破産法旧3条2項は，「外国ニ於テ宣告シタル破産ハ日本ニ在ル財産ニ付テハ其ノ効力ヲ有セズ」と規定して，外国倒産処理手続の対内的効力を否定していた。しかしながら，学説はこのような属地主義の規定をなんとか回避して対内的効力を一定限度で認められないか努力した。裁判例も，東京高決昭和56・1・30下民集32巻1～4号10頁のように，外国での破産宣告により，破産管財人が破産債務者の全財産についての管理処分権を有することを認めて，わが国にある破産債務者の財産に対する仮差押決定の執行取消しの申立てについての当事者適格を認めたものがある（外国裁判所で選任された破産管財人に，日本法人の株主総会決議取消訴訟についての当事者適格を認めた，東京地判平成3・9・26判時1422号128頁も同様）。しかし，このような先例はもはや意味を失う。管理命令の制度によると，管理命令が発令されるまでは，債務者に対して外国で倒産処理手続が開始されても，債務者の日本国内における業務および財産に関しては，債務者が引き続き管理処分権を有する。この外国倒産処理手続に対してわが国で承認の決定がなされ，さらに管理命令が発令されてはじめて，債務者から承認管財人に管理処分権が移転するのである。このようにした趣旨は，管理命令の有無により，管理処分権の帰属が明確になり，取引の安全を図ることができる点にある。

> 承認の取消し

承認の決定後，この承認援助手続は，承認の取消しという形式で終了する。取消事由のうち，必要的取消事由は，承認の決定のための要件を欠くことが明らかになったとき（承認援助法56条1項1号・2号），外国倒産処理手続が終了したとき（同項3号・4号）である。外国倒産処理手続が終了したならば，もはや承認・援助をして日本国内で適切に実現すべき外国倒産処理手続が存在しないので，取消しという形で承認援助手続を終了させている。

裁量的取消事由は，債務者または外国管財人に，債務者の日本国内財産の無許可での国外への持ち出しなどの，重大な義務違反があったときである（承認援助法56条2項1号から3号）。重大な義務違反に対する制裁という趣旨である。

> 他の倒産処理手続がある場合の取扱い

わが国と外国とで，同一債務者について並行して複数の倒産処理手続が行われることを，現行法が前提としていることは，すでに繰り返し説明した。これに対して，わが国において，同一債務者について，倒産処理手続と承認援助手続，あるいは複数の承認援助手続が，並行して行われると，矛盾する処分が行われるなどの混乱が生じるおそれがある。承認援助手続はいわば一種のミニ倒産処理手続であるから，同一債務者についてわが国で複数の倒産処理手続が競合する場合と同じように，一債務者一手続の原則により，いずれか1つだけが進行するようにしている。

承認援助手続と国内倒産処理手続との間では，原則として国内倒産処理手続が優先する。すなわち，国内倒産処理手続が開始されている場合，承認申立ては原則として棄却される（承認援助法57条1項）。また，承認の決定後に，国内倒産処理手続が開始されたか又は開始されていたことが明らかになった場合には，承認援助手続は原則として中止される（承認援助法59条1項）。ただし，①承認された外国倒産処理手続が主手続であり，②当該外国倒産処理手続につて援助処分をすることが債権者の一般の利益に適合し，③援助処分を行っても日本国内において債権者の利益が不当に侵害されるおそれがないとの，3要件を満たしていれば，例外的に承認援助手続が優先する（承認援助法57条から60条）。

承認援助手続相互の間では，外国主手続の承認援助手続が，外国従手続の承認援助手続に優先する。外国従手続の承認援助手続相互間では，債権者の一般

の利益に適合する方の承認援助手続を優先させる（承認援助法62条）。

Ⅳ 国際倒産処理における倒産実体法

　否認権などの倒産実体法上の問題について，純粋の国内的な事件と異なり，国際倒産処理手続においては，そもそもわが国の倒産処理法の規定が判断基準となるのか，それとも外国法が判断基準となるのかという，準拠法の問題が生じる。わが国で倒産処理手続が開始された場合について考えてみよう。

　これについて，倒産処理手続において問題となるのであるから統一的処理が要請されるので，全ての点について倒産開始国である日本法が基準となるとはいえないであろう。たとえば，相殺権であれば，そもそも債権が成立しているかは，（契約に基づく債権の場合，法の適用に関する通則法7条以下で定まる）債権自体の準拠法が決める問題であるし，別除権となりうる担保物権についてそれがそもそも成立しているかは，（法の適用に関する通則法13条で定まる）担保物権の準拠法による。

　問題は，たとえば否認権についてであれば，否認権の要件や行使方法についてである。倒産処理手続が開始されるまでの状態でこの問題に妥当していた準拠法が引き続き適用されるべきであるとの見解もある。この場合，詐害行為取消権の準拠法によることになろうが，そもそもそれについて明文の規定はなく，学説でも意見の一致はない。他方，もはや倒産処理手続が開始したのであるから，全ての債権者に統一的で公平な処理が優先されるべきとの見解も有力で，これに従えば，倒産開始国法である日本法によることになる。

　なお，承認援助手続における否認権の行使については，そもそも準拠法について議論が分かれていることから規定を置くことは困難であり，そうだとすると準拠法を抜きにして否認訴訟の当事者適格だけを認めることは難しいとして，外国管財人による国内での否認権行使を認める規定自体が設けられていない。

参考文献ガイド

1 立案担当者の見解を知るための文献
　深山卓也ほか『一問一答　民事再生法』（商事法務研究会，2000年）
　深山卓也編著『新しい国際倒産法制－外国倒産承認援助法等の逐条解説＆一問一答』（金融財政事情研究会，2001年）
　深山卓也編著『一問一答　新会社更生法』（商事法務，2003年）
　小川秀樹編著『一問一答　新しい破産法』（商事法務，2004年）
　萩本修編『逐条解説　新しい特別清算』（商事法務，2006年）

2 倒産処理法の概説書など
　山本和彦『倒産処理法入門〔第4版〕』（有斐閣，2012年）
　伊藤　眞『破産法・民事再生法〔第2版〕』（有斐閣，2009年）
　山本和彦ほか『倒産法概説〔第2版〕』（弘文堂，2010年）
　山本克己編著『破産法・民事再生法概論』（商事法務，2012年）
　中島弘雅『体系倒産法〈1〉破産・特別清算』（中央経済社，2007年）
　伊藤　眞『会社更生法』（有斐閣，2012年）
　松下淳一『民事再生法入門』（有斐閣，2009年）

3 詳しく知るための文献
　園尾隆司ほか編『条解・民事再生法〔第2版〕』（弘文堂，2007年）
　竹下守夫ほか『大コンメンタール破産法』（青林書院，2007年）
　伊藤　眞ほか『条解破産法』（弘文堂，2010年）
　才口千晴ほか監修，全国倒産処理弁護士ネットワーク編『新注釈　民事再生法（上）（下）〔第2版〕』（金融財政事情研究会，2010年）

4 実務を知るための文献
　西謙二ほか編，東京地裁破産再生実務研究会『破産・民事再生の実務〔新版〕（上）（中）（下）』（金融財政事情研究会，2008年）
　鹿子木康ほか編，東京地裁破産実務研究会著『破産管財の手引〔増補版〕』（金融財政事情研究会，2012年）
　鹿子木康編，東京地裁民事再生実務研究会著『民事再生の手引』（商事法務，

2012年）

鹿子木康ほか編，東京地裁個人再生実務研究会著『個人再生の手引』（判例タイムズ社，2011年）

東京地裁会社更生実務研究会編『最新実務会社更生』（金融財政事情研究会，2011年）

大阪地方裁判所・大阪弁護士会破産管財運用検討プロジェクトチーム編『破産管財手続の運用と書式〔新版〕』（新日本法規出版，2009年）

大阪地方裁判所・大阪弁護士会個人再生手続運用研究会編『事例解説個人再生：大阪再生物語－改正法対応』（新日本法規出版，2006年）

5 判 例 集

青山善充ほか『倒産判例百選〔第4版〕』（有斐閣，2006年）

瀬戸英雄ほか『倒産判例インデックス〔第2版〕』（商事法務，2010年）

判例索引

大審院

大判明治41・4・23民録14輯477頁 ………… 67
大判昭和6・9・16民集10巻818頁 ………… 127
大判昭和15・3・9民集19巻373頁 ……… 130

最高裁判所

最判昭和35・12・27民集14巻14号3253頁 …… 25
最決昭和36・12・13民集15巻11号2803頁 …… 184
最判昭和37・11・20民集16巻11号2293頁 …… 125
最判昭和37・12・6民集16巻12号2313頁 …… 113
最判昭和39・3・24判タ162号64頁 ………… 127
最判昭和39・6・26民集18巻5号887頁
　　………………………… 114, 115, 124
最判昭和39・7・29集民74号797頁 ………… 129
最判昭和40・3・9民集19巻2号352頁 …… 113
最判昭和40・11・2民集19巻8号1927頁 …… 106
最判昭和41・4・8民集20巻4号529頁 …… 113
最判昭和41・4・14民集20巻4号611頁
　　………………………… 114, 115, 124
最判昭和41・4・28民集20巻4号900頁 …… 96
最判昭和41・11・17集民85号127頁 ……… 134
最判昭和42・6・22判時495号51頁 ……… 134
最判昭和43・2・2民集22巻2号85頁 …… 115
最判昭和43・3・15民集22巻3号625頁 …… 76
最判昭和43・7・11集民22巻7号1462頁 …… 41
最判昭和43・11・15民集22巻12号2629頁
　　……………………………… 114, 124
最判昭和43・11・21民集22巻12号2726頁 …… 68
最判昭和44・1・16民集23巻1号1頁 …… 125
最判昭和45・1・29民集24巻1号74頁 …… 86
最大判昭和45・6・24民集24巻6号610頁 …… 26
最判昭和45・7・16民集24巻7号879頁 …… 86
最判昭和45・8・20民集24巻9号1339頁 …… 128
最判昭和45・9・10民集24巻10号1389頁 …… 25
最判昭和46・6・18金法620号55頁 ……… 20

最判昭和47・5・1金法651号24頁 ………… 19
最判昭和47・6・15民集26巻5号1036頁 …… 117
最判昭和47・7・13民集26巻6号251頁 …… 102
最判昭和48・2・2民集27巻1号80頁 …… 70
最判昭和48・4・6民集27巻3号483頁 …… 126
最判昭和48・4・20民集27巻3号580頁 …… 81
最判昭和48・11・22民集27巻10号1435頁 …… 136
最判昭和48・12・21判時733号52頁 ……… 113
最判昭和51・11・1金法813号39頁 ………… 19
最判昭和52・12・6民集31巻7号761頁 …… 102
最判昭和53・5・2判時892号58頁 ………… 107
最判昭和54・2・15民集33巻1号51頁 …… 95
最判昭和57・3・30民集36巻3号484頁 …… 66
最判昭和57・3・30判時1038号286頁 ……… 113
最判昭和58・10・6民集37巻8号1041頁 …… 37
最判昭和58・11・25民集37巻9号1430頁
　　…………………………………… 111, 131
最判昭和59・2・2民集38巻3号431頁 …… 94
最判昭和60・2・14判時1149号159頁 …… 118, 119
最判昭和60・11・15民集39巻7号1487頁 …… 38
最判昭和61・4・3判時1198号110頁 ……… 134
最判昭和62・7・3民集41巻5号1068頁 …… 120
最判昭和62・11・10民集41巻8号1559頁 …… 95
最判昭和62・11・26民集41巻8号1585頁
　　……………………………………… 71, 72
最判昭和63・10・18民集42巻8号575頁 …… 104
最判平成2・3・20民集44巻2号416頁 …… 185
最判平成2・7・19民集44巻5号837頁
　　……………………………………… 114, 122

最判平成2・7・19民集44巻5号853頁
　…………………………………… 114, 122
最判平成2・11・26民集44巻8号1085頁 …… 113
最判平成5・1・25民集47巻1号344頁
　…………………………………… 115, 122
最判平成5・11・25金法1395号49頁 ………… 79
最判平成6・2・10集民171号445頁 ………… 118
最判平成7・4・14民集49巻4号1063頁
　…………………………………… 79, 142
最判平成8・3・22金法1480号55頁 ………… 120
最判平成8・10・17民集50巻9号2454頁
　………………………………………… 113
最判平成9・12・18民集51巻10号4210頁
　………………………………………… 115, 124
最判平成10・4・14民集52巻3号813頁 …… 107
最判平成10・7・14民集52巻5号1261頁 …… 94
最判平成14・1・17民集56巻1号20頁 ……… 41
最判平成15・2・21民集57巻2号95頁 ……… 41
最判平成16・7・16民集58巻5号1744頁 …… 122
最判平成17・1・17民集59巻1号1頁 ……… 102
最判平成17・11・8民集59巻9号2333頁 …… 133
最判平成18・1・23集民60巻1号228頁 …… 182
最判平成18・12・21民集60巻10号3964頁 … 44
最判平成20・12・16民集62巻10号2561頁 … 142
最判平成24・10・19金商1406号26頁 ……… 20

高等裁判所

広島高判昭和49・11・28判時777号54頁 …… 19
仙台高判昭和53・8・8下民集29巻5〜8号516頁
　………………………………………… 115
東京高決昭和56・1・30下民集32巻1〜4号10頁
　………………………………………… 285
名古屋高決昭和56・11・30下民集32巻9〜12号1055頁
　………………………………………… 85
名古屋高判昭和57・12・22判時1073号91頁
　………………………………………… 105
名古屋高判昭和58・3・31判時1077号79頁
　………………………………………… 104
大阪高決平成2・6・11判時1370号70頁 …… 185
仙台高決平成5・2・9判時1476号126頁 … 185
東京高判平成5・5・27判時1476号121頁
　………………………………………… 120
東京高決平成8・2・7判時1563号 ………… 185
福岡高決平成9・8・22判時1619号83頁 … 185
広島高判平成23・10・26金商1382号20頁 … 19
大阪高決平成23・12・27金法1942号97頁 … 18

地方裁判所

大阪地判昭和45・3・13下民集21巻3・4号397頁
　………………………………………… 100
東京地判昭和49・5・31判タ312号233頁 … 19
東京地決昭和49・9・19判時771号66頁 … 111
東京地判昭和50・10・29判時818号71頁 … 111
東京地判昭和56・4・27金商639号2頁 …… 19
東京地判平成3・9・26判時1422号128頁
　………………………………………… 285
札幌地判平成6・7・18判時1532号100頁 …… 20
東京地判平成8・6・21判タ955号177頁 …… 19
東京地判平成10・10・29判時1686号59頁 …… 19
東京地判平成11・3・25判時1706号56頁 …… 20
東京地決平成12・1・27金法1120号58頁 …… 84
名古屋地判平成17・5・27判時1900号135頁
　………………………………………… 100
大阪地判平成20・10・31金商1309号40頁 … 105
東京地判平成21・4・28訟務月報56巻6号1848頁
　………………………………………… 18
大阪地判平成22・3・15判タ1327号266頁 … 18
東京地判平成22・9・30金商1357号42頁 … 18

事項索引

あ 行

頭数（の）要件 …………… 218, 230, 266
アメリカ（連邦）倒産法 …………… 7, 224
──7章手続 …………………………… 224
アメリカ連邦倒産法第Ⅹ章手続 …………… 250
アメリカ連邦倒産法第11章手続 …………… 250
域外的効力 ……………………………… 272
異議等のある再生債権 …………………… 216
異議の訴え ……………………………… 216
異時廃止 …………………………… 12, 183
異時破産手続廃止 ………………………… 170
委託を受けた保証人 ……………………… 52
一債務者一手続の原則 …………………… 286
一部免責 ………………………………… 186
一括弁済型 ……………………………… 189
一身専属的権利 …………………………… 37
一成汽船事件 …………………………… 274
一般債権調査期間における調査 ………… 149
一般先取特権 ……………………………… 48
一般調査期間 …………………………… 147
一般調査期日 …………………………… 147
　──における調査 ……………………… 151
一般の取戻権 ……………………………… 39
一般破産主義 ……………………………… 6
一般優先権 ……………………………… 212
委任契約 …………………………………… 76
委任者破産 ………………………………… 76
違約金請求権 ……………………………… 56
入口一本化方式 …………………………… 17
引　致 ……………………………………… 33
隠匿等の処分 …………………………… 120
請負契約 …………………………………… 70
請負人の破産 ……………………………… 71
受戻し …………………………………… 141

売得金 …………………………………… 142
売主の取戻権 ……………………………… 39
営業所 …………………………………… 276
延滞金請求権 ……………………………… 56
延滞税請求権 ……………………………… 56
オーバー・ローン ……………………… 236
親会社・内部者の有する債権の劣後化 …… 58

か 行

害意ある加功 …………………………… 113
外国管財人 ……………………………… 282
外国主手続 ……………………………… 282
外国従手続 ……………………………… 282
外国での手続と並行するわが国の倒産処理手続
　………………………………………… 279
外国の通貨による債権 …………………… 50
開始決定 ………………………………… 30
開始後債権 ……………………………… 257
開始前会社の業務および財産に関する保全処分
　………………………………………… 244
開始前会社の代表者の審尋 …………… 246
会社更生 ………………………………… 14
　──手続 ……………………………… 241
会社整理 …………………………………… 7
解除条件付債権 …………………… 49, 51
価格決定手続 …………………… 141, 256
価額償還 ………………………………… 134
確定判決と同一の効力 ……… 152, 268, 270
加算金請求権 ……………………………… 57
加算税請求権 ……………………………… 57
家資分散法 ………………………………… 7
可処分所得 …………………… 223, 224, 233
過払金（返還請求権） ………………… 176
株式会社と取締役の関係 ………………… 76
株　主 …………………………………… 257

── 委員会 …………………………… 252
── 総会の決議 ………………………… 218
── 総会の決議による承認 ……………… 202
── 代表訴訟 …………………………… 84
借換え ………………………………… 236
仮差押え・仮処分その他の保全処分 …… 198
為替手形の引受け ……………………… 77
簡易決済機能 …………………………… 98
簡易再生 ……………………………… 222
簡易配当 ……………………………… 164
管 轄 ………………………… 23, 194, 243
── 原因 ……………………………… 276
換価の時期 …………………………… 139
換価の方法 …………………………… 140
関係人集会 …………………………… 251
── 型 ………………………………… 264
管財業務妨害 ………………………… 185
管財人 …………………………… 208, 249
── の職務 …………………………… 250
── の選任 …………………………… 250
官署としての裁判所 ………………… 205
間接強制金 …………………………… 48
間接的財産減少行為 ………………… 120
監督委員 ………………………… 13, 201, 207
監督命令 ………………………… 201, 244
元本猶予期間併用型 ………………… 238
管理機構人格説 ……………………… 42
管理処分権 …………………………… 201
管理命令 ……………………………… 285
期間方式 ……………………………… 254
危機時期 ………………………… 116, 122
危機否認 ………………………… 113, 116
議決権行使 …………………………… 264
議決権の不統一行使 ………………… 265
期限の利益回復型 …………………… 238
期待権 ………………………………… 49
議定書 ………………………………… 280
既判力 ………………………………… 153
旧
── 会社更生法 ……………………… 8

── 破産法 …………………………… 7
── 々破産法 ………………………… 7
── 和議法 …………………………… 7
救済融資 ……………………………… 123
求償義務者の破産 …………………… 52
求償権 ………………………………… 52
救助料債権 …………………………… 48
給料債権 ……………………………… 54
共益債権 ………………………… 211, 257
強制執行手続等の中止命令 ………… 34
強制執行等禁止命令 ………………… 284
行政庁に係属する事件 ……………… 86
協定案 ………………………………… 14
協同組織金融機関 …………………… 14
共有関係 ……………………………… 78
虚偽の債権者名簿 …………………… 185
居住制限 ……………………………… 32
銀行取引停止処分 …………………… 28
金銭化 …………………… 11, 50, 212, 265
金銭の納付 …………………………… 144
組分け ………………………………… 264
クロス・ファイリング ……………… 280
経過利息 ………………………… 176, 177
計算報告 ……………………………… 167
形成の訴え …………………………… 155
継続企業価値 ………………………… 214
継続的供給契約 ……………………… 65
継続的不法行為 ……………………… 49
決議要件 ……………………………… 218
現在化 …………………… 11, 50, 212, 265
原状回復 ………………………… 133, 135
現存額主義 …………………………… 51
現物返還 ……………………………… 134
現有財団 ……………………………… 36
権利の濫用 …………………………… 20
権利変更ができない債権 …………… 232
権利変更の一般的基準 ……………… 217
権利保護条項 ………………………… 267
牽連破産 ………………………… 17, 221, 233
故意否認 ………………………… 113, 116

合意型	238
交互計算	77
行使上の一身専属性	37
合資会社の社員の破産	52
合資会社の破産	52
行使の相手方	131
更生会社の財産関係の訴訟手続	248
公正かつ衡平な差	261
更生計画案決議	264
——のための関係人集会	252
更生計画案の作成・提出	260
更生計画認可決定	267
更生計画の効力	267
更生計画の遂行	268
更生計画の内容	261
更生計画の認可要件	266
更正計画の変更	268
更生債権（等）	248, 253
更生債権者委員会	252
更生債権者表または更生担保権者表の記載	268, 270
更生債権等に対する弁済禁止	248
更生債権の届出・調査・確定	254
更生債権の優先順位	254
更生裁判所	249
更生担保権	248, 255
——者委員会	252
——の行使	256
更生手続開始決定の効果	247
更生手続開始決定の要件	246
更生手続開始原因	242
更生手続開始の申立て	242
更生手続における株主の地位	258
更生手続の終結	269
更生手続の廃止	269
更生の見込み	246
公法人の破産能力	27
公務執行妨害罪型	21
合名会社の社員の破産	52
合名会社の破産	52

国際倒産	271
——管轄	275
——処理	16
——法	271
国税滞納処分等の手続	86
国内財産の処分・国外への持出し	284
国連国際商取引法委員会（UNCITRAL）	9, 16, 275
——国際倒産モデル法	275, 281
個人再生	175, 178
——委員	227
——手続	223
戸　籍	180
国庫仮支弁	24
固定主義	37, 178, 181, 182
——の修正	38
個別執行	10
固有必要的共同訴訟	155
雇用契約	72
孤立主義	16

さ　行

在外財産	277
債権残高	176, 177
債権者委員会	47, 208
債権者一覧表	225, 227, 228, 231, 232
債権者一般の利益	192, 246
債権者集会	47, 207, 229
債権者説明会	207, 214
債権者代位訴訟	83
債権者の一般の利益	284
債権者申立ての時効中断の効果	25
債権調査	215
——期間	148
——期日	148
債権届出	215
——期間	147
最後配当	159
——に関する除斥期間	162, 165
財産管理処分権	247

事項索引　295

財産減少行為	110, 185	——の疎明	194
財産拘束	109	再生手続開始前の保全処分	196
財産罪型倒産犯罪	20	再生手続の終結	220
財産状況等の調査	214	再生手続の廃止	220
財産状況等の報告	214	財団債権	59
財産状況報告集会	31, 208, 214, 252	——に関する訴訟	82
財産上の請求権	46	——の弁済	60
財産情報の開示	228	最低弁済額	224
財産所在地	276, 283	——要件	228, 231
財産評定	138, 259	再度の免責許可申立て	185
財産分与請求権	47	裁判所	205, 249
財産目録	225, 229, 259	——の許可による利益債権化	199
——・貸借対照表の作成	138	裁判上の費用	59
再生型倒産処理手続	189	債務消滅	186
再生計画案	217	債務超過	28, 116, 242
——についての決議の不要	234	債務奴隷状態	184
——の可決	230	債務の消滅に関する行為	112, 121
——の決議	230	債務免除	173
——の提出	230	裁量的取消事由	286
再生計画		裁量免責	185
——における権利の変更	229	詐害意思	117
——認可後の手続	232	詐害行為	
——認可の決定	218	（狭義の）——	112
——認可の効果	231	（広義の）——	112
——の効力	219	——取消訴訟	83
——の条項	217	——否認	112, 116
——の取消し	220, 233	差額の償還	135
——の内容	229	詐欺倒産罪	21
——の認可	230	作為・不作為を目的とする債権	47
——変更	232	差押禁止債権	37
再生債権	212	差押禁止動産	37
——確定手続	216	査定の裁判	216
——者一般の利益	201	サラ金	8
——表	215	時 価	259
——の確定に関する訴訟	216	資格制限	174, 180, 184, 187
——の弁済禁止	199	敷金返還請求権	68, 69
再生裁判所	205	事業運営権	247
再生債務者	206	事業家管財人	249
——の財産関係の訴訟手続	204	事業再生 ADR	18
再生手続開始原因	192	事業譲渡	140

事項索引　297

——型 ………………………… 189, 201
事業遂行権 …………………………… 201
事業の再生 …………………………… 188
事業の全部または重要な一部の譲渡 …… 201
事業の劣化 …………………………… 201
自己資本化 …………………………… 15
自己破産 ………………………… 10, 22
　　　——申立て ………………………… 179
自殺者 ………………………………… 177
自主再建型 ……………………… 189, 201
市場の相場がある商品の取引に係る契約 …… 77
自然債務 ………………………… 49, 186
執行行為の否認 ………………… 113, 127
実質的濫用（substantial abuse） ……… 224
私的整理 ………………… 17, 173, 175, 222
　　　——（に関する）ガイドライン …… 6, 18
自認する義務 ………………………… 254
支払停止 ………………………… 10, 28, 118
支払不能 ………………………… 10, 27, 242
事務所 ………………………………… 276
射幸行為（ギャンブル） ……………… 185
謝罪広告請求権 ……………………… 48
社内預金 ……………………………… 54
収益弁済型 …………………………… 189
自由財産 ………………………… 12, 37, 181
　　　——の範囲拡張 ……………… 38, 181
住所地国 ……………………………… 276
住宅資金貸付債権 …………………… 178
　　　——の弁済 ………………………… 236
住宅資金貸付条項の保証人に対する効力 …… 240
住宅資金特別条項 ……………… 187, 235, 237
　　　——を定めた再生計画案 …………… 239
住宅ローン ……………………… 225, 235
17条決定 ……………………………… 177
住民票 ………………………………… 180
重要財産の開示 ……………………… 138
出訴期間 ……………………………… 155
受任者破産 …………………………… 76
準拠法 ………………………………… 287
準自己破産 …………………………… 22

準別除権 ……………………………… 91
渉外的要素 …………………………… 271
少額債権 ……………………………… 248
少額再生債権 ………………………… 200
小規模個人再生 ……………………… 225
消極的同意 …………………………… 230
証　券 ………………………………… 69
　　　——会社 ……………………………… 41
条件付債権 …………………………… 51
条件付破産債権 ………………… 161, 163
条件付免責 …………………………… 186
証券取引委員会（SEC） ……………… 250
使用者の破産 ………………………… 72
商事留置権 …………………………… 93
　　　——消滅請求 ……………………… 145
常置代理人 …………………………… 42
譲渡担保 ……………………………… 95
承認援助法 ……………………… 275, 281
承認決定 ……………………………… 282
承認の効果（援助処分） ……………… 283
承認の取消し ………………………… 286
商人破産主義 ………………………… 6
消費者破産 …………………………… 6
消費貸借の予約 ……………………… 78
将来収入 ……………………………… 178
将来の請求権 …………………… 49, 51
将来の賃料債権の譲渡 ……………… 69
職務説 ………………………………… 42
除斥期間 ………………………… 131, 160
処罰条件 ……………………………… 21
処分禁止の仮処分 …………………… 34
処分禁止、弁済禁止等の保全処分 …… 284
書面等投票型 ………………………… 264
所有権留保 …………………………… 94
　　　——売買 ……………………………… 66
資力基準（means test） ……………… 224
審　尋 ………………………… 26, 195, 226
信託財産 ……………………………… 41
信託的譲渡 …………………………… 20
新得財産 ……………………………… 37

信用情報	179	組織法上の権限	247
スポンサー	19	租税債権	11, 55, 257
スワップ取引	77	租税等の請求権	59
生活保護	224	疎明	242, 243
制限説	128	損害賠償請求権	56
清算	10	損害賠償の査定	213
──を目的とした申立て	193		
──価値保障	229	## た 行	
──価値保障原則	132, 193, 214, 219, 231, 262	対外的効力	272, 277
		対価の均衡	63
──的更生計画案	263	対抗要件具備	126
整理案	19	──行為の否認	128
整理屋	5	貸借対照表	259
責任追及の訴え	84	──の作成・提出	228
責任なき債務	49	代償的取戻権	40
絶対優先原則	262	退職金債権	180
説明義務	138	退職手当	54
──等違反	185	代替許可	202
選挙権	180	対内的効力	272
全部義務者の破産	51	第二破産	92
相互会社	14, 15	代物弁済	119
相互主義	275	──の否認	123
相殺禁止	11, 100, 212	代理委員	252
──の例外	104, 106	代理人による議決権行使	265
相殺権	210, 260	他の手続の中止	248
──行使の時期	108	──命令	284
──の行使の期間制限	260	単一主義	272
相殺制限	101	担保権実行の中止命令	198
相殺適状	97	担保権証明文書	93
──の基準時	102	担保権消滅許可の決定	144
相殺の担保的機能	98	担保権消滅請求	137, 140, 203, 256
相殺の担保的効力	11	担保権消滅の許可決定	203
相殺の範囲の拡張	98	担保権の実行手続	86
相殺否認論	107	──等の中止命令	284
相殺濫用	107	担保権の不可分性	236
贈収賄罪	21	担保の供与	121
創造説	128	担保目的物の受戻し	202
双方未履行双務契約	211, 260	担保目的物の価格	256
双務契約	63	担保目的物の価額決定	203
属地主義	16, 272, 274	担保割れ	236

知的財産権	80
中間配当	162
——に関する除斥期間	163
中間利息	57
中止命令	196, 244
中小企業者が有する更生債権等の弁済	248
中小企業者が有する再生債権	199
中断した訴訟手続	82
注文者の破産	70
懲戒主義	6, 7
調査委員	207
調査協力義務違反	185
調査命令	245
帳簿の閉鎖	138
賃金の支払いの確保等に関する法律	55
賃借人の破産	67
賃貸借契約	67
賃貸人の破産	68
賃料の前払いまたは賃料債権の処分（譲渡等）の効力	99
追加配当	164
通常実施権	80
定期金債権	50, 58
停止条件債権	49, 51
抵当権の実行手続の中止命令	236
手形不渡り	28
適正価格	136
適法要件	193
手続開始の登記・登録	31
手続的正義	4
手続費用	24
DIP	12, 189, 201, 206, 250
「——型」更生手続	250
デュー・プロセス	4
転得者に対する否認	130
同意再生	222
同意配当	164
倒産開始国	287
倒産解除特約の効力	66
倒産実体法	209

動産売買先取特権	93
——に基づく物上代位	94
倒産犯罪	20
倒産法	
——の限界	6
——の現実	5
——の守備範囲	1
——の性格	2
——の特徴	3
——の理念	4
——の歴史	6
同時交換（的）取引	121, 123, 124
投資者保護基金	41
同時処分	30
同時廃止	12, 183
同時破産手続廃止	33, 169, 172
投資法人	14
当然復権	184, 187
特定調停	175, 177
特定目的会社	14
特別清算	7, 13
——開始決定	14
特別調査期間	147
——における調査	150
特別調査期日における調査	152
特別の財団債権	60
特別の取戻権	39
特別背任	20
取下げの制限（再生申立て）	194
取戻権	209, 260
——の行使方法	40
問屋の取戻権	39

な 行

内部者	120, 122, 130, 135
ニューディール政策	250
任意整理	176
任意売却	140-141, 143, 144, 182
認可決定確定の効果	268
認可要件	230

認否書 …………………………… 149, 215
根抵当権 ………………………………… 92

は　行

ハードシップ免責 ……………………… 233
廃業 ……………………………………… 118
配当 ……………………………………… 159
　──打ち切り主義 …………………… 162
　──額の供託 ………………………… 161
　──額の決定および通知 …………… 162
　──金支払請求権 …………………… 47
　──金の支払い ……………………… 162
　──原資 ……………………………… 36
　──財団 ……………………………… 36
　──による破産手続終結 …………… 167
　──の順位 …………………………… 159
　──表 ………………………………… 160
　──表に対する異議 ………………… 162
　──・弁済調整 ……………………… 277
　──率の決定および通知 …………… 164
売買契約 ………………………………… 63
パウルスの訴権 ………………………… 111
破産 ……………………………………… 10
　──回避 ……………………………… 7
破産管財人 ……………………………… 41
　──代理 ……………………………… 42
　──と別除権者との交渉 …………… 145
　──による認否 ……………………… 149
　──の権限と義務 …………………… 42
　──の公益的地位 …………………… 44
　──の実体法上の地位 ……………… 44
　──の善管注意義務 ………………… 44
　──の選択権 ………………………… 63
　──の選任・監督 …………………… 42
　──の第三者性 ……………………… 44
　──の団体交渉応諾義務 …………… 73
　──の任意売却権 …………………… 89
破産債権 ………………………………… 46
　──査定異議の訴え ………………… 154
　──査定決定 ………………………… 154

　──査定申立て ……………………… 153
　──者の異議 ………………………… 150
　──者の一般の利益 ………………… 142
　──者表 ……………………………… 147
　──者を害する行為 ………………… 112
　──に関する訴訟 …………………… 82
　──に基づく強制執行 ……………… 84
　──の確定 …………………………… 152
　──の行使 …………………………… 146
　──の調査 …………………………… 148
　──の等質化 ………………………… 50
　──の届出 …………………………… 147
破産財団 ………………………………… 36
　──からの放棄 ……………………… 43
　──に属する財産に関する訴訟 …… 82
　──の換価 …………………………… 139
　──の管理 …………………………… 137
破産裁判所 ……………………………… 23
破産式確定 ……………………………… 153
破産者 …………………………………… 32
　──の異議 …………………………… 150
　──の一切の財産 …………………… 37
　──の行為の要否 …………………… 113
破産障害事由 ……………………… 26, 29
破産手続 ………………………………… 176
　──開始原因 ………………………… 27
　──開始原因事実の疎明 …………… 25
　──参加の費用 ……………………… 57
　──終結の決定 ……………………… 167
　──終結の効果 ……………………… 167
　──と免責手続の一体化 …………… 184
　──における相殺 …………………… 97
　──の円滑な進行 …………………… 156
　──の終了 …………………………… 166
　──廃止 ……………………………… 168
破産能力 ………………………………… 26
破産免責 ………………………………… 8
バブルの崩壊 …………………………… 8
判子代 …………………………………… 141
BIS 規制 ………………………………… 58

事項索引　301

引き直し計算 …………………………… 176
非義務行為 ……………………………… 122
非金銭債権 ……………………………… 212
必要的記載事項 ……………… 23, 194, 243
必要的取消事由 ………………………… 286
否認権 ………………………… 109, 212, 260
　　──行使の効果 ……………………… 133
　　──行使のための保全処分 ………… 199
　　──の一般的要件 ………………… 113
　　──の行使 ………………………… 130
　　──の行使方法 …………………… 130, 213
　　──のための保全処分 ………… 35, 131
　　──の法的性質 …………………… 110
否認阻却事由 …………………………… 115
否認の相手方の権利 …………………… 135
否認の訴え ……………………………… 133
否認の請求 ……………………………… 132
否認の登記 ……………………………… 134
非免責債権 ……………………………… 186
被用者の破産 ……………………………… 73
費用の請求権 ……………………………… 59
費用の予納 …………………………… 192, 246
ファイナンス・リース契約 ……………… 78
不安の抗弁権 ……………………………… 65
封　　印 ………………………………… 138
不確定期限付無利息債権 ………………… 58
不確定金銭債権 …………………………… 50
普及主義 ………………………………… 272
複数主義 …………………………… 272, 275
付随処分 …………………………………… 31
不足額（残額）責任主義 ………………… 91
復　　権 …………………………… 168, 174, 186
物上保証人の求償権 ……………………… 52
不当性 …………………………………… 115
扶養料請求権 ……………………………… 47
プライオリティ …………………………… 4
ブラックリスト ………………………… 179
フルペイアウト方式 ……………………… 79
プロトコル ……………………………… 280
不渡処分 …………………………………… 10

文書閲覧請求権 ………………………… 25
文書等の閲覧 …………………………… 215
分散（ぶんさん） ………………………… 7
ペア・ローン …………………………… 237
別除権 ………………………… 11, 88, 209
　　──協定 ………………………… 198
　　──者 …………………………… 161
弁護士費用等の立替払い ……………… 180
弁済禁止の保全処分 ……………………… 34
偏頗行為 ………………………………… 185
　　──否認 …………………… 112, 121
包括執行 ………………………………… 10
包括的禁止命令 …………… 34, 197, 244
包括ライセンス契約 ……………………… 81
法人継続の手続 ………………………… 173
法人の自由財産 ………………………… 38
膨張主義 ………………………………… 37
法定財団 ………………………………… 36
法テラス …………………………… 177, 180
法律家管財人 …………………………… 249
暴力団 …………………………………… 5
保険契約 ………………………………… 74
　　──者の破産 ……………………… 74
保険者の破産 …………………………… 75
保険代理店 ……………………………… 41
保証会社によるローン保証 ……………… 240
保証人の求償権 ………………………… 49
保証人の破産 …………………………… 51
保全管理人 ……………………………… 209
保全管理命令 ……………… 35, 198, 244
保全処分 ………………………………… 244
　　──の濫用 ……………………… 194
ホッチポットルール …………………… 278
本拠地国 ………………………………… 276
本来的自由財産 ………………………… 181

ま　行

みなし届出 ……………………………… 228
みなし申立て …………………………… 184
未払賃料 ………………………………… 68

未履行の契約関係 …………………… 63
民事再生 ……………………………… 12
　──手続における否認権 ………… 132
　──手続の流れ ……………………… 191
　──能力 ……………………………… 191
　──の優先 …………………………… 191
　──法の目的 ………………………… 188
民事法律扶助 ………………………… 180
民事留置権 …………………………… 93
無償行為 ……………………………… 119
無償譲渡 ……………………………… 110
無資力 ………………………………… 116
無名義債権 …………………………… 153
無名義破産債権 ……………………… 161
面会強請罪 …………………………… 21
免　責 ……………………… 12, 183, 219
　──許可 ……………………………… 184
　──制度の発生 ……………………… 6
　──不許可事由 ……………………… 185
申立棄却事由 …………………… 192, 196, 247
申立権者 ………………………… 193, 242
申立権の濫用 ………………………… 20
申立書 ………………………… 23, 194, 225, 243
申立代理人 ……………………… 180, 207
申立手数料 …………………………… 24
モラル・ハザード ……………… 213, 231

や　行

役員の責任追及のための保全処分 …… 35
約束手形の不渡り …………………… 118
約定劣後再生債権 …………………… 212
約定劣後破産債権 …………………… 58
有害性 ………………………………… 114
優先的破産債権 ……………………… 53
　──相互間の順位 …………………… 56

優先弁済効 …………………………… 88
有名義債権 …………………………… 153
有名義破産債権 ……………………… 161
　──の確定 …………………………… 157
預金拘束 ……………………………… 98
夜逃げ ………………………………… 118
予納金 ………………………… 24, 226, 243

ら　行

ライセンス契約 ……………………… 80
リース契約 ……………………… 66, 78
履行確保 ……………………………… 232
履行期未到来の債権 ………………… 49
利子税請求権 ………………………… 56
リスケジューリング ………………… 225
リスケジュール型 …………………… 238
利息請求権 …………………………… 56
リフレッシュスタート ……………… 184
類似必要的共同訴訟 ………………… 155
劣後的破産債権 ………………… 50, 56
廉価売却 ……………………………… 110
連鎖倒産 ………………………… 187, 200, 248
連帯保証人 …………………………… 187
ロイヤルティ ………………………… 80
労働協約 ……………………………… 211
労働組合等の意見 ……………… 245, 264
労働組合の関与 ……………………… 55
労働契約 ……………………………… 180
労働債権 ………………………… 11, 53, 257
労働者健康福祉機構 ………………… 55
浪　費 ………………………………… 185

わ　行

和　議 ………………………………… 6

執筆者紹介

（執筆順，※は監修者，＊は編者）

※谷口　安平（たにぐち やすへい）	京都大学名誉教授・弁護士	第1章
＊山本　克己（やまもと かつみ）	京都大学大学院法学研究科教授	第1章
倉部真由美（くらべ まゆみ）	法政大学法学部教授	第2章
高田　賢治（たかた けんじ）	大阪市立大学大学院法学研究科教授	第3章
田邊　誠（たなべ まこと）	広島大学大学院法務研究科教授	第4章
名津井吉裕（なつい よしひろ）	大阪大学大学院高等司法研究科教授	第5章
坂田　宏（さかた ひろし）	東北大学大学院法学研究科教授	第6章
田頭　章一（たがしら しょういち）	上智大学法科大学院教授	第7章
笠井　正俊（かさい まさとし）	京都大学大学院法学研究科教授	第8章
金　春（きん しゅん）	同志社大学法学部准教授	第9章，第11章
宇野　聡（うの さとし）	2013年逝去。元名古屋大学大学院法学研究科教授	第10章
野村　剛司（のむら つよし）	弁護士（なのはな法律事務所）	第12章
＊中西　正（なかにし まさし）	神戸大学大学院法学研究科教授	第13章
藤本　利一（ふじもと としかず）	大阪大学大学院高等司法研究科教授	第14章
村田　典子（むらた のりこ）	成蹊大学法学部准教授	第15章
中西　康（なかにし やすし）	京都大学大学院法学研究科教授	第16章

| αブックス

レクチャー倒産法

2013年4月5日　初版第1刷発行
2015年4月5日　初版第2刷発行

監　修	谷口安平
編　者	山本克己・中西　正
発行者	田靡純子
発行所	株式会社 法律文化社

〒603-8053
京都市北区上賀茂岩ヶ垣内町71
電話 075(791)7131　FAX 075(721)8400
http://www.hou-bun.com/

＊乱丁など不良本がありましたら、ご連絡ください。
　お取り替えいたします。

印刷：中村印刷㈱／製本：㈱藤沢製本
装幀：アトリエ・デコ
ISBN 978-4-589-03426-7

Ⓒ2013　Y.Taniguchi, K.Yamamoto, M.Nakanishi
Printed in Japan

|JCOPY|　〈(社)出版者著作権管理機構 委託出版物〉

本書の無断複写は著作権法上での例外を除き禁じられています。複写される
場合は、そのつど事前に、(社)出版者著作権管理機構(電話 03-3513-6969,
FAX 03-3513-6979, e-mail: info@jcopy.or.jp)の許諾を得てください。

広い視野とフレキシブルな思考力を養うことをめざす **αブックス** シリーズ

プリメール民法

1 **民法入門・総則**〔第3版〕
　安井 宏・後藤元伸ほか著　　2800円

2 **物権・担保物権法**〔第3版〕
　松井宏興・鈴木龍也ほか著　　2700円

3 **債権総論**〔第3版〕
　大島和夫・髙橋 眞ほか著　　2800円

4 **債権各論**〔第3版〕
　大島俊之・久保宏之ほか著　　2700円

5 **家 族 法**〔第3版〕
　千藤洋三・床谷文雄ほか著　　2500円

市川正人 編
プリメール憲 法
　　　　　　　　　　　　2500円

髙橋公忠・畠田公明・砂田太士・片木晴彦
野村修也 著
プリメール会社法
　　　　　　　　　　　　2900円

山本正樹・渡辺 修・宇藤 崇・松田岳士 著
プリメール刑事訴訟法
　　　　　　　　　　　　2800円

河野正憲・勅使川原和彦・芳賀雅顯・鶴田 滋 著
プリメール民事訴訟法
　　　　　　　　　　　　2700円

大橋憲広・奥山恭子・塩谷弘康・鈴木龍也
林 研三・前川佳夫・森本敦司 著
レクチャー法社会学
　　　　　　　　　　　　2500円

甲斐克則 編
レクチャー生命倫理と法
　　　　　　　　　　　　2600円

初宿正典 編
レクチャー比較憲法
　　　　　　　　　　　　2800円

見上崇洋・小山正善・久保茂樹・米丸恒治 著
レクチャー行政法〔第3版〕
　　　　　　　　　　　　2400円

長尾治助・中田邦博・鹿野菜穂子 編
レクチャー消費者法〔第5版〕
　　　　　　　　　　　　2800円

黒田清彦・菊地雄介・受川環大・松岡啓祐
横田尚昌・黒野葉子・吉行幾真 著
レクチャー現代会社法
　　　　　　　　　　　　2700円

谷口安平 監修／山本克己・中西 正 編
レクチャー倒産法
　　　　　　　　　　　　3200円

今井 薫・岡田豊基・梅津昭彦 著
レクチャー新保険法
　　　　　　　　　　　　2800円

松岡 博 編
レクチャー国際取引法
　　　　　　　　　　　　3000円

河野正輝・江口隆裕 編
レクチャー社会保障法〔第2版〕
　　　　　　　　　　　　2900円

松井修視 編
レクチャー情報法
　　　　　　　　　　　　2800円

川嶋四郎・松宮孝明 編
レクチャー日本の司法
　　　　　　　　　　　　2500円

犬伏由子・井上匡子・君塚正臣 編
レクチャージェンダー法
　　　　　　　　　　　　2500円

富井利安 編
レクチャー環境法〔第2版〕
　　　　　　　　　　　　2600円

―― 法律文化社 ――
表示価格は本体（税別）価格です